权威·前沿·原创

皮书系列为
"十二五""十三五"国家重点图书出版规划项目

智库成果出版与传播平台

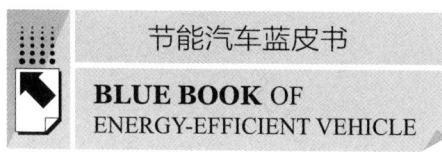

中国节能汽车发展报告
（2020）

ANNUAL REPORT ON ENERGY-EFFICIENT VEHICLE
INDUSTRY IN CHINA (2020)

中国汽车工程研究院股份有限公司 / 主 编

图书在版编目(CIP)数据

中国节能汽车发展报告.2020/中国汽车工程研究院股份有限公司主编.--北京：社会科学文献出版社，2020.11
（节能汽车蓝皮书）
ISBN 978-7-5201-7480-0

Ⅰ.①中… Ⅱ.①中… Ⅲ.①汽车节油-研究报告-中国-2020 Ⅳ.①U471.23

中国版本图书馆CIP数据核字（2020）第205048号

节能汽车蓝皮书
中国节能汽车发展报告（2020）

主　　编／中国汽车工程研究院股份有限公司

出 版 人／谢寿光
责任编辑／张　超

出　　版／社会科学文献出版社·皮书出版分社（010）59367127
　　　　　地址：北京市北三环中路甲29号院华龙大厦　邮编：100029
　　　　　网址：www.ssap.com.cn
发　　行／市场营销中心（010）59367081　59367083
印　　装／天津千鹤文化传播有限公司

规　　格／开　本：787mm×1092mm　1/16
　　　　　印　张：16.75　字　数：239千字
版　　次／2020年11月第1版　2020年11月第1次印刷
书　　号／ISBN 978-7-5201-7480-0
定　　价／128.00元

本书如有印装质量问题，请与读者服务中心（010-59367028）联系

▲ 版权所有 翻印必究

《中国节能汽车发展报告（2020）》编委会

编委会主任	李开国
主　　　编	抄佩佩
副 主 编	沈　斌
编　　委	冯　静　楼狄明　王　勇　周梅生　段志辉 付铁军　刘　昱
主要执笔人	谢雨宏　殷　蕾　王庆洋　福村光正　石秀勇 孙美林　王书庆　王翔宇　王　凤　於　林
参与编写人员	（按姓氏笔画排序） 马艳红　王　晓　王　健　王发福　王国勇 刘　倩　孙瀚文　芦明泽　李　光　李艾丹 李国庆　杨　松　杨　凯　肖　垚　补　涵 罗　翔　岳　刚　赵　柯　胡钦高　唐国强 黄　滔　喻春光　曾望云

主编单位简介

中国汽车工程研究院股份有限公司　我国汽车行业产品开发、试验研究、质量检测的重要基地及技术支撑机构，建于1965年3月，原名重庆重型汽车研究所，系国家一类科研院所。于2012年6月11日在上海证券交易所正式挂牌上市（股票简称：中国汽研，股票代码：601965）。研发和测试新基地于2013年10月建成并投入使用。经过50余年的发展，已拥有较强的汽车技术研发能力、一流的试验设备和较高的行业知名度。目前主要从事汽车研发、咨询、测试和评价领域的技术服务业务和专用汽车、轨道交通关键零部件、汽车燃气系统及其关键零部件、汽车及零部件试验检测设备的制造业务。按照"优先重点发展研究开发业务，大力积极发展测试评价业务，统筹稳健发展科技成果产业化业务"的发展思路，已建成汽车安全、汽车噪声振动、电磁兼容、汽车节能与排放、电动汽车、替代燃料汽车、汽车整车、发动机、零部件等试验室和汽车工程研发中心，并努力建设成为我国汽车产业的科技创新平台和公共技术服务平台，发展成为国际一流、国内领先的汽车工程技术应用服务商和高科技产品集成供应商，为我国汽车产业的持续健康发展发挥应有的技术支撑作用和科技引领作用。

摘 要

《中国节能汽车发展报告（2020）》是关于中国节能汽车产业发展的年度研究报告，2016年首次出版，本书为第五部。本书由中国汽车工程研究院组织编撰，集合了国内外整车企业、零部件企业、科研院所等众多行业专家的智慧，是一部全面论述中国节能汽车产业发展的权威著作。

能源与环境问题近年来已成为世界各国关注的焦点。2020年南极高温、澳洲山火等事件备受关注，环境保护、节约能源的呼声日益高涨，节能已经成为世界各国发展的主要方向之一。随着经济发展，我国汽车产业规模不断扩大，节能减排空间较大。持续提升能源利用效率、减少温室气体排放是我国汽车产业可持续发展的必然选择。

全书由总报告、市场篇、技术篇、政策法规篇、行业热点篇和附录六部分组成。

总报告中基于2019年全球及国内汽车工业相关数据，分析了节能汽车产业发展情况，结合行业热点及政策研究，总结节能汽车发展面临的形势，梳理节能汽车产业发展的愿景及目标，并对节能汽车产业发展趋势进行了展望。

市场篇聚焦美国、日本和欧洲三大全球主要汽车市场，从市场概况、节能战略及规划、节能技术应用及发展等方面对国外节能汽车市场发展情况进行研究，并对相应地区典型车企的主要节能技术应用现状及产品谱系进行归纳和总结；从我国汽车市场的市场结构、燃料类型、排量分布、能耗现状、节能技术应用与发展情况等维度展开讨论，揭示我国节能汽车市场与技术发展状况，并在此基础上探索我国节能汽车市场未来的发展趋势。此外，从全国抽取出数百名乘用车车主，通过问卷形式对国内乘用车用户的节能技术需求进行调研，得到当前国内消费者对汽车节能技术的认知情况、接受程度、

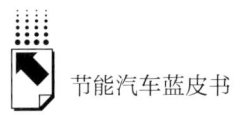

支付意愿及未来需求等相关结果。

技术篇对乘用车和商用车节能技术发展情况进行了跟踪,并就混合动力系统节能效果完成测试评估。乘用车部分从发动机、变速器、轻量化、电子电器等领域,商用车从低摩擦、发动机、驱动桥、电子电器及热管理等领域,对全球主流节能汽车技术的原理、应用、节能效果和经济性等进行简要介绍。混合动力系统节能效果测试评估部分,分别选取了 HEV 车型和 48V 混动车型,以及两者对应的燃油车型开展试验测试。通过试验分析同款车型在燃油/混合动力两种驱动模式下的燃油经济性,讨论混合动力系统的实际节能效果。

政策法规篇重点研究了当前行业关注的中国工况、双积分修订政策以及商用车节能效果评价标准。中国工况研究部分从研究背景着手,分析了中国工况的开发及导入进展,随后就中国工况推行对国内汽车产业及汽车节能技术发展的影响进行了深入研究。双积分修订政策研究部分分析了美国新能源汽车市场发展经验及中国新能源车企的处境,并基于"双积分"政策修订的背景,通过建立新政策对产业影响的模型及模拟计算,分析了我国双积分市场现状并就修订后的新能源积分政策对我国汽车产业及节能技术发展的影响进行预测。商用车节能效果评价标准研究部分主要分析了商用车节能驱动因素及节能效果评价面临的问题,并参考国际主流节能评价标准发展趋势,对我国商用车的节能评价标准提出建议。

行业热点篇研究了内燃机的应用前景和未来技术发展趋势;介绍了汽车空气动力学发展历程及研究现状,并重点围绕空气动力学对汽车能耗、安全及乘坐体验的影响,提出相应的解决措施;探讨了混合动力汽车发展前景,混合动力系统以及相关领域的发展新动向、趋势,分析了混合动力汽车发展存在的若干问题并提出针对性建议。

综观整个报告,无论是研究的深度,还是涉及领域的广度,以及考虑因素的维度,均有助于不同领域的读者全面、系统地了解我国节能汽车产业发展态势,对汽车行业相关管理部门、整车及零部件企业的研发与规划部门、汽车用户、行业相关投资机构等具有重要的参考价值和研究意义。

关键词: 节能汽车　乘用车　节能技术

目 录

Ⅰ 总报告

B.1 2019~2020年节能汽车发展态势 …………………………… / 001
  一 2019年节能汽车产业发展情况回顾 ………………………… / 001
  二 节能汽车产业发展面临的形势 ……………………………… / 009
  三 节能汽车产业发展趋势与展望 ……………………………… / 012

Ⅱ 市场篇

B.2 国外节能汽车市场现状及发展趋势 ………………………… 015
B.3 国内节能汽车市场现状及发展趋势 ………………………… 037
B.4 国内乘用车用户节能技术需求研究 ………………………… 048

Ⅲ 技术篇

B.5 乘用车节能技术发展跟踪 …………………………………… 082
B.6 商用车节能技术发展跟踪 …………………………………… 103
B.7 混合动力系统节能效果测试评估 …………………………… 113

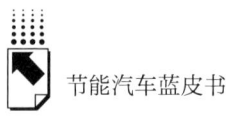

Ⅳ 政策法规篇

B.8 中国工况研究 ……………………………………………… 124
B.9 双积分政策修订对汽车产业及节能技术发展的影响 …………… 142
B.10 商用车节能效果评价标准研究 ……………………………… 155

Ⅴ 行业热点篇

B.11 内燃机市场前景及技术趋势研究 …………………………… 168
B.12 汽车空气动力学发展历程及展望 …………………………… 182
B.13 新常态下混合动力技术在我国应用发展前景分析 …………… 210

Ⅵ 附录

B.14 乘用车企业平均燃料消耗量 ………………………………… 237
B.15 节能汽车相关政策、法规统计 ……………………………… 243

总 报 告
General Report

B.1
2019~2020年节能汽车发展态势

摘　要： 本报告基于2019年全球及国内汽车工业相关数据，分析了2019年节能汽车产业发展情况，结合行业热点及政策研究，总结了节能汽车发展面临的形势，梳理了节能汽车产业发展的愿景及目标，并对节能汽车产业发展趋势进行了展望。

关键词： 汽车工业　节能汽车　节能技术

一　2019年节能汽车产业发展情况回顾

（一）汽车工业发展形势

1. 全球汽车工业发展情况

全球经济低速增长，汽车市场发展面临较大不确定性。汽车产业面临巨

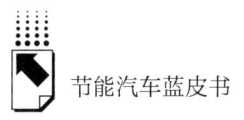

大变革的推动力和压力,电动化、智能化、网联化等成为趋势,将带来汽车产业形态、商业模式和企业组织形态等的重大变化,加速优胜劣汰。

(1) 2019年全球汽车市场下行面扩大

2019年,全球汽车产量、销量均为负增长,市场竞争加剧。统计数据显示,2019年全球汽车累计产出9092万辆,较2018年减少459万辆,同比下滑4.8%。2019年全球汽车销售负增长,较2018年减少359万辆至8890万辆,跌幅为3.9%。全球汽车销量下降的很大一部分原因可归于中国和印度等发展中国家,中国市场2019年销量比2018年减少了228万辆,印度2019年新车销量减少58万辆,降幅达13.3%。全球汽车2019年销售排名前十的国家中,销量增长的国家数量由6个减至4个,德国、法国和巴西的市场增幅亦低于2018年(见表1)。

表1 2019年全球汽车销售前十的国家销量及增长情况

单位:万辆,%

排名	国家	2019年销量	同比增长率
1	中国	2575	-8.1
2	美国	1758	-1.4
3	日本	519	-1.4
4	德国	395	5.1
5	印度	381	-13.3
6	巴西	279	8.6
7	法国	274	2.4
8	英国	268	-1.8
9	意大利	209	0.5
10	加拿大	197	-3.3

资料来源:MarkLines。

(2) 产业全面复苏的支撑面不足

低迷的全球经济环境或将持续。世界银行在《全球经济展望》报告中多次下调经济预期,预计2020年全球经济产出萎缩5.2%;发达经济体2020年将萎缩7.0%;新兴市场经济体将萎缩2.5%,是1960年有数据以来的最差表现。2020年突如其来的新冠肺炎疫情大流行,加重了全球经济复苏前景的不确定性。由此带来的汽车消费需求降低,以及大规模的全球供应链中断的相互作用,将对全球汽车行业造成沉重打击。

大国之间的贸易摩擦短期内较难缓解。中美贸易争端爆发伊始,汽车就成为双方争端的主战场之一,双方政府相继提高了汽车及汽车零部件关税。中美两国整车及零部件进出口贸易均受到影响,对海外业务营收占比较大的企业影响更甚。同时,中美贸易关系的持续紧张也促使全球汽车制造商和供应商进入谨慎模式,引发了业界的诸多担忧,进而改变全球汽车和零部件产品的产业链、供应链和价值链。世贸组织报告显示,与汽车产业发展相关的贸易现状和趋势等诸多指标均出现下降,显示出全球汽车消费需求大幅放缓且增长乏力,由此来看,全球汽车产业的低迷趋势在短期内或将持续。

(3) 汽车产业加速变革

传统动力汽车向新能源汽车转变步伐不减。严苛的油耗排放法则、环保政策、政策鼓励等,给予车企强大的电动化推广动力。中国受补贴政策影响,2019年纯电动汽车产销量稍有下跌,但仍是全球第一大纯电动汽车产销国。美国2019年纯电动汽车销量较2012年增长5倍有余,其中特斯拉销量占据整个市场的58%。欧盟新的严格排放法规已于2020年1月生效,迫使德国汽车制造商发展新能源汽车,大众、宝马、戴姆勒等已经在纯电动汽车领域布局。

智能化、网联化正在深刻改变整个汽车产业。智能网联汽车改变了传统的汽车产业链条,形成了一个多方共建的生态体系,参与者除整车厂外,还包括互联网公司、ICT企业、Tier1供应商和政府。作为新兴领域,智能网联汽车吸引了更多的车企和零部件企业改变原有的商业模式,实现协作共赢。智能网联汽车同样改变了现有的汽车消费者,其关注焦点逐渐从发动机功率等传统参数,转变为车的智能化和数字化能力。另外,智能网联发展助力车企发掘车主需求,转变原有的盈利模式、业务模式和营销理念。汽车的智能化和网联化将推动汽车从生产到服务的全产业链变革,为汽车产业带来新的生机。

2. 国内汽车工业发展情况

（1）整体车市继续下行，总量仍为全球第一

中国经济进入新常态，中国汽车市场在2018年出现了28年来的首次负增长，存量市场竞争更为激烈。2019年车市仍属偏弱走势，行业主要经济效益指标均呈负增长。据中国汽车工业协会数据，2019年全年产销分别完成2572.1万辆和2576.9万辆，同比分别下降7.5%和8.2%，降幅比上年分别扩大3.3个和5.4个百分点。从月度变动趋势看，2019年全年整体呈负压态势，下半年销量降幅收窄，其中12月销售略降0.1%，与上年同期基本持平（见图1）。鉴于2020年经济下行压力不减，叠加新冠肺炎疫情影响，汽车供应链、产业链均受到较大冲击，消费需求萎缩，全年车市下滑已成定局，行业内部竞争压力加剧，马太效应将更为明显。

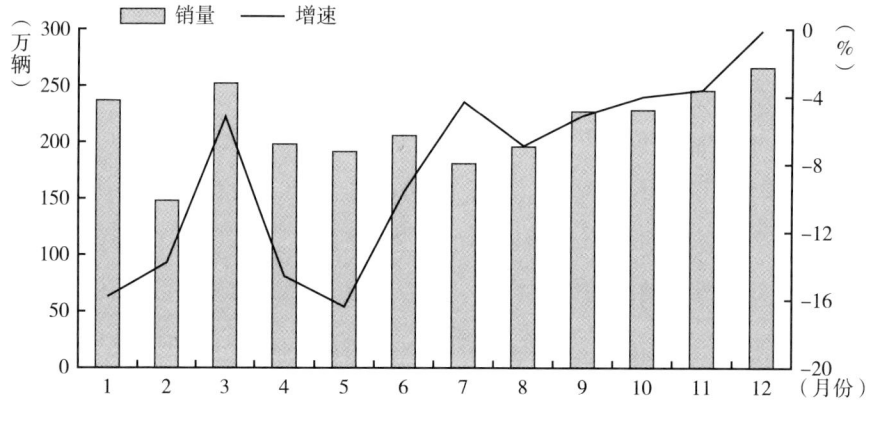

图1 2019年中国汽车销量走势

资料来源：中国汽车工业协会。

（2）商用车表现好于乘用车，SUV市场持续回暖

目前，我国乘用车仍占据市场主导地位，销量维持在80%以上水平。2019年全年乘用车共计销售2144.4万辆，同比下降9.6%，降幅高于国内汽车整体市场。各车型细分市场均出现下滑：轿车销售1030.8万辆，同比下滑10.7%；SUV销售935.3万辆，同比下滑6.3%；MPV销售138.4万辆，同比下滑20.2%；交叉型乘用车销售40万辆，同比下滑11.7%。SUV作为国内乘用车市场中的重要组成部分，市场需求逐年增长。2014年以来，我国SUV销量比重逐年提升，已发展成为仅次于轿车的乘用车车型。2019年SUV市场份额提升至36.3%，与轿车40.0%的差距进一步缩小（见图2）。

在基建投资回升、国Ⅲ汽车淘汰、治超加严等利好因素促进下，2019年商用车的销售好于乘用车，总计销量432.4万辆，下降1.1%。客车和货车市场均小幅下滑：客车销售47.4万辆，同比下降2.2%，三大类客车品种产销均下降；货车销售385万辆，同比下降0.9%；重型货车销量增长，轻型和微型货车销量微降，中型货车销量下降明显。

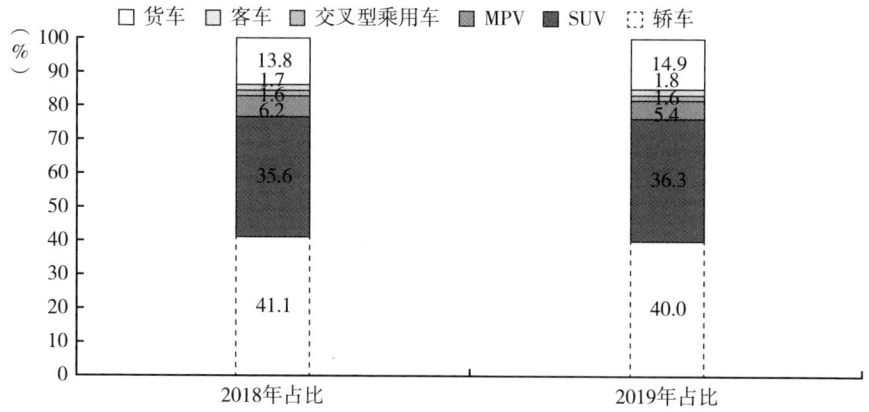

图2　2018～2019年中国汽车销量结构走势

资料来源：中国汽车工业协会。

（3）新能源汽车市场进入调整期

2019年6月26日起，新能源汽车补贴新政正式实施：国补下调50%，地补取消，整体补贴退坡幅度超过60%。受此影响，2019年7～12月新能源汽车销量同比均下跌，全年产销累计完成124.2万辆和120.6万辆，同比分别下降2.3%和4.0%。整体来看，新能源汽车市场下行压力依然较大，政策依赖明显，市场化发展仍显不足。

在新能源乘用车细分市场，纯电动市场份额持续扩大至80.0%，插混

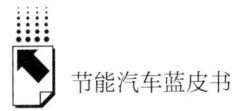

市场空间被挤压。紧凑型市场渐成主导，2019年末大幅拉升带动了纯电动整体市场的销量增长；宝马5系、帕萨特等合资品牌PHEV发力明显，唐PHEV、荣威ei6、eRX5等自主品牌出现不同程度下滑，市场份额进一步萎缩；2019年月均新增充电桩1.5万台，涨幅明显且公共类充电桩增速加快，整个公共充电基础行业保持增长态势。

2019年新能源商用车总计生产15.0万辆，同比下滑25.1%。其中，新能源专用车作为最大市场，2019年下半年的产量持续走低，全年累计生产7.39万辆，同比下降34.41%。

(4) 自主品牌市场加速分化

中国品牌的市场份额进一步下降，市场表现愈发低迷。2019年，中国品牌乘用车共销售840.7万辆，同比下降15.8%，占乘用车销售总量的39.2%，比上年同期下降2.9个百分点，成为2006年至今所占市场份额最低的一年。从具体车型来看，中国品牌轿车销售204.6万辆，同比下降15.2%，占轿车销售总量的19.9%，比上年同期下降1.1个百分点；中国品牌SUV销售492万辆，同比下降15%，占SUV销售总量的52.6%，比上年同期下降5.4个百分点；中国品牌MPV销售104.1万辆，同比下降21.6%，占MPV销售总量的75.3%，比上年同期下降1.3个百分点。

从车企表现来看，吉利汽车以136.1万辆再次位于中国品牌乘用车销量榜首，长城汽车以106.3万辆、长安汽车以84.9万辆紧随其后。自主品牌龙头效应逐渐加强，2020年疫情的暴发加剧了市场的淘汰，一部分"实力较差"的车企在这一轮淘汰赛中已经充分暴露其劣势，且短时间内很难快速恢复元气（见表2）。

（二）节能汽车产业发展情况

1. 市场分析

(1) 1.6L及以下乘用车

我国节能惠民政策主要针对1.6L及以下排量的乘用车实施，因此针对

表2 2019年中国车企销量排行榜

单位：万辆，%

排名	企业	2019年销量	同比
1	吉利汽车	136.1	-9.0
2	长城汽车	106.3	0.7
3	长安汽车	84.9	-7.8
4	上汽乘用车	67.3	-4.1
5	奇瑞汽车	63.9	6.9
6	比亚迪	46.1	-11.4
7	广汽传祺	38.5	-28.1
8	江淮乘用车	16.2	-17.8

1.6L及以下乘用车销量走势进行分析。中国汽车工业协会发布的数据显示，2019年1.6L及以下乘用车销售1443.4万辆，同比下滑9%；1.6L及以下乘用车销量占乘用车整体的67.3%，同比上升0.5个百分点（见图3）。

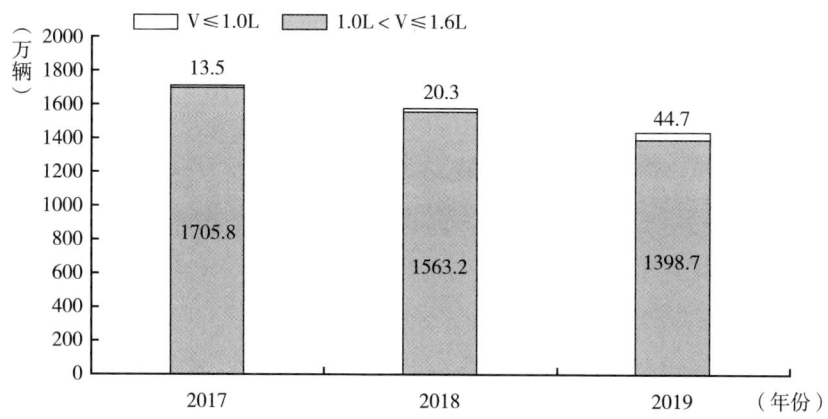

图3 2017~2019年1.6L及以下乘用车销量趋势

资料来源：根据中国汽车工业协会数据整理。

（2）混合动力乘用车（HEV）

中国2019年HEV车型销量为19.7万辆，在乘用车中占比达到0.92%，较2018年提升0.11个百分点（见图4）。中国HEV销量分布情况如图5所示，国内混合动力汽车市场长期被进口/合资品牌占据，销量主要集中在丰田；本田的混合动力技术逐渐受到国内关注。需要重点指出的是，目前国内尚无明确混合动力汽车划分标准及分类的政策法规/行业标准，国内混合动力汽车分类较为混乱。MarkLines 统计的数据中，国内混合动力汽车销量不包括 48V 混合动力汽车。但本文对混合动力的研究涵盖 48V 混合动力汽车。

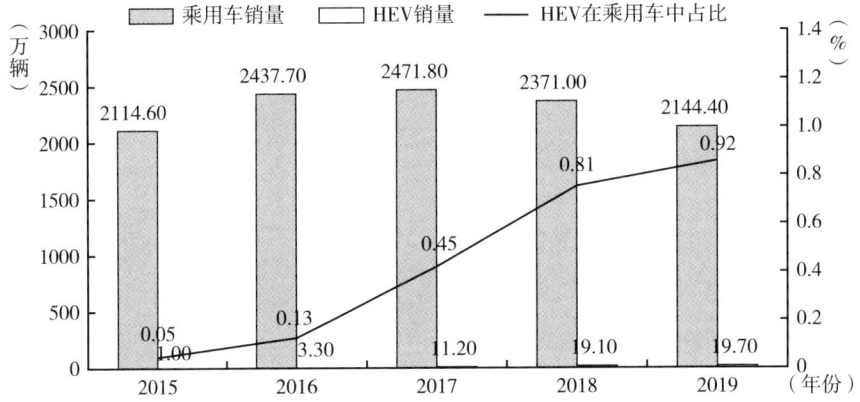

图 4　2015～2019 年中国 HEV 销量走势

资料来源：MarkLines。

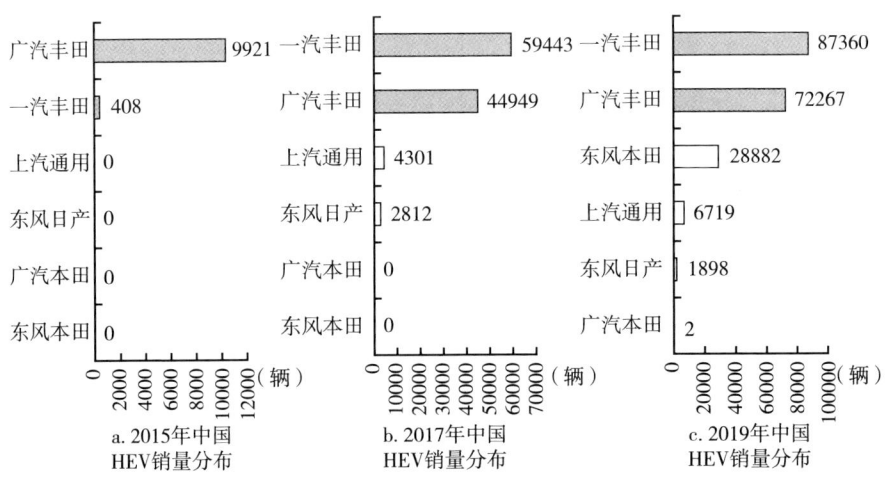

图 5　中国 HEV 销量分布情况

资料来源：MarkLines。

2. 能耗分析

工信部、商务部、海关总署以及市场监管总局于2020年7月联合公告的《2019年度中国乘用车企业平均燃料消耗量与新能源汽车积分情况》显示，2019年中国乘用车（含新能源汽车）企业平均燃料消耗量为5.56L/100km，首次出现中国乘用车企业平均燃料消耗量没有达到目标（5.5L/100km）的情况。

国内乘用车油耗值变化情况见图6。其中，乘用车（含新能源汽车）新车平均油耗来源于国家部委发布的数据；传统能源乘用车新车平均油耗依据国家部委发布的2016~2019年《中国乘用车企业平均燃料消耗量与新能源汽车积分核算情况表》，将新能源汽车燃油消耗量按0计，参考新能源汽车核算系数计算得出。2016~2019年，国内传统能源乘用车平均油耗分别为6.88L/100km、6.77L/100km、6.62L/100km及6.46L/100km，油耗年平均降幅仅2%左右（见图7）。

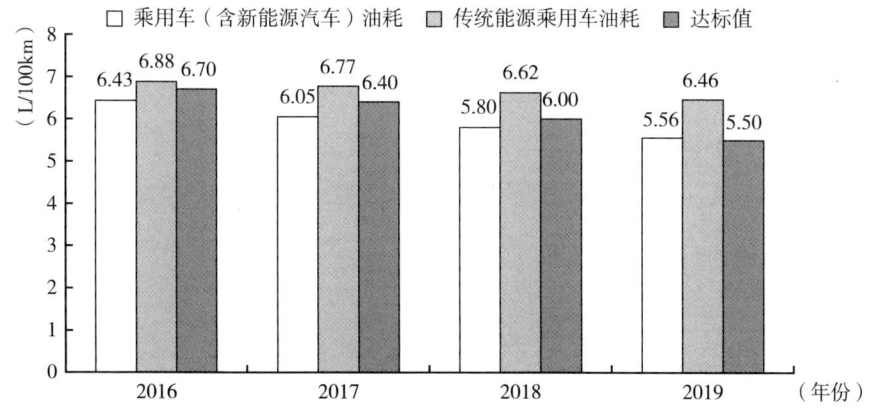

图6 2016~2019年中国乘用车油耗值变化情况

二 节能汽车产业发展面临的形势

（一）2019年节能汽车产业热点解析

双积分政策，全称为《乘用车企业平均燃料消耗量与新能源汽车积分并

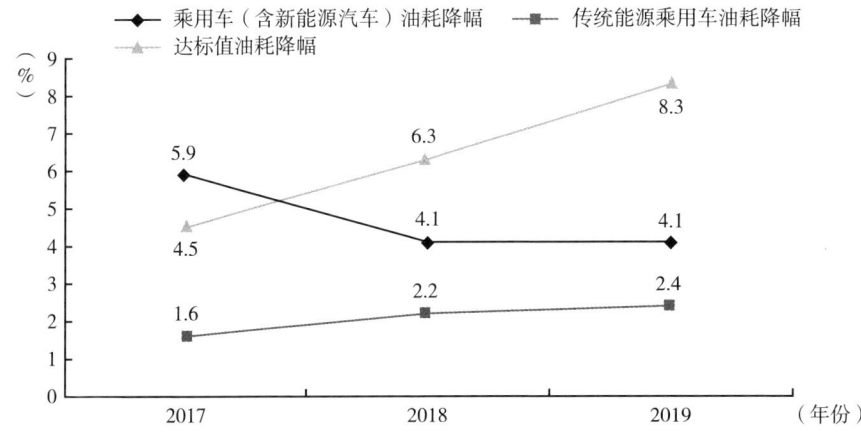

图7　2017～2019年中国乘用车油耗降幅目标及实际情况

行管理办法》，于2017年9月正式发布，此政策加速了各企业在新能源汽车领域的布局，促进了我国新能源汽车产业发展：我国新能源汽车市场规模较2015年扩大了5倍，并连续5年居世界首位；2018年乘用车（含新能源汽车）平均油耗达5.8L/100 km，较2015年下降12.7%。2017版的双积分政策在执行过程中遇到了一些问题，如车企对传统燃油节能技术的忽视、双积分市场交易不畅等。为了更加适应节能与新能源产业发展的新形势，工业和信息化部等有关部门起草了《关于修改〈乘用车企业平均燃料消耗量与新能源汽车积分并行管理办法〉的决定（征求意见稿）》，并于2019年7月9日和9月11日先后两次公开征求社会意见。2020年6月22日，工业和信息化部正式发布《关于修改〈乘用车企业平均燃料消耗量与新能源汽车积分并行管理办法〉的决定》。

此次双积分政策修订对汽车产业的影响主要在于两方面：第一，加大了新能源积分的获取难度；第二，从原来的完全鼓励新能源车型，修改为鼓励新能源车型和低油耗的传统能源车型，这一举措明显利好节能效果明显的混合动力汽车。

双积分政策修订后，加大了新能源积分获取难度，有助于积分价值回升，对新能源车企形成良性激励。另外，对于外界关心的乘用车企业之间的积分交易规定，此次征求意见稿也进行了修改。

（二）节能汽车产业发展机遇与挑战

1. 节能技术应用和推广动力不足

在乘用车双积分政策背景下，由于政策对新能源汽车的核算优惠，部分车企发展传统能源汽车节能减排技术动力不足，最终导致节能汽车发展相对缓慢。2016~2019年，乘用车（含新能源汽车）新车平均油耗由6.43L/100km降至5.56L/100km，但若不考虑新能源汽车核算优惠，传统能源乘用车新车油耗仅从2016年的6.88L/100km降到2019年的6.46L/100km，实际降幅有限。

另外，我国汽车税制未能发挥对汽车行业的节能减排引导作用。我国汽车消费税、车船税以及发动机排量设置税率，未考虑节能环保指标；应用先进技术的节能汽车产品相对价格较高，消费税、车辆购置税均从价计征，较高的购置成本进一步限制了节能汽车的推广。

2. 国内HEV技术与国际先进水平存在一定差距，但技术短板正逐步补齐

国内车企在混合动力系统及专用发动机方面投入较少，相关技术发展缓慢。近年来，混合动力技术越发受到关注，各企业纷纷发力。乘用车方面，比亚迪、广汽、上汽、吉利、长安、科力远等企业各自研发了专用动力耦合机构，并分别搭载在不同车型上取得了一定的节油效果。目前国内混合动力乘用车销量不高，但在油耗压力及双积分等政策引导下，预计混合动力乘用车销量将快速提升。商用车在混合动力产品开发、推广方面的进展落后于国外，但呈现加速发展趋势。

2019年4月3日，丰田汽车公司宣布作为电动车普及措施的一环，无偿提供丰田持有的关于电机、电控（PCU）、系统控制等车辆电动化技术的专利使用权（包含申请中的项目），开放约23740项专利。同时为了推动电动车的研发制造，对使用丰田动力传动系统的企业进行技术支援。丰田开放混动技术专利，有助于混动的全面推广，有助于国内的电动车研发和市场投入。

3. 节能汽车领域部分核心技术掌握在国外企业手中，自主设计研发能力弱

以低滚阻轮胎为例，其核心技术大多数仍然掌握在跨国汽车集团、专业零部件和系统供应商手里。我国作为轮胎生产大国，但仍不能称为轮胎强国。

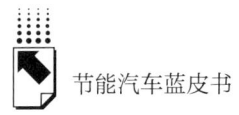

国内轮胎企业依赖近10年来经济的飞速发展，汽车行业、物流行业、基础设施建设及对外出口政策等促进了轮胎企业的投资扩产、低水平的重复建设和数量扩张的发展模式。目前国内轮胎品牌中低端比例偏高，高端领域基本被外资控制，特别是在乘用车市场，外资份额在75%以上，一线轿车品牌配套轮胎全部使用外资品牌。国内轮胎企业的设计技术、工艺技术及生产技术大多照搬外资企业技术，进行消化吸收和利用，自主研发设计能力薄弱。

4. 政策法规及市场终端价格对商用车节能技术发展影响较为严重

政策法规方面：排放法规升级加严，增加了整车油耗控制难度；商用车部分法规如载货汽车车长、客车行李舱容积等，限制了整车低风阻设计；HEV系统成本较高且不能享受补贴，难以形成规模应用。

市场终端价格方面：节能技术对成本的增加明显，随着节能效果的增加成本大幅增加，市场终端接受度受到影响，导致商用车厂家进一步研究和应用节能技术的驱动力不足。

5. 商用车智能化节能技术仍有较大应用空间

商用车智能化节能技术在实际使用中有明显的节能效果，如以道路预见为主的智能辅助驾驶系统、列队行驶技术等。国内多家车企已开展对此类技术的研究，但应用起步较晚，仍有较大应用空间。

三 节能汽车产业发展趋势与展望

（一）节能汽车发展思路与目标

按照《中国制造2025》《汽车产业中长期发展规划》总体部署，坚持技术节能与结构节能并重，加快发展节能环保汽车。加大研发投入，创新研发机制，以混合动力、高效内燃机技术为重点，带动传统汽车节能环保技术总体突破，特别要加快提升商用车节能环保技术水平，满足未来更加严格的油耗和排放法规要求；政策引导和市场化机制相结合，推动混合动力汽车、小型节能乘用车、节能环保商用车的大规模推广，形成有利于节能减排的产品结构；加快建设和完善汽车节能减排管理体系，不断优化节能环保汽车产业发展环境，加快我国传统汽车产业由"跟跑"向"并跑"转换。

持续加大汽车节能环保技术研发和推广力度，到2025年，节能减排技术水平世界先进。

1. 节能汽车发展愿景

未来十五年，传统能源汽车产销量仍将占汽车总产销量相当大的比例，降低能耗及排放水平、提升产品自主化研发生产能力及国际竞争力是未来节能汽车发展的主要方向。

一是与新能源汽车协同发展。重点关注节能汽车技术在中型及以上载货汽车和紧凑型及以上乘用车上的应用。

二是推动节能汽车向智能化、电气化方向转型。

三是助力保障能源安全及达成排放目标。大幅降低汽车能耗及排放水平，保障国家能源安全，助力汽车工业提前达成 CO_2 峰值目标。

四是让我国节能汽车"走出去"。实现关键核心节能技术掌握及突破，提升我国节能汽车的国际竞争力，借助"一带一路"倡议等政策，扩大我国节能汽车出口规模。

五是支撑我国汽车工业从大到强的转变。

2. 节能汽车发展目标

通过技术升级、产品结构调整和重点产品推广，推动传统能源汽车低碳化方向发展进程，实现传统能源与新能源汽车协同发展。到2035年，国内传统能源乘用车实现全面混动化，平均油耗降至3.8L/100km；载货汽车油耗较2019年水平降低15%~20%；客车油耗较2019年水平降低20%~25%。我国节能汽车智能化、网联化水平迈入国际先进行列；节能汽车自主技术、零部件及整车均具备较强的国际竞争力。

（二）节能汽车产业前景展望

1. 节能汽车是我国汽车产业重要发展方向

2019年我国传统能源汽车销量占比为95%，根据《节能与新能源汽车技术路线图》，到 2025 年，传统能源汽车销量占比达到 80%~85%，短期内国内车型结构仍以传统动力为主。在油耗和排放法规进一步加严、新能源汽车补贴逐步退出等因素的驱动下，发展节能技术、推广节能汽车、持续降低传统能源汽车能耗是实现我国节能减排目标的重要举措。

2. 48V 混合动力汽车市场规模会快速扩大

在新能源汽车优惠退坡的背景下，为应对逐步加严的油耗法规，企业急需降低传统能源汽车平均油耗。

目前，国内外诸多汽车零部件供应商都在研发 48V 混动系统，国内涉及该领域的企业包括精进电动、上海电驱动等。国内多家整车企业已成功上市搭载 48V 混动系统的车型，更多整车企业正在开发和应用 48V 混动系统。48V 混动系统具有系统成本相对低廉、节油效果明显、对现有整车系统改变小、开发难度小、全球市场前景广阔和供应商具备系统集成能力等优势，将迎来快速发展。

3. 智能化节能技术逐步普及

当前，汽车行业呈现电动化、网联化、智能化、共享化的"新四化"发展趋势。伴随着汽车产业智能化、网联化发展，智能化节能技术越来越受到重视。目前国内多家企业已针对智能化节油技术开展专项研究及道路试验工作，智能化节能技术将逐步普及。

市 场 篇

Market Reports

B.2 国外节能汽车市场现状及发展趋势

摘　要： 本报告聚焦美国、日本和欧洲三大全球主要汽车市场，从市场概况、节能战略及规划、节能技术应用及发展等方面对国外节能汽车市场发展情况进行研究，并介绍了对应地区典型车企，对其主要节能技术应用现状及产品谱系进行归纳和总结。

关键词： 汽车市场　节能战略与规划　节能技术

一　国外节能汽车发展现状

（一）美国

1. 市场概况

2019 年美国国内实现汽车总销量 1757.6 万辆，同比微跌 1.4%，其中轻型车（Light Duty Vehicle）销售 1705 万辆，同比下跌 1.7%，市场规模保持稳定（见图 1）。从车型类别来看，轻型车大类中，轻型卡车（Light Truck）销量连续 5 年上涨且增幅显著高于整体水平，在销量规模和市场份额上进一步拉开与轿车（Car）的差距：2019 年轿车占轻型车市场份额萎缩至不足 30%（见图 2）。同时，轻型卡车市场呈现明显的大型化趋势：2019 年，美国皮卡和 D 级以上 SUV 车型占比达 41.4%，达到近 5 年来最大市场份额。主要原因是近年来美国经济恢复势头良好，国内失业率持续走低，国民收入预期向好，叠加汽油价格保持低位波动等因素，汽车消费者对尺寸更大、性能更强的车型的偏好更为明显。

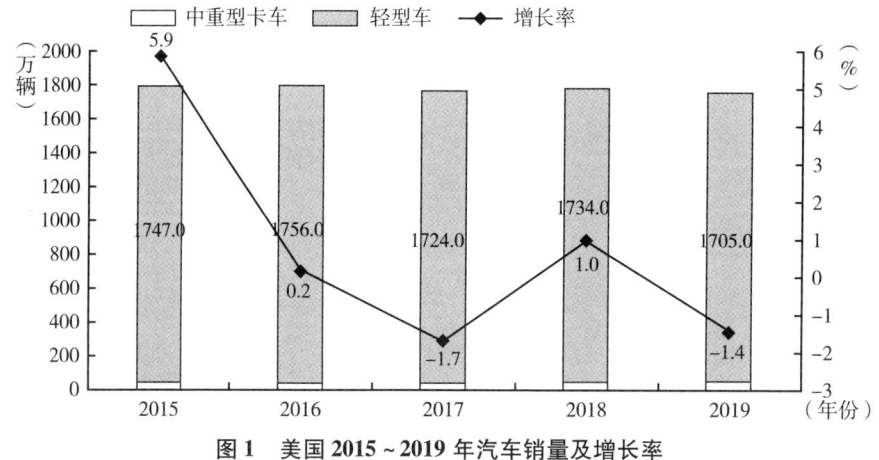

图 1 美国 2015~2019 年汽车销量及增长率

资料来源：MarkLines。

从燃料类型来看，2019 年美国电动化车型销量稳步提升，全年销售约 72.4 万辆，同比增长 3.9%，增速较 2018 年有所放缓，电动化车型占整体汽车市场份额攀升至 4.1%。其中，混合动力汽车[①]仍为主力，以 40.2 万辆的销量占据电动化车型市场 55.5% 的份额。此外，受益于特斯拉 Model 3 在美国市场的大规模量产交付，纯电动车型的市场份额在 2018~2019 年得到显著提升，2019 年已占到电动化车型的 32.6%（见图 3）。

---

① 在 MarkLines 数据统计中，混合动力汽车不包含 48V 混合动力，仅包含重度混合动力。

国外节能汽车市场现状及发展趋势

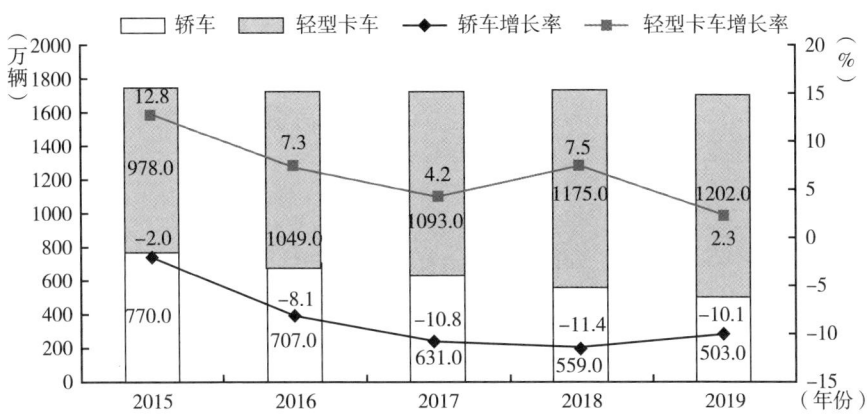

图2　美国2015～2019年轻型车销量及增长率

资料来源：MarkLines。

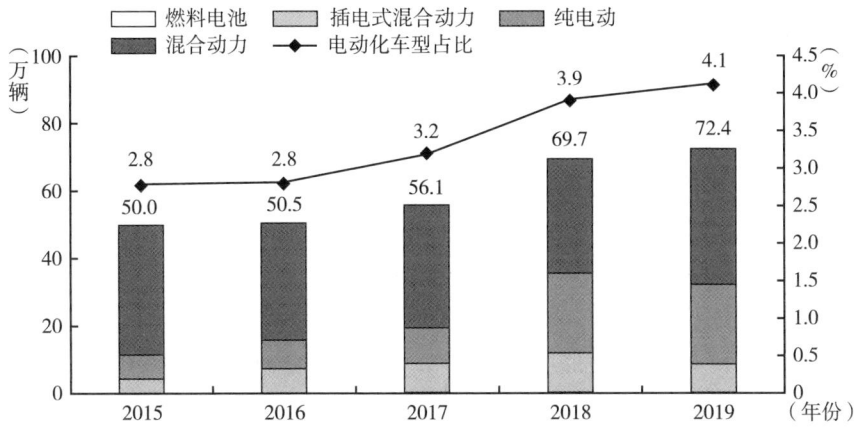

图3　美国2015～2019年电动化车型占比及分燃料类型销量

资料来源：MarkLines。

产品偏好方面，从MarkLines统计的2019年美国销量前十名的电动化车型来看，以日韩品牌的HEV[①]为主：丰田的RAV4、普锐斯、凯美瑞位居前

---

① 为方便理解和区分，HEV代指重度混合动力，后同。

列，本田、起亚、现代均有代表车型上榜。福特推出的 Fusion 作为美系品牌唯一上榜车型位列第四。而纯电动方面，依靠特斯拉单一品牌支撑，Model 3 以 14.6 万辆的年销量稳居榜首，销量几乎是第二、第三位车型的销量总和（见表 1）。

表 1　2019 年美国销量前 10 名电动化车型

单位：辆

排名	车型	动力类型	品牌	2019 年销量
1	Model 3	BEV	特斯拉	146450
2	RAV4	HEV	丰田	92525
3	Prius	HEV\PHEV	丰田	68433
4	Fusion	HEV\PHEV	福特	57760
5	Camry	HEV	丰田	26043
6	NIRO	HEV\PHEV\BEV	起亚	24467
7	Accord	HEV	本田	23818
8	Insight	HEV	本田	23686
9	Ioniq	HEV\PHEV\BEV	现代	19574
10	Model X	BEV	特斯拉	18500

资料来源：MarkLines。

2. 节能战略与规划

美国目前实行车队燃油经济性和温室气体排放并行标准管理。2012 年奥巴马政府主导出台轻型车燃油经济性与温室气体排放联合管理第二阶段目标（2017～2025 年）。燃油经济性方面，由美国国家公路交通安全管理局（NHTSA）负责标准管理与执行，采用体系为"公司平均燃油经济性"（Company Average Fuel Economy，CAFE）。按照第二阶段目标规划，新车车队整体燃油经济性须从 2017 年的 35.1mpg（约 6.1L/100km）提升至 48.7mpg（约 4.9L/100km），提升幅度近 40%。其中，乘用车 2025 年须达到 55.3mpg（约 4.2L/100km），轻型卡车达到 39.3mpg（约 6.2L/100km）。温室气体排放方面，由美国环保署（EPA）负责编制和执行，规定要求新车车队平均温室气体排放由 2016 年的 250g/mi（162g/km）降低至 163g/mi

（101g/km），降幅达35%。其中，乘用车2025年达143g/mi（87g/km），降幅为36%。这一系列标准的出台令美国跻身世界对轻型汽车能效管理最严格的地区之一。

然而自特朗普总统执政以来，联邦政府方面持续施压，要求对现行标准的可达性和经济影响进行重新审视并谋求做出修改。2018年8月EPA正式公布冻结前政府的燃油经济性标准提议；2019年9月，加州政府在汽车燃油经济性和温室气体排放标准上的独立立法权被撤销；2019年11月，美国正式开启退出应对全球气候变化的《巴黎协定》，预计进程为期一年。

2020年3月31日，美国NHTSA和EPA两大管理机构联合发布2021~2026年轻型汽车燃油经济性和CO_2排放标准，新标准规定年改善幅度从之前的5%放宽至1.5%。法规名称变更为"更安全经济的汽车能效法规"（Safer Affordable Fuel-Efficient Vehicles Rule，SAFE）。这一新法规的出台使美国在轻型汽车燃油消耗管控的严格程度上不仅大幅度低于欧盟、日本等国家和地区，甚至不及印度等国家。虽然包括美国汽车制造商、各州政府等的相关各方仍在博弈之中，但一系列事件使美国汽车节能战略的发展走向增加了不确定性。

尽管美国在未来汽车节能减排战略及法规上可能存在风险，但得益于过去数年来对前法规的严格执行，自2004年开始，美国新车整体燃油经济性和CO_2排放情况持续改善，截至2018年分别累计优化30%和23%。据EPA测算，2019年美国新车平均燃油经济性达25.5mpg，平均CO_2排放346g/mi。

就2019年美国市场新车油耗分布来看，不同燃料及动力类型的车型表现差异较大。搭载增压发动机和自吸发动机的传统汽油车的油耗并没有明显的优劣之分，1600kg以上的燃油车基本上不能满足2020年目标值（5.4L/100km）。混合动力汽油车和插电式混合动力汽油车油耗水平已基本全部提前满足2025年目标值（5.0L/100km）；因电耗需要折合成油耗，插电式混合动力汽油车与混合动力汽油车相比节能优势不明显（见图4）。

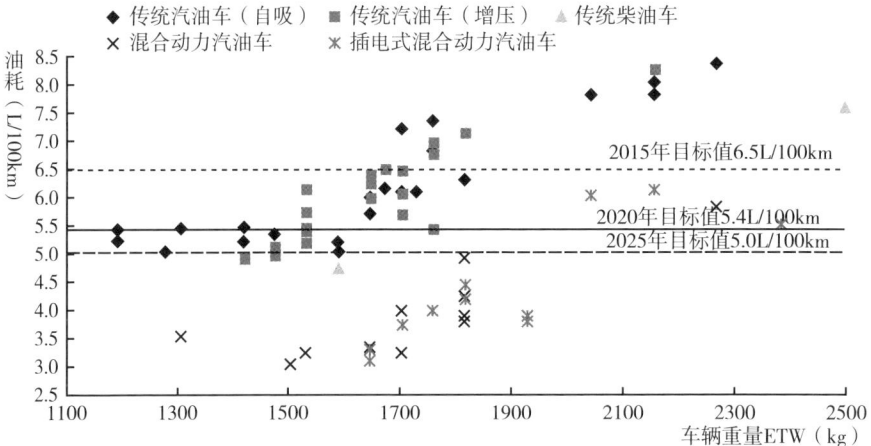

图 4　2019 年美国市场新车油耗分布

注：美国的油耗目标值根据车辆的脚印面积划分，脚印面积无法精确换算为重量，图中目标值仅供参考。

3. 节能技术应用与发展

缸内直喷（GDI）、7 挡及以上变速器（7 + Gears）、发动机启停（Stop/Start）、涡轮增压（Turbo）以及无级变速器（CVT）是目前美国轻型汽车市场应用最为广泛的节能技术，2019 年市场渗透率分别达到 54%、48%、36%、34% 和 24%。2013~2018 年，这几项技术也取得了最快速的应用推广。发动机方面，4 气缸小排量发动机成为主要趋势（2019 年市场占有率超过 60%），并辅助 GDI、涡轮增压技术以增强发动机性能，从而平衡能耗与动力。变速器方面，多挡变速器升级取得显著成果。6 挡及以下变速器份额持续收缩，7 挡及以上变速器在 2019 年实现对 6 挡变速器的全面超越，份额达 48%。CVT 经过多年的发展，目前在美国轻型乘用车市场已取得 24% 的份额（见图 5）。

从车企来看，大型汽车制造商均在进行节能技术的多元化布局，但路线选择不尽相同。受高端产品定位影响，德系制造商奔驰、宝马和大众整体在节能技术的应用方面最为激进，在 GDI、7 挡及以上变速器和涡轮增压技术等方面基本实现了 90% 以上的车型覆盖。本田、斯巴鲁、日产、丰田等日系厂商则是 CVT 应用的主要推动力量。相比较而言，美系制造商布局则较为均衡,除主流的 GDI、涡轮增压、发动机启停等技术均有一定应用外,在其他节能技术上也有较为广泛的涉及。此外,得益于 48V 轻混技术在新产品 Ram 1500 皮卡以及 Jeep Wangler 上的应用,2019 年混合动力(Hybrid)技术渗透率得到较大幅度提升,从 2018 年的 2% 升至 6%,美系车企也在混动技术方面逐步发力。

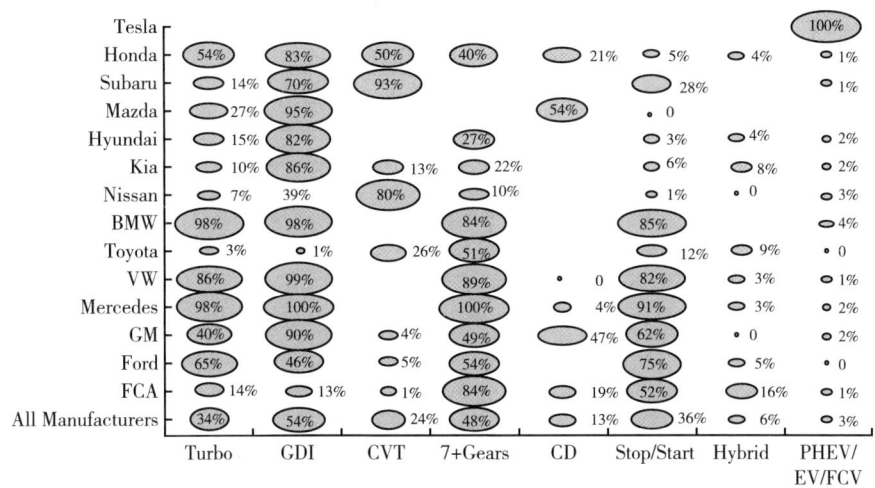

图 5　2019 年美国车企节能技术应用情况

资料来源:EPA Automotive Trends Report 2019。

(二)日本

1. 市场概况

2019 年,日本国内汽车总销量为 519.1 万辆,结束了连续两年的增长,同比小幅回落 1.4%。市场下跌主要来自乘用车市场需求收缩,同比下跌 2.1%,而载货车则逆势拉动,同比增长 2.0%。乘用车、载货车及客车市场份额基本保持稳定(见图 6)。从车型大小来看,载货车方面,显著偏向于小微车型,微型车占比近 50%,标准型货车仅占载货车市场的 20.4%;乘用车方面,2019 年标准型、小型及微型车占比较为均衡,其中微型乘用车占据 34.4% 的市场份额(见图 7 和图 8)。

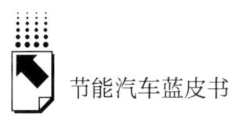

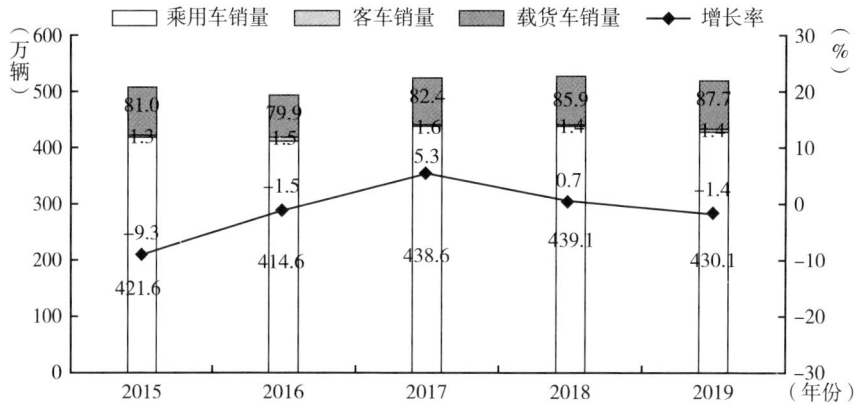

图6 2015~2019年日本汽车销量及增长率

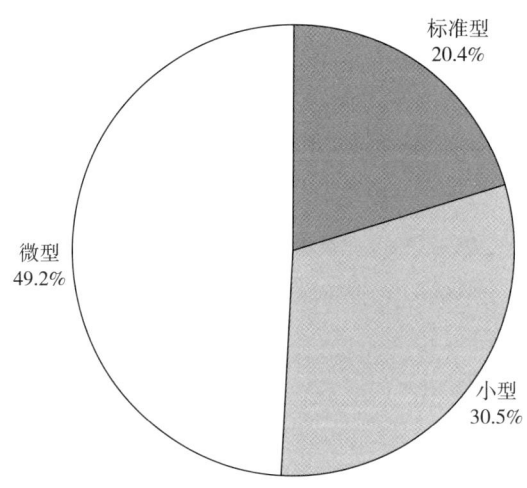

图7 2019年日本载货车分车型占比

分燃料类型来看,日本汽车电动化趋势近几年明显放缓,电动化车型连续两年负增长,2019年销售111.9万辆,同比下跌2.2%,跌幅较2018年进一步扩大。受益于混合动力车型在日本的大力推广,电动化车型在全汽车市场的份额连续4年稳定在21%~22%。由于日本政府对节能技术的积极推动及主要车企在节能技术上的优势,日本本土销售的电

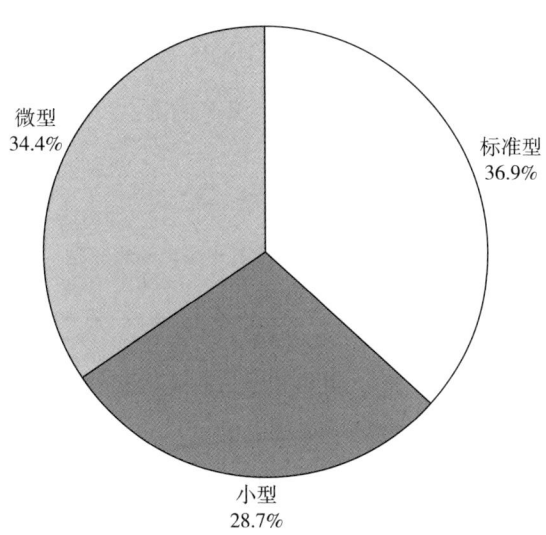

图 8　2019 年日本乘用车分车型占比

资料来源：MarkLines。

动化车型以混合动力车型（HEV）为绝对主力，纯电动、插电式混动车型占比极小（见图9）。

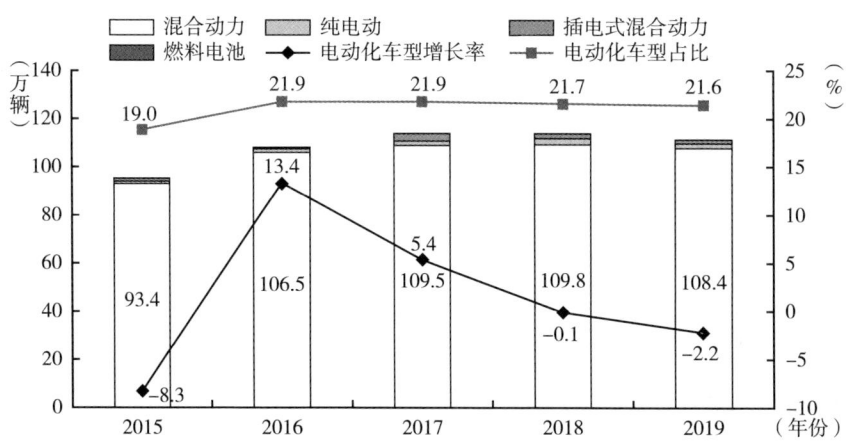

图 9　2015～2019 年日本电动化车型增长率、占比及分燃料类型销量

资料来源：MarkLines。

从产品偏好来看，2019年日本排名前十的电动化车型也基本全部被混动车型占据，丰田品牌优势明显，5款车型上榜，且位居前列；日产Serena和Note两款明星车型跻身前五，紧随丰田普锐斯、Aqua（Pruis C），实力不容小觑（见表2）。

表2 2019年日本销量前十名电动化车型

单位：辆

排名	车型	动力类型	品牌	2019年销量
1	普锐斯	HEV/PHEV	丰田	114103
2	Aqua	HEV	丰田	90921
3	Serena	HEV	日产	90198
4	Note	HEV	日产	82103
5	卡罗拉	HEV	丰田	61713
6	Sienta	HEV	丰田	50022
7	C-HR	HEV	丰田	43493
8	Freed	HEV	本田	41102
9	Solio	HEV	铃木	36125
10	缤智	HEV	本田	35352

资料来源：MarkLines。

2. 节能战略与规划

日本通过制定基于车辆重量分级的平均燃油经济性标准限值对汽车能耗进行管理，以消耗每升燃料可行驶里程数值（km/L）为标准设定方法，将各个重量级别中燃油经济性最优的车型作为该重量段的标准限值，同重量级别的新车在目标年限内需达到该标准，这一目标设立方法称为"领跑者"（Top Runner）法。日本现行燃油经济性目标是：乘用车平均燃油经济性水平2020年达到20.3km/L，较2009年提升24.1%；小型卡车2022年达到17.9km/L，较2012年提升26.1%；卡车和客车2025年分别达到7.63km/L和6.52km/L，较2015年分别提升13.4%和14.3%。

2019年6月，日本政府最新发布的新车燃油经济性法案规定，2030年新车燃油经济性平均目标值达到25.4km/L，较2016年实际水平提升

32.4%。另外，新法规在以下几个方面有所改变：①标准考察范围扩展到新能源车型，即纯电动和插电式混合动力车型也纳入计算，这在一定程度上缓解了汽车厂商达标的压力；②新标准限值的测试规程将从JC08切换至WLTP，但其中超高速阶段（extra-high-speed phase）将被剔除以更贴近日本低速拥堵的实际路况；③车型重量级别从之前的分段分组变为线性计算，能耗标识标签的内容要求也有一定的修订。

日本对于汽车燃油经济性要求的严格程度在世界范围内处于相当领先水平，仅次于欧洲地区。领跑者标准法也有效地刺激了日本本土及其他汽车厂商的竞争意识。就历史数据来看，日本国内的新车平均燃油经济性水平始终较大幅度优于标准限值。2013年平均燃油经济性已经达到21.3km/L，超过2020年设定的标准。但2014年以后，日本的乘用车新车燃油经济性提升明显放缓。就2019年日本乘用车油耗分布来看，绝大部分传统汽油车无法达到2020年目标值标准，但混合动力汽油车型油耗表现已大幅优于2020年标准，甚至大部分已达到2030年目标水平，而且混动车型投放数量相当可观，有效提升日本国内乘用车整体油耗表现，缓解车企油耗达标压力（见图10和图11）。

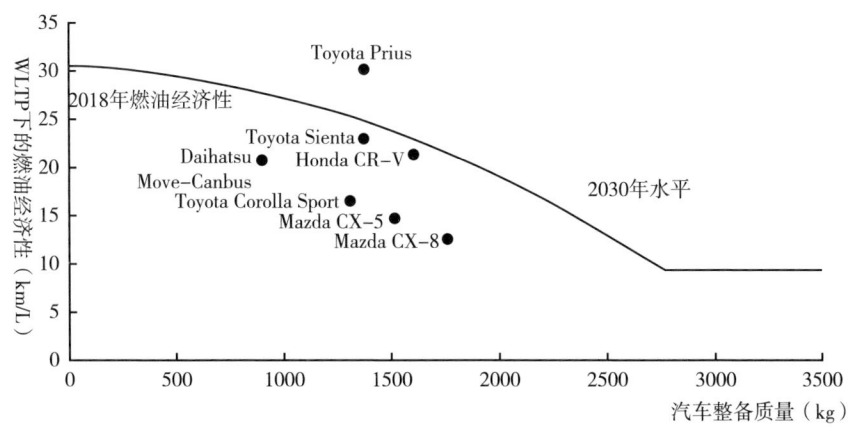

图10 2030年日本企业平均燃油经济性目标值及
2018年主要车型实际值（WLTP工况）

资料来源：www.theicct.org，JAPAN 2030 FUEL ECONOMY STANDARDS。

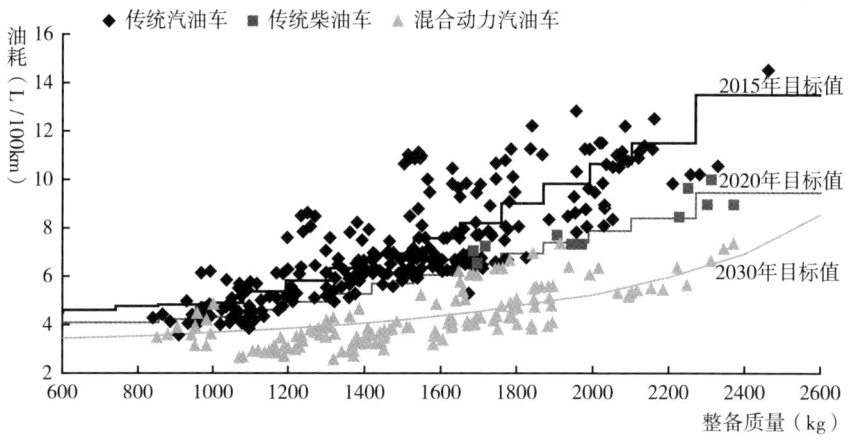

图 11　2019 年日本乘用车油耗分布

3. 节能技术应用与发展

日本各大车企及主要供应商在节能技术开发的多个领域均走在世界前列，并基于本国技术积累和市场需求形成较为独特的技术应用格局。发动机方面，丰田应用阿特金森循环、GDI + PFI 混合喷射、高压缩比、水冷 EGR、DVVT、低摩擦等技术，已开发的 A25B - FXS 发动机热效率可达 41%；另外，结合超稀薄燃烧（过量空气系数大于 2.5）、超强滚流、火核控制、隔热涂层以及降低机械损失等技术手段，针对热效率为 48% 的目标，正在进行验证实验。本田在发动机技术升级路径上寻求燃效、尾气排放、行驶性能以及噪声振动的平衡，开发两级燃烧室的 i - CVCC 发动机，利用理论混合比的快速燃烧特性、稀薄燃料的低燃耗特性以及水喷射、高负载 EGR、高压延迟燃料喷射、燃烧室热管理和废热的朗肯循环等技术手段，从热效率和输出功率密度方面持续提升发动机性能；另外，其具代表性的混合动力系统 i - MMD 所用的 LFA2.0L 发动机，热效率已达 39.8%。马自达自主研发低油耗"Skyactiv Technology"（创驰蓝天技术），其三步走路线图已完成第一步，即 Skyactiv - G 发动机的开发应用实现高压缩比。目前正在进行第二步，即应用稀薄燃烧和压燃技术并利用轻度混合动力的电动辅助开发 Skyactiv -

X点火控制式（SPCCI）汽油发动机，与Skyactiv-G发动机比较，将实现全部区域10%、部分区域20%的燃效提升。

变速器方面，日本市场由自动变速器主导，约占据90%的市场份额，手动变速器则不足10%，自动变速器中无级变速器（CVT）十分普及。一方面，日本城市空间紧密交通拥堵，市内行驶需频繁启停，因此可提高燃效、降低在城市内因频繁启停导致的变速损伤的CVT更受市场青睐；另一方面，随着以丰田、本田为首的日系整车厂商对混动车型的大力推进，与之配套的E-CVT的应用范围也得到不断扩大。来自日本的自动变速器供应商加特可和爱信AW也是全球范围内CVT的顶级供应商，几乎垄断全球CVT市场。

（三）欧洲

1. 市场概况

2019年欧洲新车整体市场规模保持增长势头，全年销售1772.8万辆，同比增长1.1%。自2013年以来，欧洲汽车销售已实现连续7年增长，近两年全球汽车消费低迷，欧洲市场也受到一定影响，增速有所放缓（见图12）。但与全球其他主要国家及地区比较，如中国（2019年下降约8%）、美国（2019年下降约1.7%），欧洲汽车市场表现较为突出。车身形式方面，限于欧洲城市空间及道路情况，以及较高的燃油价格，欧洲市场一直以来偏好尺寸紧凑的两厢或三厢轿车。然而，近年SUV车型逐渐受到欧洲消费者关注甚至追捧。据JATO统计，欧洲市场SUV车型连续7年呈两位数的增速迅猛增长，2019年SUV新车注册量突破600万辆，占据乘用车38%的市场份额，抢夺部分小型、紧凑型轿车及MPV市场。

分国家来看，欧洲大部分国家乘用车销量在2019年实现正增长，27个国家中4个国家年销量规模达到历史最高水平。排名前五位保持不变，仍为德国、英国、法国、意大利和西班牙，其中德国继续雄踞榜首且强劲增长5%，达到2009年以来峰值销量，而位列第二的英国因脱欧等不确定因素影响，2019年继续下滑2.4%，与德国差距进一步拉开（见图13）。

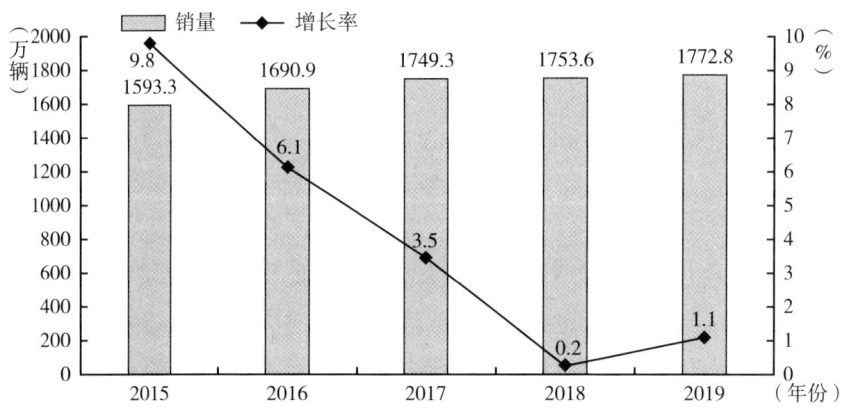

图 12　2015～2019 年欧洲汽车销量及增长率

注：①统计车型含乘用车、轻型商用车、中重型卡车；②统计地区为欧洲地区 24 国（EU－27，不含冰岛、拉脱维亚、立陶宛）。

资料来源：MarkLines。

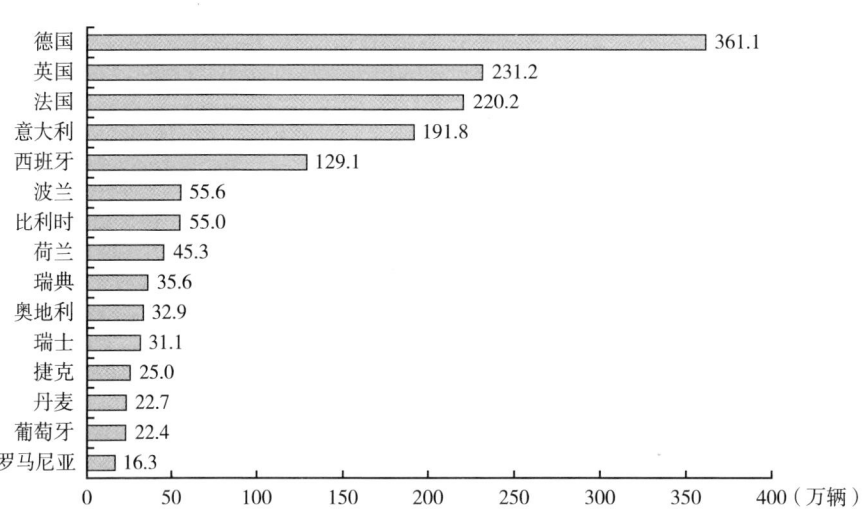

图 13　2019 年欧洲主要国家乘用车销量

资料来源：JATO。

分燃料类型来看，柴油车销量持续大幅下滑，2019 年同比下跌 12%，市场份额收缩至 31%，较 2018 年减少 5 个百分点。汽油车延续平稳增势，2019 年同比增长 5%，份额进一步提升至 59%，主导地位稳固（见图 14）。

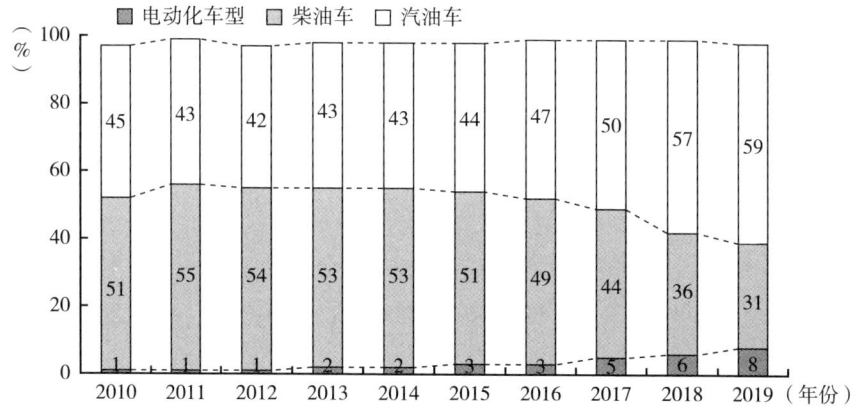

图 14　2010～2019 年欧洲乘用车新车注册量份额（分燃料类型）

资料来源：JATO。

电动化车型方面，在欧盟排放法规日趋严苛、民众环保意识较强、汽车厂商积极布局等多重因素推动下，欧洲的电动化车型规模连续多年快速增长，2019 年销量达 127.8 万辆，同比增长 35%，占乘用车市场份额高达 8.1%（JATO 统计），这也使欧洲成为全球汽车电动化进程最为激进的地区之一。从细化动力类型来看，欧洲的电动化车型以混合动力为主导，但 2019 年市场份额有所下滑，约为 56%；纯电动车型占据 28% 的份额，较 2018 年显著增加，主要得益于特斯拉 Model 3 在欧洲的热销，该车型也成为 2019 年欧洲销量最高的纯电动产品；插电式混合动力车型规模最小，在电动化车型市场中仅占据 16% 的份额，且 2019 年有所下降。

产品偏好方面，从 2019 年欧洲销量前十名的电动化车型榜单来看，丰田品牌及其混合动力车型优势显著，占据榜单前三位，单车年销量均超过 10 万辆。上榜的 4 款纯电动车型中，除 Model 3 外，雷诺 ZOE、宝马 i3、日产 LEAF 均为上市多年的产品，欧洲纯电动市场需推出更多的新车型以刺激消费需求（见表 3）。

表3　2019年欧洲电动化车型销量前10名

单位：辆

排名	车型	动力类型	品牌	2019年销量
1	COROLLA	HEV	丰田	124453
2	C-HR	HEV	丰田	108369
3	YARIS	HEV	丰田	104607
4	Model 3	BEV	特斯拉	94495
5	RAV4	HEV	丰田	82498
6	NIRO	BEV\PHEV\HEV	起亚	57469
7	ZOE	BEV	雷诺	45682
8	OUTLANDER	PHEV	三菱	33862
9	i3	BEV	宝马	32451
10	LEAF	BEV	日产	32443

资料来源：MarkLines。

2. 节能战略与规划

欧盟实行机动车碳排放标准来管控汽车燃油消耗水平。2009年通过强制性的立法取代自愿性CO_2减排协议，在欧盟范围内建立"乘用车CO_2排放标准"。欧盟现行乘用车温室气体排放标准于2019年4月设立，标准要求2021年乘用车新车车队平均排放水平达95g/km（相当于汽油车油耗4.1L/100km、柴油车3.6L/100km），轻型商用车为147g/km，2020年要求达标率95%，即新标准适用于每个制造商95%排放最少的新车；2025年起排放量比2021年降低15%；2030年乘用车排放量比2021年降低37.5%，轻型商用车降低31%。并且从2021年开始，排放测试标准将基于WLTP排放测试规程，WLTP规程于2017年9月推出，2018年9月实行，替代原NEDC测试规程。在该规程下，排放达标难度平均提高约20%。2019年及之后超排罚款将执行之前最高标准，每超出1g/km罚款95欧元，惩罚力度空前。

欧洲严苛的排放标准有效地推动了欧盟地区整体新车能耗的持续大幅度降低。2007~2015年，CO_2排放量下降速度甚至超过2015年目标要求，达到年均3.5%，使2015年目标（130g/km）提前两年达成。然而，由于在随后的2015~2020年并没有设立更严格的新标准，CO_2排放量未能持续快速降低。如果要达到最新的 2021 年排放标准目标,则在 2018 年实际排放值的基础上需每年减少排放 7.6%,车企普遍面临的达标形势较为严峻。如果考虑到电动汽车的投放以及最新法规标准中针对电动汽车的"超级积分"等灵活机制的应用,据 iCCT 测算,欧洲整体新车能耗水平在 2020 年可达 98g/km,但仍无法达到 2020 年目标(95g/km)。就 2019 年欧洲 CO_2 排放情况来看,大部分汽油车及柴油车无法满足 2020 年目标;而面对更加严格的 2025 年目标值,只有大部分 PHEV 车型能够达标(见图 15)。

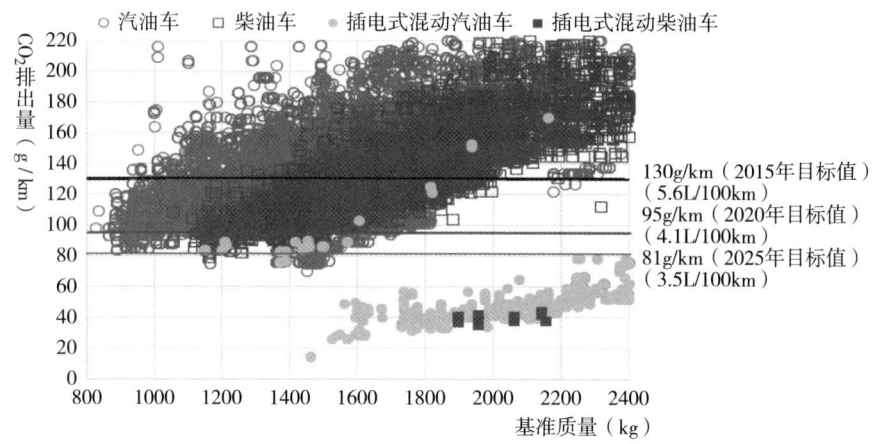

图 15 2019 年欧洲市场 CO_2 排放分布情况

3. 节能技术应用与发展

欧洲作为现代汽车工业的发源地,汇集了世界顶级的汽车制造商与零部件供应商。在全球最为严苛的能耗排放法规压力下,欧洲大型车企及供应商巨头对内燃机动力系统节能潜力进行深度挖掘。发动机方面,宝马计划开发两款具备独立单涡流涡轮增压器的现有 BMW M 直列 6 缸汽油发动机的后续型号,以未来配套高性能车型。该发动机采取重新设计燃烧室、增加活塞销直径、调整气门装置、改良内部冷却系统、配备高压燃料系统高压泵和催化转化器、采取喷涂镀膜工艺等一系列方法以降低压缩比、均匀火焰传播、实现轻量化、降低摩擦磨损等,进而在提升最大输出功率的同时使燃耗小于

237g/kWh。大众发布新3缸汽油发动机EA211 TSI EVO，通过改良燃烧过程，采用可变截面涡轮增压器（VGT）、气缸的大气等离子喷涂技术（APS）涂层，安装水冷增压空气冷却器、机油喷嘴、MAP控制冷却模块等措施，使新3缸EVO发动机相比上一代，在高负荷驾驶时油耗降低3%～5%，部分负荷驾驶时油耗最多降低10%。里卡多提出了可以大幅改善混合动力总成效率的Magma xEV发动机概念以及45%的制动热效率与186g/kWh的有效热效率的目标，为此，采用均匀的稀薄燃烧，直接向喷油口和气缸喷射水的喷水器，以及日冕放电点火等技术，通过长冲程产生的高压缩比提高热效率。博世正在开发直喷35MPa发动机，通过优化喷油器的位置，35MPa的燃料喷射压力，改善喷雾，进气口与缸内直喷相结合等，可进一步改善尾气、提高燃效。

变速器方面，欧洲市场MT占比较高，比例高达80%～90%，自动变速器占10%～20%。虽然包含纵置变速器的中大车型搭载AT的比例不断增加，但与全球市场相比，欧洲紧凑及以下车型搭载MT的比例更高。8～9速多挡AT和DCT正成为市场主流。DCT以德系大众为首，大众DCT目前已发展到第三代产品DQ380、DL382以及混动变速器DQ400e；供应商格特拉克已形成平台化DCT产品谱系，并应用于宝马部分车型；可变截面涡轮VGT是应对"涡轮迟滞"现象而生的增压技术，可以提升低速扭矩30%～60%，改善进排气压差，减少缸内残余废气，抑制发动机爆震，目前因其技术难度、成本较高主要在奔驰、大众发动机上应用；48V电子增压技术作为电气化升级措施目前在奥迪高端车上应用。

二 主流车企节能技术应用现状及规划

由于不同国家和地区的市场情况、节能战略和技术应用差异，欧洲主要车企采用了差异化的技术发展路径。本部分以丰田、奔驰、福特三家企业为代表，从其现有车型及预发布车型节能技术应用情况来分析各企业不同的技术应用现状及其规划。

（一）丰田汽车

丰田汽车早在2015年就发布了"丰田环境挑战2050"（Toyota Environmental Challenge 2050），提出2050年全球新车平均行驶过程中CO_2排放量较2010年削减90%。在这一目标框架下，丰田发布了阶段性规划，即到2025年全球销售目标：电动化车辆达到550万辆以上，其中纯电动车（EV）、燃料电池车（FCV）合计达到100万辆以上。在此判断下，丰田一方面依托其在混合动力系统技术上的全球领先优势，开放合作，保持技术引领与精进；另一方面转变姿态，开始对纯电动技术及产业链进行布局。

在提升发动机热效率技术方面，丰田通过提高EGR率、提高压缩比、提高滚流比等，使A25B-FXS发动机热效率达到41%。同时，结合超稀薄燃烧（过量空气系数大于2.5）、超强滚流、火核控制等技术手段，针对热效率为48%的目标，正在进行验证实验。变速器方面，与大多数日系厂商相同，丰田旗下车型以CVT以及适用于混动系统的E-CVT变速器为主。针对CVT传动效率低、起步较慢、加速迟滞等劣势，丰田推出了Direct-Shift CVT，通过增加一套名为Launch Gear的起步齿轮组，实现了传动效率的提高和传动比的增大；另通过缩小钢带的角度和钢带小型化，使换挡速度提升20%；这些措施也大幅改善了驾驶响应性。

丰田THS混合动力系统是其节能技术成果的集中体现，伴随着其代表车型普锐斯的迭代，系统已历经多次改进升级发展至THS-Ⅱ。丰田混动系统采用高燃效、膨胀比大于压缩比的阿特金森循环自然吸气发动机，第四代普锐斯车型搭载的2ZR-FXE 1.8L发动机的热效率已达40%。目前国内在售的卡罗拉双擎E+、雷凌双擎E+均搭载这一系统。第八代凯美瑞双擎版也采用THS-Ⅱ系统，配合热效率可达41%的2.5L的A25B-FXS发动机和E-CVT。应用该系统的还有亚洲龙、雷克萨斯ES 300h混动等高端车型。

表4 丰田2019～2020年部分投放车型节能技术应用

车型	款型	上市时间	类别	典型节能技术及参数
凯美瑞	双擎2.5HG	2020年5月	HEV	发动机:2.5L A25B 自然吸气4气缸 VVT-iE(最大功率131kW/最大扭矩221Nm) 变速器:E-CVT 电机:双电机 永磁同步(最大功率88kW/最大扭矩202Nm)
RAV4	双擎四驱精英PLUS版	2020年4月	HEV	发动机:2.5L A25B-FXS 自然吸气4气缸(最大功率131kW/最大扭矩221Nm) 变速器:E-CVT 电机:双电机(电机总功率128kW/电机总扭矩323Nm)
威兰达	双擎四驱豪华版	2020年2月	HEV	发动机:2.5L 自然吸气4气缸(最大功率131kW/最大扭矩221Nm) 变速器:E-CVT 电机:双电机(电机总功率128kW/电机总扭矩323Nm)
YARiS L 致炫	尊贵版	2019年1月	ICE	发动机:7NR 1.5L 自然吸气4气缸 双VVT-i 可变气门正时系统(最大功率81kW/最大扭矩138Nm) 变速器:CVT(模拟8挡)

资料来源：根据公开信息整理。

（二）梅赛德斯—奔驰汽车

梅赛德斯—奔驰汽车所属戴姆勒集团在2019年发布"雄心2039"（Ambition 2039）计划作为实现可持续发展的实施路径。计划提出在未来20年，梅赛德斯—奔驰品牌所有新车将实现碳中和（carbon-neutral），到2030年插电式混合动力或纯电动汽车的新车销售占比达到50%以上。为了应对能源节约、清洁动力同时兼顾低成本等系列挑战，集团建立独立新品牌EQ，到2022年全线产品提供电气化动力系统版本。奔驰在动力系统方面主张三条路径并行：电动化内燃机、插电式混合动力以及纯电动或燃料电池车型。

在电动化内燃机方面，奔驰主张将现代柴油发动机技术升级作为中短期内全球应对节能减排和大气污染的重要路径。奔驰已迭代开发数款新型柴油发动机,覆盖各级别各类型产品。其中代表性的是型号为 OM654 的柴油发动机,结合紧密耦合的废气处理系统、分级燃烧系统和升级的多路废气再循环系统,早在 2016 年就在奔驰 E 级车型上搭载应用。2018 年,四气缸柴油发动机 OM608 开始在奔驰 A 级车型 A 180d 上搭载,综合油耗 4.1~4.5L/100km。至此,奔驰实现了新型柴油发动机从入门级到豪华级全线产品的搭载。但目前柴油发动机车型并未引入国内,国内上市车型以传统汽油发动机搭配 48V 轻混系统为主。2020 年国内上市的中大型轿跑奔驰 CLS 260、新奔驰 S 级和即将上市的 G350 均搭载小排量涡轮增压汽油发动机和 48V 轻混系统,进一步降低了奔驰高端车型的价格门槛。在插电式混合动力方面,奔驰已将第三代系统应用到 C 级、E 级和 S 级车型上,随着 A 级、GLA 插混版的上市,奔驰将完成从紧凑型到中大级别车型插混动力的全覆盖。另外,奔驰还推出基于柴油发动机、基于燃料电池等多种新型插电式混动系统,柴油发动机的插混系统在 GLE 350 de 4MATIC 车型上搭载应用。

表 5 奔驰 2019~2020 年部分投放车型节能技术应用

车型	款型	上市时间	类别	典型节能技术及参数
E 级	2020 款 E 300 eL	2019 年 11 月	PHEV	·发动机:2.0L 涡轮增压 4 气缸(最大功率 155kW,最大扭矩 350Nm) ·变速器:9 挡手自一体变速箱 ·电机:单电机(总功率 90kW/总扭矩 90Nm)
S 级	2020 款 S 450L 4MATIC	2020 年 5 月	HEV	·发动机:汽油 + 48V 轻混 3.0L 涡轮增压 6 气缸(最大功率 270kW/最大扭矩 500Nm) ·变速器:9 挡手自一体变速箱
CLS 级	2020 款 CLS 260	2020 年 5 月	HEV	·发动机:汽油 + 48V 轻混 型号 2649151 1.5L 涡轮增压 4 气缸(最大功率 131kW/最大扭矩 221Nm) ·变速器:9 挡手自一体变速箱

资料来源:根据公开信息整理。

(三)福特汽车

自 2017 年以来,福特汽车部门全球销量和利润遭遇连续下滑,北美市

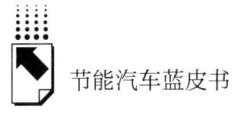

场成为公司利润的主要支撑。而北美地区消费者对大型SUV、皮卡等高油耗车型的偏好,使福特在追求整体低能耗的电动化转型战略上显得并不十分激进,而是针对不同国家和地区采取差异化的节能减排战略。在电动化技术方面,福特采取自主创新和外部合作相结合的发展方式,如与大众合作,借助其MEB平台研发纯电动车型。在中国市场,福特提出到2021年,将推出30款新车型,包括10款以上电动车型。

从节能技术路径来看,福特谋求在传统燃料内燃机动力系统、电动化动力系统、替代燃料和轻量化等多路径协同发展。在汽油发动机方面,福特的EcoBoost发动机是其提高能耗效率和降低CO_2排放的代表性成果。EcoBoost发动机是在传统自然吸气发动机的基础上,利用涡轮增压、GDI和双独立可变气门正时等技术,在实现出色的动力输出的同时,优化20%的燃油经济性,并降低15%的CO_2排放。目前全球约80%的福特车型已搭载这一发动机。变速器方面,10挡变速箱在更多的车型上应用,包括全新福特征服者和林肯领航员。在轻量化方面,福特前期已经在部分车型中使用全铝材料,并实现整车最高减重350磅。此外,石墨烯材料也开始在福特F-50和Mustang车型的油轨、油泵以及前发电机外壳等结构中得到应用。截至2020年5月,福特在中国市场仅上市两款电动化车型,分别为2019年4月上市的插电式混合动力车型蒙迪欧新能源(目前已停产在售)和2019年12月上市的油电混合动力车型领界EcoBoost 145 CVT(见表6)。

表6 福特2019~2020年部分投放车型节能技术应用

车型	上市时间	车型类别	典型节能技术及参数
领界EcoBoost 145 CVT	2019	HEV	1.5L直列4缸直喷涡轮增压发动机(最大功率103kW,最大扭矩225Nm),E-CVT无级变速器,48V轻混系统
蒙迪欧新能源	2019	PHEV	2.0L直列4缸多点电喷自然吸气发动机(最大功率105kW,最大扭矩175Nm),E-CVT无级变速器

资料来源:根据公开信息整理。

B.3
国内节能汽车市场现状及发展趋势

摘 要： 2019年，我国汽车销量连续深度下跌，汽车产业面临巨大调整压力。本文从我国汽车市场的市场结构、燃料类型、排量分布、能耗现状、节能技术应用与发展情况等维度展开研究，揭示我国节能汽车市场与技术发展状况，并且在此基础上探索我国节能汽车市场未来的发展趋势。

关键词： 节能汽车 节能技术 能耗

一 我国汽车市场发展现状[①]

2019年国内宏观经济增速放缓，汽车产业政策刺激效应减退。受经济周期与产业周期叠加影响，我国全年汽车产销分别完成2572.1万辆和2576.9万辆，延续2018年下滑趋势，产销量同比分别下降7.5%和8.2%，降幅较上年进一步扩大，中国汽车市场进入调整期（见图1）。

乘用车方面，2019年年度产销量分别为2136.0万辆和2144.4万辆，同比分别下降9.2%和9.6%，跌幅略高于整体市场，并且高于2018年同期水平（见图2）。经济下行等因素对乘用车市场冲击更为明显。而商用车市场则在近年呈现不同趋势，2016年止跌回升并保持连续增长，增长率在2017年达到峰值，随后增速放缓，2019年销量出现负增长，最终全年产销量分别为436.0万辆和432.4万辆（见图3）。

---

① 本文数据来源于中国汽车工业协会、MarkLines全球汽车信息平台，特此说明。

图 1　2014～2019 年我国汽车产销量

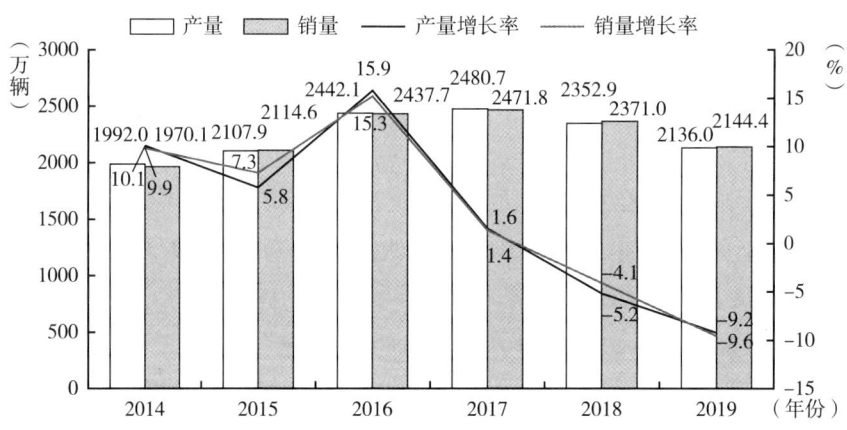

图 2　2014～2019 年我国乘用车产销量

资料来源：中国汽车工业协会。

1. 市场概况

车身类型方面，我国四类乘用车市场份额近年来趋于稳定，当前形成以轿车和 SUV 两大车型为绝对主导，MPV 和交叉型乘用车作为补充的市场格局。其中，轿车仍是份额最大的细分市场，2019 年实现销量 1027.6 万辆，

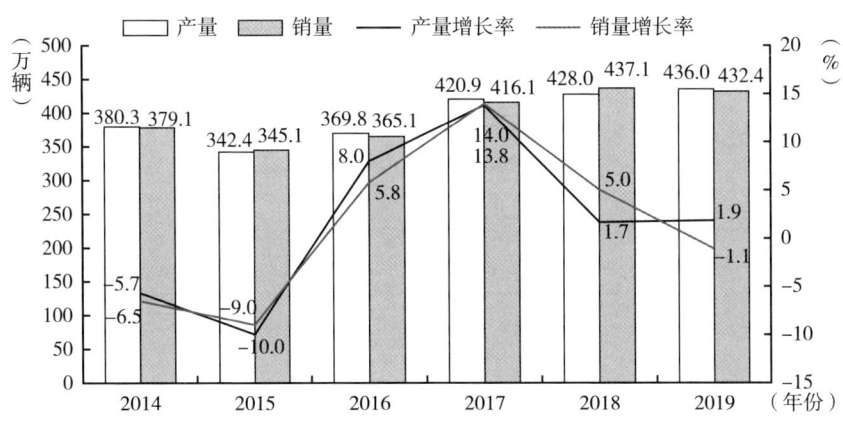

图 3　2014～2019 年我国商用车产销量

资料来源：中国汽车工业协会。

同比下滑 10.9%，跌幅大于乘用车整体水平，同时市场份额较上年也进一步收缩至 47.9%。SUV 经历超过十年的高速增长，市场份额持续提升，虽然 2018 年以来受整体市场下行影响，连续两年出现下跌，但跌幅小于整体水平，同时也小于其他车型同期水平。2019 年 SUV 市场规模达 938.5 万辆，市场份额攀升至 43.8%。MPV 销量连续多年大幅下滑，跌幅逐渐扩大，市场规模加速萎缩。2019 年 MPV 共销售 138.4 万辆，市场份额跌至 6.5%。受汽车市场消费升级和低收入群体购买力疲弱等因素的影响，以客货两用为特点的交叉型乘用车市场连续深度下跌，2019 年跌幅有所放缓，全年销量 40 万辆，市场份额不足 2%（见表 1 和图 4）。

表 1　2016～2019 年我国乘用车分车型销量

单位：万辆，%

车型		2016 年	2017 年	2018 年	2019 年
轿车	销量	1214.99	1184.86	1152.78	1027.6
	增长率	3.6	-2.5	-2.7	-10.9
SUV	销量	904.7	1025.27	999.47	938.5
	增长率	45.4	13.3	-2.5	-6.1

续表

车型		2016年	2017年	2018年	2019年
MPV	销量	249.65	207.12	173.46	138.4
	增长率	18.5	-17.0	-16.3	-20.2
交叉型乘用车	销量	68.35	54.58	45.26	40
	增长率	-37.8	-20.1	-17.1	-11.6
总计	销量	2437.7	2471.8	2371	2144.4
	增长率	15.3	1.4	-4.1	-9.6

资料来源：中国汽车工业协会。

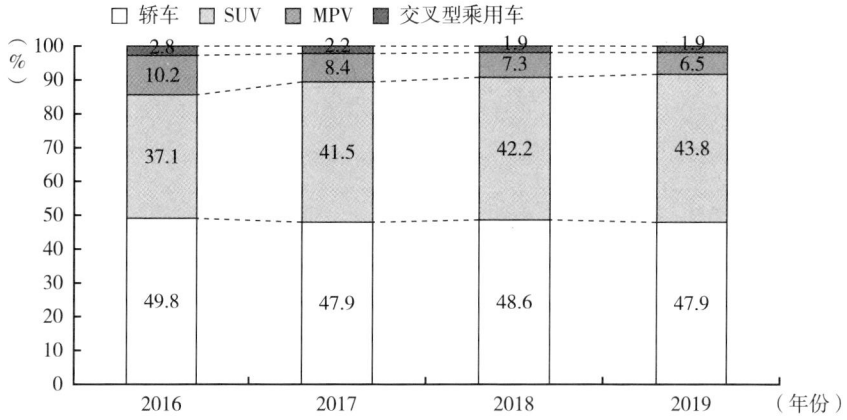

图4 2016~2019年我国乘用车分车型销量占比

资料来源：中国汽车工业协会。

燃料类型方面，汽油燃料在我国乘用车市场占据绝对主导地位，市场占比保持在90%以上。但随着纯电动、插电式混动等电动化车型近年来的迅猛增长，汽油燃料的市场份额自2016年起以每年1~2个百分点的速度逐年下降。2019年汽油乘用车销售2007.4万辆，在乘用车中占比约93.6%。柴油作为燃料在我国乘用车市场一直以来不太被接受，市场份额在0.5%以下且呈下跌趋势，2019年柴油乘用车销售8.5万辆，份额约0.4%（见图5）。

电动化车型方面，由于我国主动的技术路线选择与政策性扶持，纯电动汽车在电动化车型市场中占据主导，份额保持在60%以上，远超过插电式混动和油电混动。2019年新能源汽车政策性补贴大幅度退坡，新能源汽车销量受到较大冲击,增速大幅放缓。在此市场环境下,2019年纯电动汽车共售出83.4万辆,实现同比增长5.9%。插电式混合动力汽车市场波动较大,2019年受到国五燃油车促销等因素影响,表现欠佳,全年销售22.6万辆,同比下跌14.7%,在电动化车型中占比也回落至18%。受政策导向及产品技术水平等因素影响,混合动力车型在我国电动化车型中占比较低,近年来销量平稳增长,但市场份额呈现一定的下降趋势,2019年售出19.9万辆,同比微增2.1%,市场份额达15.8%(见图6)。

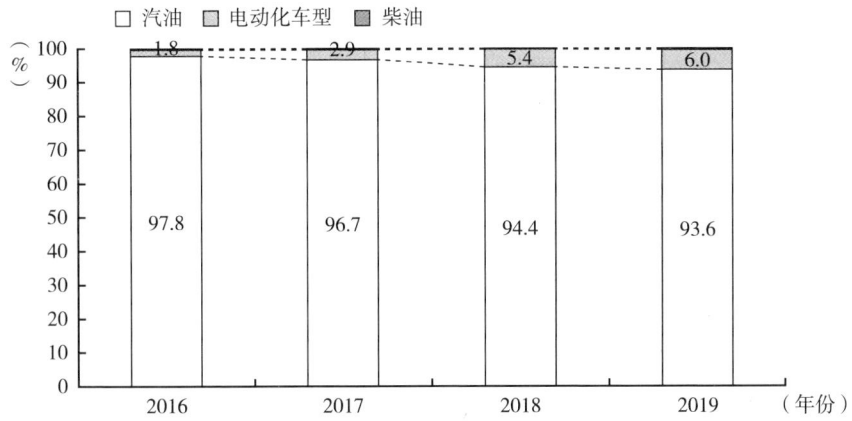

图5　2016~2019年我国乘用车分燃料类型销量占比

资料来源:中国汽车工业协会。

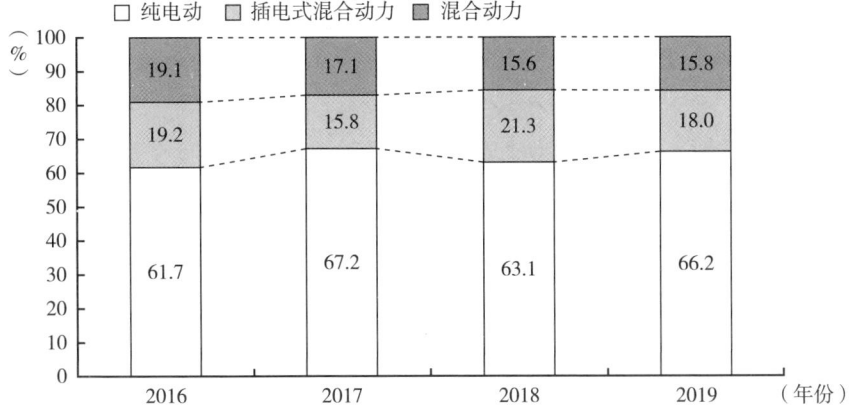

图6　2016~2019年我国电动化车型分燃料类型销量占比

资料来源:中国汽车工业协会。

车型排量方面,各排量区间呈现不同的变化趋势。1.0~2.0L中低排量的车型为市场主力,合计占据95%以上的市场份额。其中1.0~1.6L车型份额近年来逐步收缩,向更高的1.6~2.0L区间转移。2L及以上的中高排量车型中,也出现排量偏好增大的现象,其中3L及以上市场份额较2016年水平增长一倍,2019年达0.2%。同时从整体市场来看,1.0L及以下的小排量车型需求在逐步走强,尤其在2019年,1.0L及以下排量车型市场份额达2.2%,较上年大幅度提升1.3个百分点(见图7)。

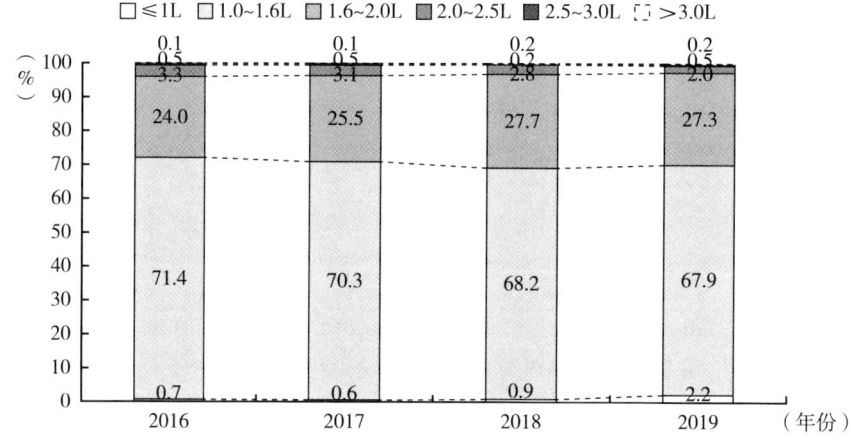

图7 2016~2019年我国乘用车排量分布

资料来源:中国产业信息网。

商用车方面,从车身类型来看,以货运需求为主的货车在我国商用车市场占主导地位,且近年来销量和市场份额持续攀升。但在2019年,受汽车行业整体形势影响,出现2016年以来的首次下滑,全年销售384.9万辆,同比下跌1.0%。客车方面,则在近4年来持续下跌,市场规模不断收缩的同时,在商用车市场的份额也不断下滑,2019年销售47.5万辆,同比下跌2.3%,跌幅较上年有所收窄(见图8和表2)。

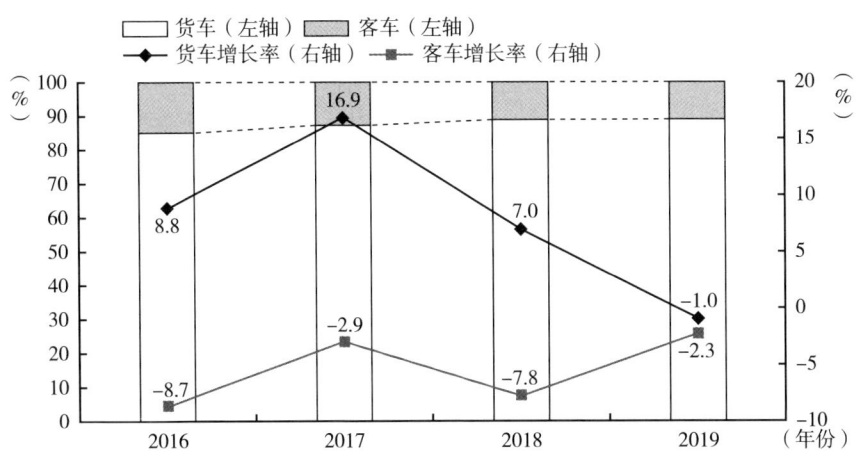

图 8　2016~2019 年我国商用车分车型占比及增长率

资料来源：中国汽车工业协会。

表 2　2016~2019 年我国商用车分车型销量

单位：万辆，%

车型		2016 年	2017 年	2018 年	2019 年
货车总计	销量	310.8	363.3	388.6	384.9
	增长率	8.8	16.9	7.0	-1.0
中重卡	销量	96.2	134.6	132.5	131.3
	增长率	28.1	39.9	-1.6	-0.9
轻卡	销量	154	171.9	189.5	188.3
	增长率	-1.2	11.6	10.2	-0.6
微卡	销量	60.6	56.8	66.6	65.3
	增长率	11.0	-6.3	17.3	-2.0
客车总计	销量	54.3	52.7	48.6	47.5
	增长率	-8.7	-2.9	-7.8	-2.3
大型	销量	9	9.4	7.7	7.5
	增长率	6.9	4.4	-18.1	-2.6
中型	销量	9.9	8.5	7.4	6.7
	增长率	26.1	-14.1	-12.9	-9.5
轻型	销量	35.4	34.8	33.5	33.3
	增长率	-18.1	-1.7	-3.7	-0.6
商用车总计	销量	365.1	416	437.2	432.4
	增长率	5.8	13.9	5.1	-1.1

资料来源：中国汽车工业协会。

2. 能耗现状

在机动车辆能耗及排放管理方面，我国采用降低传统燃料汽车能耗与鼓励新能源汽车生产并行的思路。2019年6月，工信部发布《乘用车企业平均燃料消耗量与新能源汽车积分并行管理办法（征求意见稿）》；9月再次起草《关于修改〈乘用车企业平均燃料消耗量与新能源汽车积分并行管理办法〉的决定（征求意见稿）》，标志着国家对2017年版的"双积分"管理办法将作出调整。从征求意见稿内容来看，不仅对新能源积分的要求趋严，提升新能源积分比例并降低单车积分，同时更加重视传统能源车降低油耗，鼓励企业同步发展低油耗车型。

工信部、商务部、海关总署以及市场监管总局于2020年7月联合公告《2019年度中国乘用车企业平均燃料消耗量与新能源汽车积分情况》（以下简称"公告"）显示，2019年中国境内144家乘用车企业共生产/进口乘用车2093.00万辆（含新能源乘用车，不含出口乘用车，下同），行业平均整车整备质量为1480kg，平均燃料消耗量实际值为5.56L/100km，在平均整备质量持续增加的情况下，平均燃料消耗同比下降约4%。燃料消耗量正积分为643.43万分，燃料消耗量负积分为510.73万分，新能源汽车正积分417.33万分，新能源汽车负积分85.53万分。根据公布结果，境内119家乘用车生产企业中，55家企业2019年平均燃料消耗量实际值高于达标值，CAFE积分为负值，达标率53.78%。25家进口乘用车供应企业中，仅3家年度平均燃料消耗量达标，达标率仅12%。随着法规达标标准的逐年提高，我国乘用车企业平均燃油消耗值达标率持续走低，车企面临的油耗积分压力日益增长（见表3）。

3. 节能技术应用与发展

面对国内日趋严苛的能耗排放法规要求，各大车企积极应对，我国在发动机燃油效率、智能热管理、低摩擦技术、轻量化技术以及包含混合动力的电气化技术等方面的研发与应用均取得一定的突破，节能技术整体水平持续提升。

表3 我国乘用车企业平均燃油消耗量及达标情况对比

项目	年份	平均整备质量(kg)	同比变化率(%)	平均能耗(L/100km)	同比变化率(%)	达标企业数(家)	未达标企业数(家)	达标率(%)
国产	2013	1327	—	7.23	—	58	27	68.24
	2014	1340	0.98	7.12	-1.52	61	27	69.32
	2015	1364	1.79	6.98	-1.97	67	23	74.44
	2016	1392	2.05	6.39	-8.45	68	28	70.83
	2017	1419	1.94	6.00	-6.10	62	39	61.39
	2018	1438	1.34	5.74	-4.33	66	46	58.93
	2019	1461	1.60	5.53	-3.66	55	64	46.22
进口	2013	1729	—	9.06	—	13	13	50.00
	2014	1828	5.73	8.76	-3.31	17	11	60.71
	2015	1826	-0.11	8.33	-4.91	18	9	66.67
	2016	1875	2.68	7.52	-9.72	12	16	42.86
	2017	1875	0.00	7.13	-5.19	12	17	41.38
	2018	1872	-0.16	7.26	1.82	7	22	24.14
	2019	1905	1.76	6.28	-13.5	3	22	12.00
合计	2013	1355	—	7.33	—	71	40	63.96
	2014	1371	1.18	7.22	-1.5	78	38	67.24
	2015	1385	1.02	7.04	-2.49	85	32	72.65
	2016	1410	1.81	6.43	-8.66	80	44	64.52
	2017	1438	1.99	6.05	-5.91	74	56	56.92
	2018	1456	1.25	5.80	-4.13	73	68	51.77
	2019	1480	1.65	5.56	-4.14	58	86	40.28

资料来源：工信部公开数据整理。

发动机技术方面，350bar直喷GDI、高滚流气道、外部高压EGR、米勒循环、双涡管涡轮增压、进排气双可变气门正时系统DVVT、连续式气门升程调节CVVL、可变排量机油泵、低摩擦技术等代表当前先进水平的发动机节能技术在自主品牌产品上已有所应用，部分自主品牌汽油机的热效率已达到40%（见表4）。

表4 国内主要车企发动机节能技术应用情况

车企	发动机	典型节能技术应用	搭载车型
长安	蓝鲸NE14TG1.4T	直喷GDI、高滚流气道、DVVT、电子节温器、可变排量机油泵、低摩擦技术	逸动、CS35 plus
广汽	第三代1.5TM/2.0TM发动机	350 bar直喷GDI、米勒循环、双涡管涡轮增压、外部高压EGR、DVVT、电子水泵、可变排量机油泵	传祺GS8S
长城	GW4B15-1.5T	350bar直喷GDI、涡轮增压、DVVT+CVVL、可变排量机油泵	哈弗H6 Coupe
吉利	第三代发动机1.5TG-RE	200bar直喷GDI、米勒循环、低惯量涡轮增压外部EGR、DVVT+VVL、可变排量机油泵、低摩擦技术	博瑞、星越、嘉际
一汽	CA4GC 2.0T发动机	350bar直喷GDI、米勒循环、进排气双VVT气门正时系统、热管理技术、低摩擦技术	红旗H7

资料来源：根据公开信息整理。

在变速器方面，随着国内汽车市场的消费升级，手动变速器市场持续萎缩，2019年份额不足30%，未来自动变速器大规模搭载已成为必然趋势。自主品牌在自动变速器研发与应用方面早有布局。分类型来看，目前自主车企在DCT变速器领域投入力度较大，柳州上汽开发的DCT380将作为定制机型匹配奇瑞2.0TGDI发动机；长城7DCT450湿式双离合自动变速器已全面在哈弗F7x、哈弗H6 Coupe、WEY VV7 GT等最新车型上应用，旗下变速箱制造企业蜂巢易创已发布9DCT/9HDCT，满足定位更加高端和运动的车型需求；吉利7DCTH390采用P2.5构型，在领克01、博瑞、缤越和缤瑞等车型上搭载。CVT方面，国内车企与供应商也有一定涉及，上汽CVT180已搭载整车上市，万里扬CVT19/CVT25目前已应用成熟。而AVT方面，目前由以爱信为首的独立供应商主导，广汽、吉利等车企以合资形式与其达成战略合作关系进一步巩固其行业地位；盛瑞、双林DSI、东安三菱、蓝黛等自主供应商的产品尚未在主流车型上大规模搭载。

应该看到的是，尽管我国自主车企和供应商在传统汽车节能技术方面的进步斐然，但仍有相当多的领域关键技术掌控在外资企业手中，国内外技术水平存在明显差距。同时，随着国家油耗排放标准的加严和双积分政策的落地，仅依靠传统燃料动力系统节能技术是很难有效应对的。因此，在重视传统节能技术研发的同时，积极发展电气化动力系统是未来各大车企和供应商的必然选择。

二 我国节能汽车发展趋势

经济下行叠加前期政策透支（国六切换等引发销量提前透支）影响，预计短期内国内汽车产销量将持续下降；但考虑到中国汽车市场距离饱和仍有差距，人民收入水平不断提升，新品投放不断刺激消费升级和结构优化，国内汽车产销降幅会收窄。

随着近两年国家制定的节能减排标准的实施，各大车企加大了对节能汽车研究的投入力度以及研究费用，节能技术在乘用车和商用车上都得到快速应用。

未来5～10年，传统燃油汽车仍然是市场的主力。为了促进传统燃油车的节能化发展，多项节能技术如断缸燃烧、可变压缩比、低摩擦等技术将会被大量应用在传统的燃油汽车上，同时空气动力学、轻量化、智能化等技术将会得到进一步提升及优化。

未来相当长的一个时期内，全球节能环保汽车的技术格局将呈现多元化发展、多种技术相互融合、政府扶持的态势。我国汽车市场的总体格局是不同技术路线（汽油、柴油、醇类、纯电动、混合动力、燃料电池、生物质能等）呈现多元化发展的"百花齐放"格局，共同推进节能减排目标的实现。

B.4
国内乘用车用户节能技术需求研究

摘　要： 本报告基于2017年国内乘用车节能技术的需求调研，2020年再度从全国范围内抽取400名乘用车的车主组成调研样本，并进行问卷调研。通过对调研结果进行详细梳理和总结归纳，并结合2017年的对比结果，展示了现阶段国内消费者对乘用车节能技术的认知情况、接受意愿、支付意愿以及未来节能技术需求的发展走势。

关键词： 乘用车　节能技术　节能汽车　需求调查

一　调研样本概况

（一）车主特征

本次调研采用了在全国范围内网络随机调研的方法，参与调研的车主需同时具备以下四个特征：一是车辆的现有车主；二是车辆主要由本人使用；三是具备对一定的汽车技术的常识性了解；四是车辆的不含税价格分布在五个价格区间（8万元以下、8万~12万元、12万~18万元、18万~25万元、25万元以上）内。

（二）调研样本分布

参与本次调研的400名车主，主要分布在全国27个二线以上的城市[①]，涵盖了国内大部分具有代表性的地域，既包括潮湿、炎热、严寒等不同的驾驶气候，也包括平原、丘陵、山地等不同的驾驶地形（见图1）。

---

① 城市等级按照2020年最新城市排名。

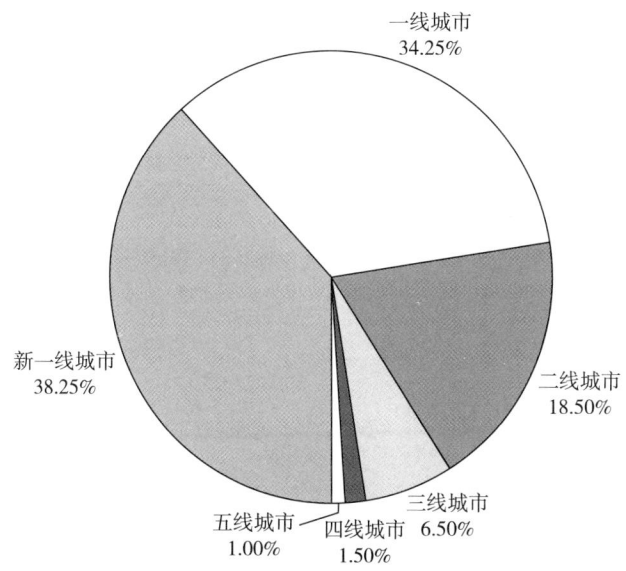

图 1 车主所在地分布情况

参与调研的已购车辆裸车价格主要分布在 8 万~18 万元，其中 8 万~12 万元和 12 万~18 万元车型占比均为 23.80%，18 万~25 万元车型占比为 22.50%，8 万元以下、25 万元以上车型占比均为 15.00%。购车年限在 3 年以内的占比接近 70%，其中购车年限在 1~3 年和 1 年内的占比分别为 42.75% 和 25.5%。被调查者驾龄在 3~5 年内的最多，占比为 32.50%，其次是五年以上的驾龄，占比为 31.00%，1~3 年及 1 年以内的占比分别为 28.25%、8.25%（见表 1 至表 3）。此次调查结果中男性占 69.25%，女性占 30.75%。

表 1 已购车车价（裸车价格）样本分布

单位：%

项目	8 万元以下	8 万~12 万元	12 万~18 万元	18 万~25 万元	25 万元以上
占比	15.00	23.80	23.80	22.50	15.00

表 2 购车年限样本分布

单位：%

项目	1 年内	1~3 年	3~5 年	5 年以上
占比	25.50	42.75	23.00	8.75

表3 驾龄年限样本分布

单位：%

项目	1年内	1~3年	3~5年	5年以上
占比	8.25	28.25	32.50	31.00

本次调查者的车型级别及分布如图2所示。紧凑型轿车、中型轿车、紧凑型SUV占比最多。

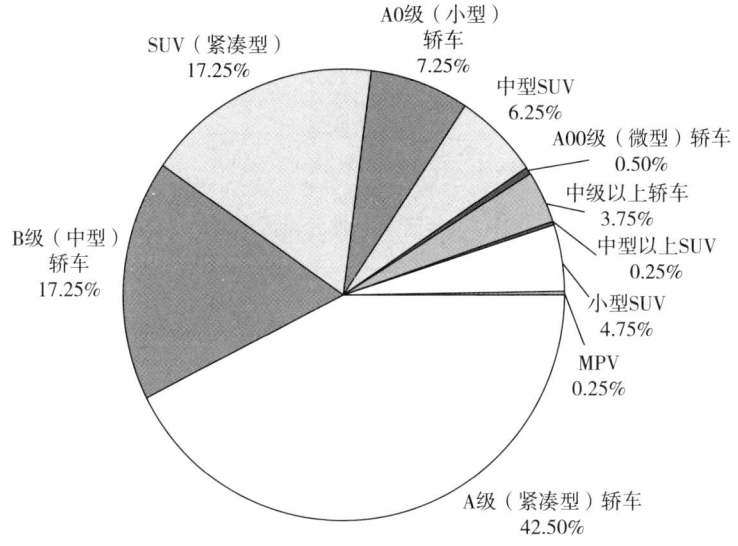

图2 车辆级别样本分布

本次调查者的车辆燃料类型分布见表4，其中普通燃油汽车占比90.00%，纯电动汽车占比4.25%，插电式混合动力汽车和油电混合动力汽车分别占比3.25%和2.5%。

表4 燃料类型样本分布

单位：%

项目	纯电动	插电式混合动力	油电混合动力	普通燃油
占比	4.25	3.25	2.5	90.00

（三）车主背景资料分析

车主的年龄分布方面，超过 85% 的车主年龄在 26～40 岁，其中 31～35 岁的占比最高，为 39.00%，26～30 岁的车主占比次之，为 30.25%，36～40 岁的车主占比位列第三，为 16.50%。从结果来看，车主的年龄分布既兼顾了各个年龄段的人群，也代表了汽车消费市场上的主流人群（见图 3）。

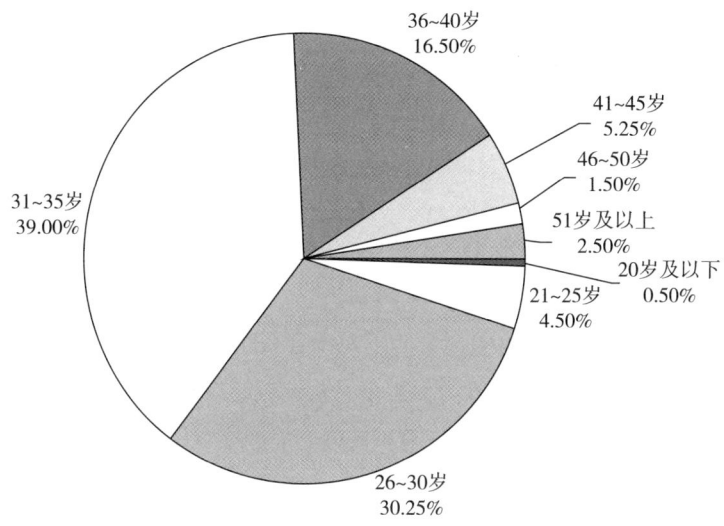

图 3　车主年龄分布

车主学历分布方面，97.5% 的被调查者最高学历为大专或同等学力以上，其中最高学历为研究生及以上、本科、大专或同等学力的占比分别为 7.25%、54.5% 和 35.75%，另有 2.5% 的被调查者为高中/中专及以下学历。从结果来看，车主的最高学历主要集中在本科、大专或同等学力，合计占比超过 90%（见图 4）。

在车主家庭年收入①水平分布方面，20.00% 的车主家庭年收入在 9.6 万～

---

① 年收入包括工资、奖金、红利、股票收入和其他的兼职收入。

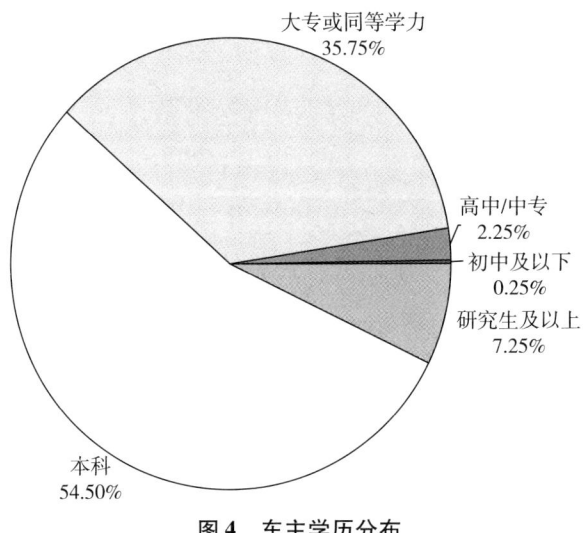

图 4　车主学历分布

12万元，26.50%的车主家庭年收入在12万~18万元，25.25%的车主家庭年收入在18万~24万元，14.00%的车主家庭年收入在24万~30万元，9.25%的车主家庭年收入在30万~36万元，1.00%的车主家庭年收入在36万元以上，4.00%的车主家庭年收入在9.6万元以下。从调查结果看，八成以上被调查者家庭年收入在9.6万~30万元，属于中等及以上水平（见图5）。

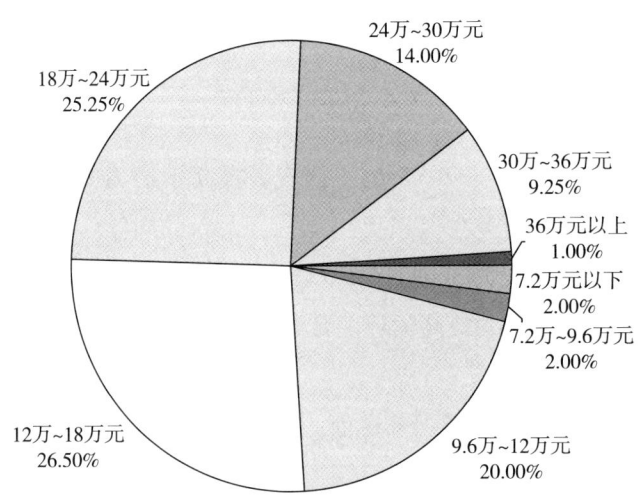

图 5　车主家庭年收入水平分布

从车主的总体背景来看，超过85%的车主年龄在26~40岁，97.50%的车主最高学历为大专或同等学力及以上，超过50%的车主家庭年收入在12万~24万元，调研的样本分布合理，覆盖了社会主流汽车消费人群。

二 车主购车需求

（一）车主购车行为分析

现阶段购车的车主类型中，首购的车主占比为84.5%、换购的车主占比为11.75%、增购的车主占比为3.75%，与2017年相比，换购用户占比有所增加，首购用户占比略有下降（见表5）。

表5 2017年和2020年车主购车类型

单位：%

类型	比例	
	2020年	2017年
首购	84.50	87.33
增购	3.75	3.00
换购	11.75	9.67

车主购车时最主要关注的因素中，安全性的关注度最高，为43.75%，品牌口碑好/质量稳定、动力性能排在第二、第三位，比例分别为36.50%、35.00%。此外，乘坐舒适性、油耗水平、价格、车辆配置等因素也受到车主一定程度上的关注。与2017年相比，用户对车辆自身因素（安全性、动力性能、乘坐舒适性、油耗、配置丰富、操控性、人员乘坐空间等因素）的关注都不同程度地提升，而对车辆以外的因素，如品牌口碑、售后服务等的关注有一定程度的下降（见表6）。

表6　2017年和2020年车主购车时关注的主要因素分布

单位：%

关注因素	比例	
	2020年	2017年
安全性	43.75	43.33
品牌口碑好、质量稳定	36.50	51.33
动力性能	35.00	24.67
乘坐舒适性	29.75	21.33
油耗	23.25	22.33
车辆价格	22.75	19.00
配置丰富	22.00	19.67
操控性	20.75	15.33
外观造型	16.50	22.67
售后服务	11.75	12.00
人员乘坐空间	9.25	5.33
维修成本	5.50	5.67

在目前车主获取汽车相关信息的渠道方面，81.25%的车主选择从汽车网站及论坛获取信息、75.5%的车主亲自到4S店看车、57.75%的车主通过朋友或家人介绍。与2017年相比，用户对网站中车辆信息的关注度进一步提升（见表7）。

表7　车主获取汽车相关信息渠道分布

单位：%

渠道	比例	
	2020年	2017年
汽车网站及论坛	81.25	73.33
亲自到4S店看车	75.50	57.00
朋友或家人介绍	57.75	54.00

续表

渠道	比例	
	2020年	2017年
车展或厂商活动	53.00	45.33
以往的车辆使用经验	39.00	31.00
电视广告或节目	34.50	31.33
马路上看到相关车辆	24.25	22.33
车辆宣传资料或介绍手册	21.25	16.67

从车主目前所拥有的汽车百公里油耗分布来看，与2017年相比，百公里油耗10L及以上车型与6L及以下的车型占比明显增加，百公里油耗7～9L的车型占比下降。整体来看，2020年的百公里油耗水平低于2017年（见表8）。

表8 车主拥有车型百公里油耗分布

单位：%

百公里油耗	比例	
	2020年	2017年
5L及以下	7.83	2.00
6L	23.24	17.67
7L	25.33	35.00
8L	22.72	20.00
9L	8.88	18.00
10L及以上	12.01	7.33

在车主对目前拥有汽车油耗满意度分布方面，从汽车类型上看，普通燃油车的满意度最低（见表9）。从购车价格上来看，8万元以下车主追求车辆使用的经济性，中端车辆（12万～18万元）的油耗满意度最高，18万元以上车辆油耗较高，客户满意度有所下降（见表10）。

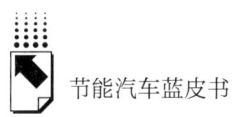

表9 车主对拥有的不同类型车型油耗满意度分布

单位：%

车型	满意	不满意	不关注
插电式混合动力	76.92	15.38	7.69
油电混合动力	80.00	20.00	0.00
普通燃油	74.44	21.94	3.61

表10 车主对拥有的不同购车价格车型油耗满意度分布

单位：%

购车价格	满意	不满意	不关注
8万元以下	64.91	33.33	1.75
8万~12万元	69.57	26.09	4.35
12万~18万元	86.52	13.48	0.00
18万~25万元	76.74	17.44	5.81
25万元以上	71.19	22.03	6.78

（二）车主未来购车需求分析

在车主未来增/换购计划方面，计划未来1~3年内增/换购的车主占比最高，为39.25%，其次是计划未来3~5年内增/换购的车主，占比32.75%，计划未来1年内增/换购的车主占比23.00%，增/换购计划不清楚的车主占比为5%。根据调查情况发现，大多数的消费者计划在1~5年内增/换购。与2017年调查结果相比，计划1年内增/换购的比例明显降低，计划3~5年后增/换购的比例增加，整体增/换购时间变长（见表11）。

表11 车主未来增/换购计划分布

单位：%

增/换购计划	比例	
	2020年	2017年
计划1年内增购或换购	23.00	54.33
计划1~3年内增购或换购	39.25	42.00
计划3~5年内增购或换购	32.75	3.67
不清楚	5.00	0.00

对于有增/换购计划的轿车车主,在增/换购车的车型分布方面,A00级及A0级轿车车主都更倾向于选择更大级别的轿车,A级轿车车主更倾向于SUV,B级车主轿车则倾向同级别轿车与SUV车型,B级以上轿车车主同样倾向于SUV。整体来看,轿车车主购车趋势偏向于大型化(见表12)。

表12 轿车车主增/换购车车型分布

单位:%

现有车型 \ 增/换购车型	更小级别的轿车	同级别轿车	更大级别的轿车	SUV	MPV
A00级(微型)轿车	—	33.33	66.67	0.00	0.00
A0级(小型)轿车	0.00	0.00	64.29	32.14	3.57
A级(紧凑型)轿车	0.63	23.13	33.75	42.50	0.00
B级(中型)轿车	19.12	33.82	13.24	30.88	2.94
B级(中型)以上轿车	30.77	30.77	—	38.46	0.00

对于有增/换购计划的SUV车主,在增/换购车的车型分布方面,小型SUV车主倾向于选择更大级别的SUV,紧凑型SUV车主更倾向于同级别SUV,中型SUV车主则倾向于更小级别的SUV车型,中型以上的SUV车主更倾向于轿车(见表13)。

表13 SUV车主增/换购车车型分布

单位:%

现有车型 \ 增/换购车型	更小级别的SUV	同级别SUV	更大级别的SUV	轿车	MPV
SUV(小型)	—	5.56	66.67	27.78	0.00
SUV(紧凑型)	3.08	35.38	33.85	27.69	0.00
SUV(中型)	50.00	25.00	4.17	12.50	8.33
SUV(中型以上)	0.00	0.00	—	100.00	0.00

对于有增/换购计划的车主,增/换购车型的燃料类别调查结果见表14,多数用户在增/换购车时还是愿意购买普通燃油车。

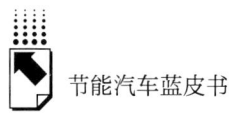

表 14　增/换购车燃料类型分布

单位：%

项目	纯电动	插电式混合动力车	油电混合动力车	普通燃油车	替代燃料车
有增/换购计划的所有车主	12.89	3.16	1.84	81.58	0.53

在决定车主未来购车的因素分布方面，车辆的安全性、动力性能、品牌口碑好/质量稳定是车主未来购车重点考虑的三个因素，占比分别为48.00%、35.50%和34.5%，此外车主也较为关注车辆的乘坐舒适性、配置、操控、油耗、价格等。与2017年的调研结果相比，车主对车辆安全性、动力性能、乘坐舒适性、配置的关注明显提升，汽车市场的消费理念越来越理性，消费者对汽车自身的因素关注度越来越高（见表15）。

表 15　决定车主未来购车的因素分布

单位：%

购车因素	比例	
	2020年	2017年
安全性	48.00	40.33
动力性能	35.50	24.00
品牌口碑好、质量稳定	34.50	48.33
乘坐舒适性	34.25	21.33
配置丰富	28.00	18.67
操控性	22.00	16.67
油耗	20.50	20.33
车辆价格	16.75	20.33
外观造型	12.25	20.33
人员乘坐空间	9.75	5.33
售后服务	8.00	11.33
维修成本	6.25	8.00

对于车主在增/换购时是否会考虑购买自主品牌，大多数车主会考虑购买自主品牌乘用车，占比达88.42%，不会考虑购买自主品牌乘用车的车主占比为11.58%。从调研结果来看，与2017年相比，消费者对于自主品牌的信赖度有少许提升（见表16）。

表 16　增/换购是否会购买自主品牌分布

单位：%

选项	比例	
	2020 年	2017 年
会考虑购买自主品牌乘用车	88.42	85.33
不会考虑购买自主品牌乘用车	11.58	14.67

增/换购车时会考虑购买自主品牌的车主与不会考虑购买自主品牌的车主在未来购车考虑因素方面的差异如表 17。会考虑购买自主品牌的车主关注的前三个因素是：安全性、驾乘舒适性、动力性能；不会考虑购买自主品牌的车主关注的前三个因素是：安全性、动力性能、品牌口碑好/质量稳定（见表 17）。

表 17　会考虑和不会考虑购买自主品牌的车主未来购车时考虑因素

单位：%

购车考虑因素	比例	
	会考虑购买自主品牌	不会考虑购买自主品牌
安全性	47.62	50.00
驾乘舒适性	36.90	15.91
动力性能	35.42	45.45
品牌口碑好、质量稳定	35.42	34.09
配置丰富	27.98	25.00
操控性	22.02	22.73
油耗	19.05	22.73
车辆价格	14.29	27.27
外观造型	11.61	18.18
人员乘坐空间	9.52	9.09
售后服务	8.04	11.36
维修成本	5.95	6.82

对于考虑在增/换购时购买自主品牌的车主，超过 85% 的车主购车预算为 12 万元以上，其中预算在 12 万~18 万元、18 万元以上的占比分别为 59.21%、26.58%；购车预算为 9 万~12 万元的车主占比 12.63%；约

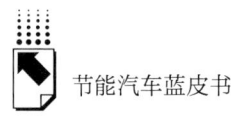

1.6%的车主的购车预算在9万元以下;与2017年相比,用户的购车预算有明显提升(见表18)。

表18 车主增/换购车的预算

单位:%

预算	比例	
	2020年	2017年
6万元以下	0.26	—
6万~9万元	1.32	13.40
9万~12万元	12.63	18.90
12万~18万元	59.21	52.58
18万元以上	26.58	15.12

注:为方便与2017年数据对比,购车预算的选项设置与2017年的选项设置保持一致,与现有车型的购车价格不一致。

总体来看,增/换购时虽然有超过八成的车主会考虑购买自主品牌,但结合车主现有车型的购车价格分析,不考虑购买自主品牌的车主中现有车主购车价格在18万元以上的占比明显较高,表明自主品牌在中高级乘用车市场的竞争力还是较弱(见表19)。

表19 是否会考虑购买自主品牌

单位:%

选项	8万元以下	8万~12万元	12万~18万元	18万~25万元	25万元以上
会考虑购买自主品牌乘用车	15.18	23.21	25.00	22.02	14.58
不会考虑购买自主品牌乘用车	15.91	11.36	25.00	31.82	15.91

三 节能技术消费者认知调查

在对节能汽车整车能耗水平的认知上,有超过50%的消费者认为整车的能耗水平低于平均水平 15% 以上才能称为节能汽车。随着消费者购车价格的提高，其对节能汽车节能水平的要求也有所提高（见表20）。

表20　消费者节能汽车整车能耗水平的认知

单位：%

购车价格 \ 节能水平	低于平均水平 0~5%	低于平均水平 5%~10%	低于平均水平 10%~15%	低于平均水平 15%~25%	低于平均水平 25%以上
8万元以下	1.67	10.00	33.33	43.33	11.67
8万~12万元	2.11	12.63	37.89	30.53	16.84
12万~18万元	0.00	5.26	38.95	44.21	11.58
18万~25万元	1.11	10.00	34.44	32.22	22.22
25万元以上	0.00	8.33	35.00	38.33	18.33
全体用户	1.00	9.25	36.25	37.25	16.25

与2017年的调查结果相比，消费者对纯电动、混合动力、燃料电池等技术的认知水平均有明显的提升。其中，纯电动技术的认知提升最为明显，且消费者认为纯电动技术节能水平最高，与同级别燃油车相比平均节能51.94%（见表21）。

表21　车主对技术及其对应节能水平的认知

单位：%

选项	认知比例 2020年	认知比例 2017年	节能水平*
纯电动技术	78.50	33.00	51.94
插电混合动力技术	52.00	35.67	35.56
重度混合动力技术	32.50	19.67	28.44
燃料电池技术	12.25	8.00	35.73
48V轻混技术	10.00	2.00	26.48

注：*消费者认为该项技术能达到的节能效果（与同级别燃油车相比）。

从调查结果来看，除多挡自动变速器（7/8/9AT）[1]、优化速比、轻量化新工艺技术应用三种技术外，车主对其他技术的认知水平都有不同程

---

[1] 2017年问卷设计选项为：多挡自动变速器（5/6/7/8AT），2020年问卷设计选项为：多挡变速器（7/8/9AT）。

度的提升。由于近几年带涡轮增压器的车型的广泛增加，消费者对增压技术的认知最高，提升幅度也最大。近年来我国自动变速器普及程度越来越高，消费者对自动变速器的认知也有所提升。消费者对低摩擦、轻量化、汽车电子等节能技术的认知依旧较低，有待通过加大宣传力度来提高（见表22）。

表22 车主对不同节能技术的认知分布

单位：%

选项		比例	
		2020年	2017年
高效发动机技术	增压技术（TC、SC）	56.25	20.00
	缸内直喷技术（GDI）	28.50	7.33
	可变气门技术（VVT、VVL）	25.50	6.67
	怠速启停（STT）	14.50	9.33
变速器技术	无级变速器（CVT）	38.75	23.00
	手自一体变速器（AMT）	27.00	5.67
	双离合自动变速器（DCT）	22.75	2.33
	多挡自动变速器（7/8/9AT）	19.75	25.33
	6挡手动变速器（6MT）	11.50	4.67
	优化速比	1.00	6.00
低摩擦技术	低风阻、流线型设计	23.00	5.67
	低滚阻轮胎技术	20.50	3.33
	低粘度机油	5.75	4.33
轻量化技术	轻量化、高强度新材料应用	21.25	4.33
	轻量化结构设计	19.50	5.33
	轻量化新工艺技术应用	3.25	3.67
其他	制动能量回收	17.75	3.33
	电动助力转向（EPS）	9.00	6.67
	皮带启动/发电一体化电机技术（BSG）	6.00	4.33
	可变排量机油泵	3.25	2.67

四 消费者节能技术需求度调查

（一）乘用车节能水平需求分析

在车主对乘用车能耗水平需求方面，仅 3.00% 的车主不关注能耗。相对于 2017 年的调查结果，车主对车辆节能水平的需求提升明显。占比增加最多的是低于平均水平 10%～15%，同时也是需求最多的节能水平（见表 23）。

表 23 能耗水平需求调查

单位：%

选项	比例	
	2020 年	2017 年
达到同类车型平均水平	5.50	18.33
低于平均水平 0～5%	1.50	6.67
低于平均水平 5%～10%	19.00	28.00
低于平均水平 10%～15%	38.75	28.67
低于平均水平 15%～25%	22.25	14.33
低于平均水平 25% 以上	10.00	4.00
不关注能耗,高于平均水平也可以	3.00	—

不同性别消费者对车辆能耗水平需求的差异调查结果见图 6，63.90% 的男性对能耗水平的需求为低于平均水平 10%～25%，57.72% 的女性对能耗水平的需求为低于平均水平 5%～15%，总体来看，男性对车辆节能有更高的需求。

不同年收入、不同驾龄消费者对车辆能耗水平需求的差异调查结果如图 7、图 8 所示。从图 7 的结果来看，家庭年收入越高，对车辆节能的要求越高。从图 8 的结果来看，驾龄 3～5 年的车主对车辆节能的需求最高，另外，驾龄 5 年以上的车主中不关注能耗的车主占比最大。

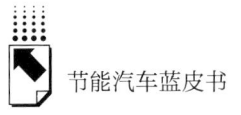

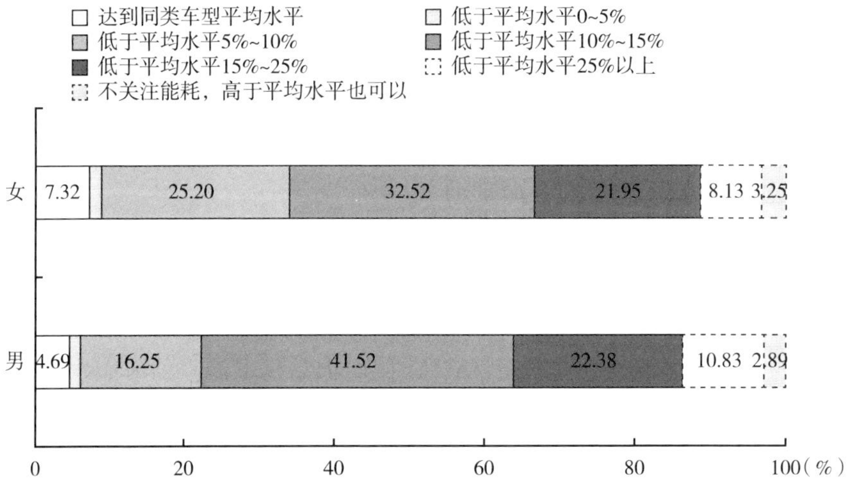

图6 不同性别对能耗水平需求的差异调查

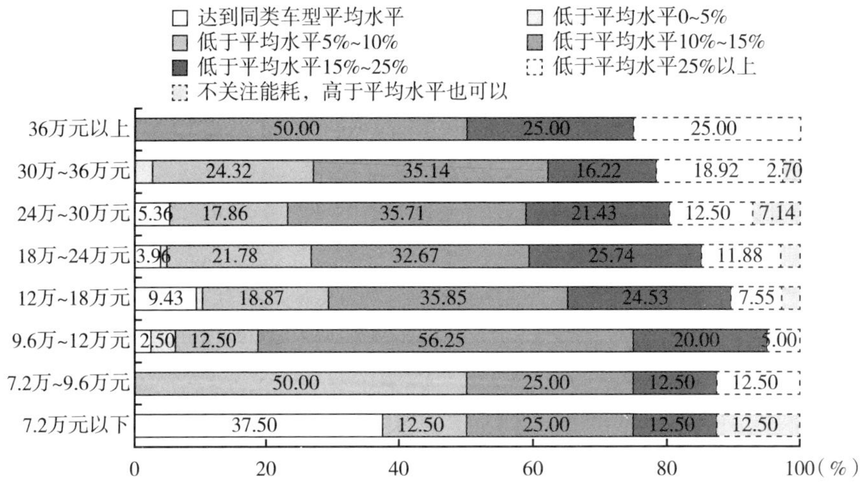

图7 不同家庭年收入对能耗水平需求的差异调查

（二）节能技术配置需求分析

对于购买车辆时车主认为必须要配置的节能技术，我们主要从发动机、变速器、低摩擦、轻量化以及其他汽车节能技术五大方面展开了调查和分析，调查结果见表24～表28。

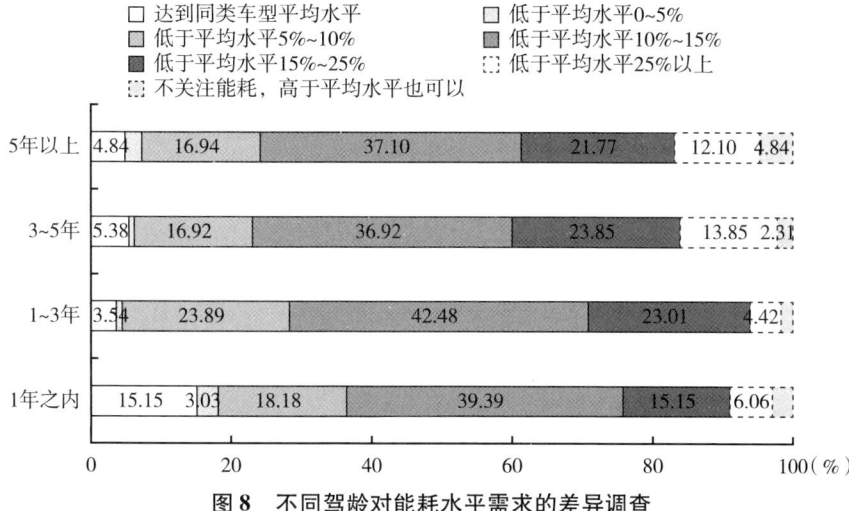

图 8　不同驾龄对能耗水平需求的差异调查

发动机节能技术方面，与2017年相比，四种技术的需求度都有提升，对增压技术和可变气门技术需求度最高，分别为66.00%、54.25%；变速器节能技术方面，车主对CVT变速器的需求度最高，但相对于2017年需求度略微下降，其次为6AT，6AT的需求度与2017年相比有较大幅度的提升；在低摩擦节能技术方面，低风阻/流线型设计、低滚阻轮胎的需求度最高，与2017年相比，需求度提升很大；在轻量化节能技术方面，分别有75.44%和56.64%的车主认为轻量化结构设计、轻量化/高强度新材料应用为购车必备配置；此外，制动能量回收的需求度也较高，有59.3%的车主认为其是车辆不可或缺的节能配置。

表24　车主购车时认为必须配置的发动机节能技术

单位：%

选项	比例	
	2020年	2017年
增压技术（TC涡轮增压、SC）	66.00	51.00
可变气门技术（VVT、VVL）	54.25	27.67
缸内直喷技术（GDI）	46.75	22.00
怠速启停技术（STT）	41.50	39.67

表25 车主购车时认为必须配置的变速器节能技术

单位：%

选项	比例	
	2020年	2017年
无级变速器(CVT)	35.50	36.33
6AT	17.75	7.67
双离合自动变速器(DCT)	16.00	32.33
8AT	15.25	6.67
6AMT	9.75	—
6MT	5.75	14.33

表26 车主购车时认为必须配置的低摩擦节能技术

单位：%

选项	比例	
	2020年	2017年
低风阻、流线型设计	64.75	37.67
低滚阻轮胎	63.75	12.33
低粘度机油	25.75	—

表27 车主购车时认为必须配置的轻量化节能技术

单位：%

选项	比例	
	2020年	2017年
轻量化结构设计	75.44	40.67
轻量化、高强度新材料应用	56.64	42.00
轻量化新工艺技术应用	23.31	30.00

表28 车主购车时认为必须配置的其他节能技术

单位：%

选项	比例	
	2020年	2017年
制动能量回收	59.30	20.67
电动助力转向EPS	41.71	27.00
皮带启动/发电一体化电机技术(BSG)	36.68	18.00
可变排量机油泵	30.15	21.00

五 节能技术消费者接受度调查

(一)节能效果与接受溢价程度分析[①]

在车主节能效果的需求与接受溢价程度分布方面,我们调查了车主对不同节能效果的溢价接受度,调查结果见表29~表31。调查结果显示,随着溢价水平的升高,车主接受度降低。进一步的调查还表明,随着节能水平的提升,车主愿意增加的购车预算增多。与2017年相比,同一节能水平下,车主愿意接受的价格水平有所提升。

表29 节能效果与接受溢价程度分布调查(1)

单位:%

价格区间	油耗低于平均水平0~5%		油耗低于平均水平5%~10%		油耗低于平均水平10%~15%	
	2020年	2017年	2020年	2017年	2020年	2017年
0~500元	6.75	3.67	—	—	—	—
500~1000元	15.75	11.33	—	—	—	—
1000~1500元	18.75	40.00	5.25	7.67	—	—
1500~2000元	26.50	26.00	12.00	12.67	—	—
2000~2500元	13.75	—	13.75	21.33	5.25	8.00
2500~3000元	7.00	12.67	19.25	19.67	7.50	9.33
3000~3500元	11.50	6.33	18.75	19.00	10.50	12.67
3500~4000元	—	—	10.25	5.67	12.50	14.33
4000~4500元	—	—	6.50	5.33	14.25	21.67
4500~5000元	—	—	7.25	5.67	15.75	10.33
5000~5500元	—	—	7.00	3.00	10.50	8.00
5500~6500元	—	—	—	—	8.00	6.00
6500~7500元	—	—	—	—	8.00	5.67
7500元以上	—	—	—	—	7.75	4.00

---

① 问卷题目为:对于不同节能水平,您愿意最大限度增加多少购车成本?向调研用户展示技术的不同节能水平,调研用户选择愿意增加的成本。

表30 节能效果与接受溢价程度分布调查（2）

单位：%

价格区间	油耗低于平均水平15%~25%	
	2020年	2017年
4000~5000元	11.75	9.33
5000~6000元	12.50	15.00
6000~7000元	10.50	14.00
7000~8000元	17.25	14.33
8000~9000元	12.50	21.00
9000~10000元	10.25	10.33
10000~12000元	10.25	8.67
12000~14000元	5.25	3.67
14000~18000元	5.75	2.00
18000元以上	4.00	1.67

表31 节能效果与接受溢价程度分布调查（3）

单位：%

价格区间	油耗低于平均水平25%以上	
	2020年	2017年
8000~9000元	10.75	10.67
9000~11000元	15.75	15.00
11000~14000元	17.50	19.00
14000~18000元	22.75	30.00
18000~23000元	15.50	16.33
23000~28000元	7.00	5.00
28000~35000元	7.25	3.33
35000元以上	3.50	0.67

（二）节能技术与接受溢价分析

1. 发动机

针对不同的汽车节能技术所需的购置价格（必备的配置、结合合理的价格），对可变气门技术（VVT、VVL），大多数的车主愿意接受300~800元的购置价格，占比65.90%，与2017年相比，整体价格感知有所下降；

对增压技术（TC、SC），52.65%的车主愿意接受1500～3000元购置价格；对缸内直喷技术（GDI），愿意接受1000～3000元的购置价格的车主约占74.87%；对怠速启停技术（STT），67.47%的车主愿意接受1000～3000元的购置价格。结合发动机节能技术的需求度来看，虽然需求度提升，但车主愿意增加的购置价格并没有明显提升（见表32～表33）。

表32 可变气门技术价格感知调查

单位：%

价格区间	可变气门技术（VVT、VVL）	
	2020年	2017年
0～100元	1.38	1.96
100～300元	8.29	7.84
300～500元	28.57	17.65
500～800元	37.33	43.14
800～1200元	16.59	21.57
1200元以上	7.83	7.84

表33 增压技术、缸内直喷及怠速启停技术价格感知调查

单位：%

价格区间	增压技术（TC、SC）		缸内直喷技术（GDI）		怠速启停技术（STT）	
	2020年	2017年	2020年	2017年	2020年	2017年
0～500元	1.89	2.61	3.21	1.52	3.01	6.72
500～1000元	7.20	14.38	10.16	12.12	15.06	23.53
1000～1500元	17.42	13.07	23.53	22.73	17.47	15.97
1500～2000元	28.79	25.49	33.69	25.76	33.13	24.37
2000～3000元	23.86	28.10	17.65	27.27	16.87	25.21
3000～4000元	12.50	9.80	7.49	9.09	13.25	2.52
4000元以上	8.33	6.54	4.28	1.52	1.20	1.68

2. 变速器

在4AT基础上，对无级变速器（CVT）车主愿意增加的价格集中在1500～3000元，占比为62.67%，相对于2017年，车主的感知价格更集中，1500元以下及3000元以上的价格占比都有下降；73.44%的车主对双离合

自动变速器（DCT）愿意增加的价格为1000~3000元，相对于2017年，需求降低，但车主价格感知并没有明显降低；71.83%的车主对6AT愿意支付的价格增幅为1000~2000元；超过一半的用户对8AT愿意支付的价格增幅为2000~4000元。

在5MT基础上，有2/3的车主对6AMT愿意多支付的价格为1000~2000元；超过七成的车主对6MT愿意多支付的价格集中在300~1500元，相对于2017年，需求度降低，愿意支付的价格也明显降低（见表34~表37）。

表34 CVT、DCT变速器节能技术价格感知调查

单位：%

价格区间	CVT（在4AT基础上增加费用）		DCT（在4AT基础上增加费用）	
	2020年	2017年	2020年	2017年
0~500元	4.23	1.83	0.00	3.09
500~1000元	4.93	11.01	7.81	9.28
1000~1500元	12.68	14.68	15.63	16.49
1500~2000元	33.80	24.77	23.44	22.68
2000~3000元	28.87	20.18	34.38	36.08
3000~4000元	7.75	19.27	10.94	8.25
4000元以上	7.75	8.26	7.81	4.12

表35 6AT、6AMT变速器节能技术价格感知调查

单位：%

价格区间	6AT（在4AT基础上增加费用）		6AMT（在5MT基础上增加费用）	
	2020年	2017年	2020年	2017年
0~500元	0.00	8.70	7.69	—
500~1000元	7.04	4.35	17.95	—
1000~1500元	35.21	30.43	43.59	—
1500~2000元	36.62	26.09	23.08	—
2000~3000元	16.90	21.74	7.69	—
3000~4000元	1.41	8.70	0.00	—
4000元以上	2.82	0.00	0.00	—

国内乘用车用户节能技术需求研究

表36 6MT技术价格感知调查

单位：%

价格区间	6MT（在5MT基础上增加费用）	
	2020年	2017年
0~300元	13.04	0.00
300~600元	21.74	4.65
600~1000元	30.43	25.58
1000~1500元	21.74	37.21
1500~2000元	8.70	20.93
2000元以上	4.35	11.63

表37 8AT技术价格感知调查

单位：%

价格区间	8AT（在4AT基础上增加费用）	
	2020年	2017年
0~1000元	—	10.00
1000~2000元	8.20	10.00
2000~3000元	27.87	25.00
3000~4000元	26.23	20.00
4000~6000元	19.67	25.00
6000~8000元	16.39	5.00
8000元以上	1.64	5.00

3. 低摩擦节能技术

对于低粘度机油，愿意增加300~1500元购置成本的车主占比78.64%，相对于2017年，车主愿意增加的价格水平有明显上升；对于低风阻和流线型设计，愿意增加600~1500元购置成本的车主占比66.41%；对于低滚阻轮胎，70.2%的车主愿意增加的购置成本为200~500元，相较于2017年价格感知更加集中（见表38~表39）。

071

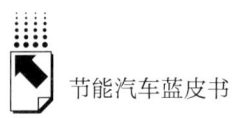

表38 低摩擦节能技术价格感知调查

单位：%

价格区间	低粘度机油		低风阻、流线型设计	
	2020年	2017年	2020年	2017年
0~300元	6.80	15.00	4.63	5.31
300~600元	20.39	25.67	11.20	14.16
600~1000元	33.01	31.00	38.61	25.66
1000~1500元	25.24	21.33	27.80	30.09
1500~2000元	8.74	5.33	9.27	19.47
2000元以上	5.83	1.67	8.49	5.31

表39 低滚阻轮胎技术价格感知调查

单位：%

价格区间	低滚阻轮胎（相对于常规轮胎,4个合计）	
	2020年	2017年
0~100元	3.14	0.00
100~200元	9.41	10.81
200~300元	30.98	13.51
300~500元	39.22	32.43
500~800元	13.33	35.14
800元以上	3.92	8.11

4. 轻量化节能技术

对于轻量化结构设计，75.08%的车主愿意增加1500元以下的购置成本，而2017年车主愿意支付1500元以下购置成本的比例为66.40%，轻量化结构需求度上升但整体购置价格呈现一定程度下降；对于轻量化、高强度新材料，59.74%的车主愿意增加600~1500元的购置成本，由于车主对这一技术的认知度提升，对价格感知也比2017年更加集中；对于轻量化新工艺技术应用，58.07%的车主愿意增加600~1500元的购置成本（见表40）。

表40 轻量化节能技术价格感知调查

单位：%

价格区间	轻量化结构设计		轻量化、高强度新材料		轻量化新工艺技术应用	
	2020年	2017年	2020年	2017年	2020年	2017年
0~300元	3.32	3.28	3.54	2.38	5.38	2.22
300~600元	10.30	8.20	12.39	13.49	17.20	17.78
600~1000元	29.90	26.23	28.32	24.60	30.11	13.33
1000~1500元	31.56	28.69	31.42	24.60	27.96	35.56
1500~2000元	16.61	22.95	11.06	23.81	7.53	24.44
2000元以上	8.31	10.66	13.27	11.11	11.83	6.67

5. 其他节能技术

调研反映出的用户对于其他节能技术的溢价感知如下：对于可变排量机油泵，愿意增加200~500元购置成本的车主占比82.5%，与2017年相比，200元以上的比例增加，200元以下的比例减少，整体购置成本提升；对于制动能量回收技术，愿意增加600~1500元购置成本的车主占比65.68%，与2017年相比提升约11%；对于皮带启动/发电一体化电机技术，愿意增加600~1500元购置成本的车主占比70.55%；对于EPS电动助力转向技术，愿意增加600~1500元购置成本的车主占比59.64%（见表41~表42）。

表41 可变排量机油泵价格感知调查

单位：%

价格区间	可变排量机油泵	
	2020年	2017年
0~100元	0.83	4.76
100~200元	9.17	12.70
200~300元	26.67	25.40
300~400元	37.50	33.33
400~500元	18.33	17.46
500元以上	7.50	6.35

表42 其他节能技术价格感知调查

单位：%

价格区间	制动能量回收		皮带启动/发电一体化电机技术		EPS 电动助力转向	
	2020年	2017年	2020年	2017年	2020年	2017年
0~300元	4.66	9.68	4.11	9.26	4.22	2.47
300~600元	13.98	19.35	11.64	11.11	18.07	18.52
600~1000元	35.17	32.26	37.67	29.63	37.95	25.93
1000~1500元	30.51	22.58	32.88	35.19	21.69	41.98
1500~2000元	11.44	14.52	9.59	14.81	15.06	4.94
2000元以上	4.24	1.61	4.11	0.00	3.01	6.17

（三）新能源（纯电动和插电式混合动力）技术与接受溢价分析

调研用户对纯电动和插电式混合动力汽车的购买意愿，86.75%的用户未来愿意考虑购买这两类新能源汽车，现有车型价格越高的车主购买意愿越高（见表43）。

用户愿意购买纯电动和插电式混合动力汽车的占比最高的三个原因分别是：节能环保（75.22%）、可享受政策优惠（56.20%）、使用耗费成本低（51.87%）。而不愿意购买的原因中，使用不便利是用户最主要担忧的问题（见图9）。

表43 新能源（纯电动和插电式混动）汽车接受度

单位：%

项目	5万~8万元	8万~12万元	12万~18万元	18万~25万元	25万元以上	全体用户
考虑购买新能源汽车	70.00	78.95	93.68	93.33	95.00	86.75

在续航里程的选择和需求方面，对于纯电动技术，六成以上的用户接受300km以上的续航里程；对于插电式混合动力技术，超过六成的车主愿意接受70km以上的续航里程。对纯电动汽车、插电式混合动力汽车续航里程的

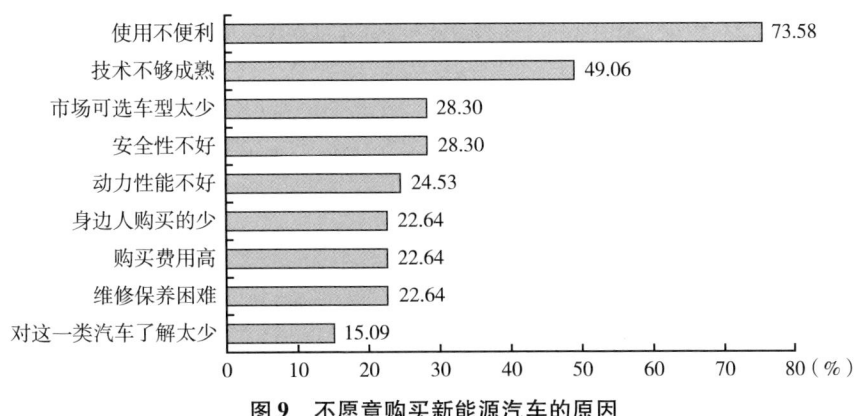

图9 不愿意购买新能源汽车的原因

需求较2017年均有提升。在节能水平方面,对于插电式混合动力技术,50.25%的车主愿意选择较同类车型节能45%～60%的水平,相对于2017年,对节能水平的要求有所降低(见表44～表46)。

表44 纯电动技术的纯电续航里程的选择和需求调查

单位:%

里程	2020年	2017年
0～80km	1.75	1.00
80～150km	5.00	8.00
150～200km	12.75	19.33
200～300km	18.75	32.67
300～400km	36.00	27.67
400km以上	25.75	11.33

表45 插电式混合动力技术的纯电续航里程的选择和需求调查

单位:%

里程	2020年	2017年
0～30km	1.50	1.00
30～50km	7.75	12.00
50～70km	26.50	32.00
70～100km	35.50	31.00
100km以上	28.75	24.00

表 46　插电式混合动力技术节能水平的选择及需求调查

单位：%

节能水平	2020 年	2017 年
较同类车型节能 30%~45%	42.50	28.67
较同类车型节能 45%~60%	50.25	62.33
较同类车型节能 60% 以上	7.25	9.00

车主能够接受的纯电动汽车的成本溢价见表 47。与 2017 年相比，不愿意额外增加成本的车主比例增加，占比接近 1/3。有 56.25% 的车主愿意增加 65000~95000 元的购置成本。

表 47　纯电动汽车成本溢价接受度调查

单位：%

价格区间	2020 年	2017 年
65000~75000 元	19.25	25.33
75000~85000 元	18.25	19.33
85000~95000 元	18.75	21.33
95000~105000 元	6.25	11.00
105000 元以上	4.25	2.67
成本增加过多,不接受	33.25	20.33

对于插电式混动汽车的不同节能水平，车主的溢价接受度如表 48 所示。从总体结果来看，愿意为插电式混动汽车额外增加购置成本的车主平均占比超过 80%，相比 2017 年有所降低，另有少数车主认为成本增加过多，不能接受。调查结果还显示，汽车节能水平越高，车主愿意增加的购置成本越多。

表 48　插电式混动汽车成本溢价接受度调查

单位：%

价格区间	较同类车型节能 30%~45%		较同类车型节能 45%~60%		较同类车型节能 60% 以上	
	2020 年	2017 年	2020 年	2017 年	2020 年	2017 年
18000~22000 元	14.25	18.33	—	—	—	—
22000~28000 元	23.25	12.00	—	—	—	—

续表

价格区间	较同类车型节能 30%~45%		较同类车型节能 45%~60%		较同类车型节能 60%以上	
	2020年	2017年	2020年	2017年	2020年	2017年
28000~35000元	26.25	26.00	17.50	18.67	—	—
35000~45000元	17.50	27.33	25.00	17.67	—	—
45000~55000元	5.00	8.00	24.00	27.00	19.50	18.67
55000~65000元	2.75	1.33	8.75	20.33	24.50	22.00
65000~75000元	—	—	7.75	4.33	17.75	29.67
75000~85000元	—	—	2.00	1.33	9.25	10.00
85000元以上	—	—	—	—	3.50	1.67
成本增加过多,不接受	11.00	7.00	15.00	10.67	25.50	18.00

(四)油电混合动力技术与接受溢价分析

调研用户未来对混合动力汽车的购买意愿,39.62%的用户愿意购买油电混合动力汽车。在愿意购买混合动力汽车的车主中,有超过一半的车主愿意购买重度混合动力汽车,还有42.86%的车主两种汽车都有可能购买(见表49)。车主不愿意购买油电混合动力汽车的原因调查结果如图10所示,对技术成熟度的担忧、对这一类汽车的了解程度、购车用车成本等问题是阻碍购买的主要因素。

表49 愿意考虑购买的混合动力汽车类型

单位:%

项目	重度混合动力汽车(如丰田普锐斯)	48V轻混汽车	两种都有可能
考虑购买的比例	52.38	4.76	42.86

在消费者对重度混合动力技术、48V轻混技术的选择和需求方面,如图11、图12所示,分析了对两种技术的节能水平的需求。对于重度混合动力

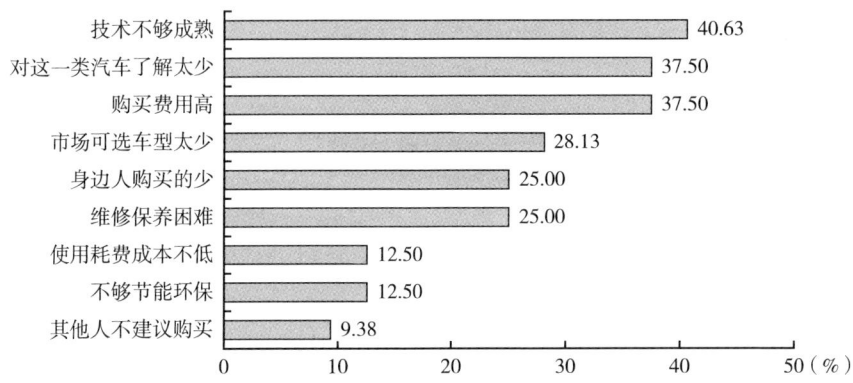

图 10　不愿意购买油电混合动力汽车的原因

技术，57.00%的用户需求比同类车型节能30%~40%；对于48V轻混技术，80.00%的用户需求比同类车型节能10%~20%。

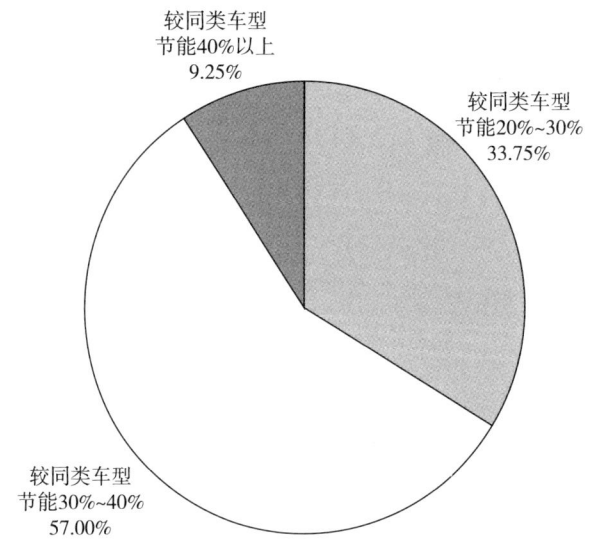

图 11　重度混合动力技术的节能水平

对于重度混动汽车的不同节能水平，车主的溢价接受度如表50和表51所示，与插电式混合动力技术调查结果类似，只有少部分车主不

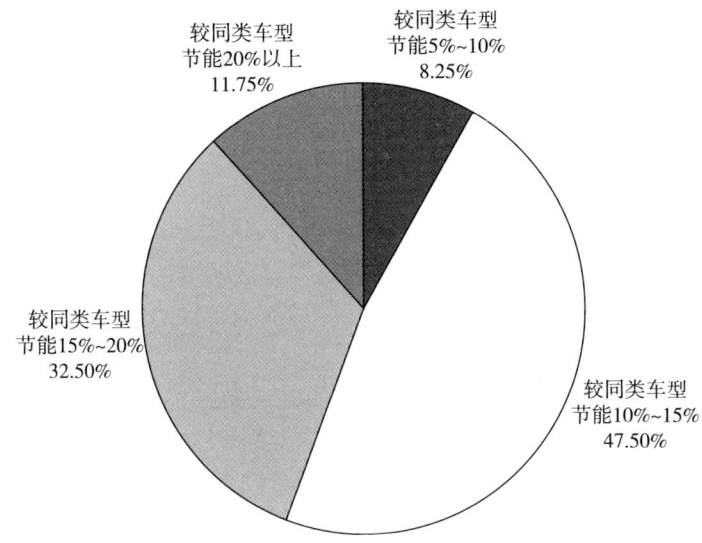

图 12　48V 轻混技术的节能水平

愿意增加额外成本，随着节能水平的提升，车主愿意增加的购置成本越多。

表50　重度混合动力汽车成本溢价接受度调查（一）

单位：%

价格区间	较同类车型节能 20%～30%
13000～16000 元	18.25
16000～20000 元	28.50
20000～24000 元	31.75
24000～28000 元	11.75
28000～32000 元	3.50
32000 元以上	1.25
成本增加过多，不接受	5.00

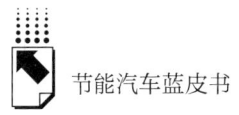

节能汽车蓝皮书

表51　重度混合动力汽车成本溢价接受度调查（二）

单位：%

价格区间	较同类车型节能30%~40%	较同类车型节能40%以上
18000~22000元	15.50	—
22000~28000元	30.25	—
28000~35000元	30.75	17.75
35000~45000元	11.25	27.75
45000~55000元	3.75	25.50
55000~65000元	1.75	12.00
65000~75000元	—	3.75
75000元以上	—	2.00
成本增加过多,不接受	6.75	11.25

车主对48V轻混技术不同节能水平的溢价接受度调查结果如表52所示，对于较同类车型节能5%~10%的水平，八成以上的消费者愿意增加3000~13000元的成本；对于较同类车型节能10%~15%的水平，79.50%的消费者愿意增加6000~16000元的成本；对于较同类车型节能15%~20%的水平，72.50%的消费者愿意增加10000~20000元的成本；对于较同类车型节能20%以上的水平，75%的消费者愿意增加13000~28000元的成本。只有少部分消费者不愿意增加额外的购车成本。

表52　48V轻混汽车成本溢价接受度调查

单位：%

价格区间	较同类车型节能5%~10%	较同类车型节能10%~15%	较同类车型节能15%~20%	较同类车型节能20%以上
3000~6000元	30.25	—	—	—
6000~10000元	31.75	22.25	—	—
10000~13000元	21.25	30.75	15.50	—
13000~16000元	7.75	26.50	26.25	11.50
16000~20000元	2.00	10.25	30.75	19.00
20000~24000元	1.00	2.00	13.50	26.25
24000~28000元	—	1.00	3.50	18.25
28000~35000元	—	—	1.00	9.00
35000~45000元	—	—	—	2.25
45000元以上	—	—	—	1.00
成本增加过多,不接受	6.00	7.25	9.50	12.75

六 总结

从调查结果看,消费者对纯电动技术的认知度最高,相对于2017年的调查,消费者的认知度有较大提升。在发动机、变速器、低摩擦、轻量化、其他节能技术方面,认知度最高的是包含发动机和变速器在内的动力总成节能技术。在具体节能技术方面,消费者对发动机的缸内直喷技术、增压技术、可变气门技术、怠速启停技术的需求都有提升。超过80%的消费者在未来购车时愿意考虑购买新能源汽车;约40%的消费者愿意考虑购买油电混合动力汽车,而不愿购买的消费者主要顾虑在于对油电混合动力汽车的认知不够及对技术的担忧。

在考虑未来最有前景的汽车类型时,由于纯电动汽车节能环保、政策支持、技术逐步成熟等原因,有超过50%的消费者认为,纯电动汽车是未来最有前景的汽车(见图13)。

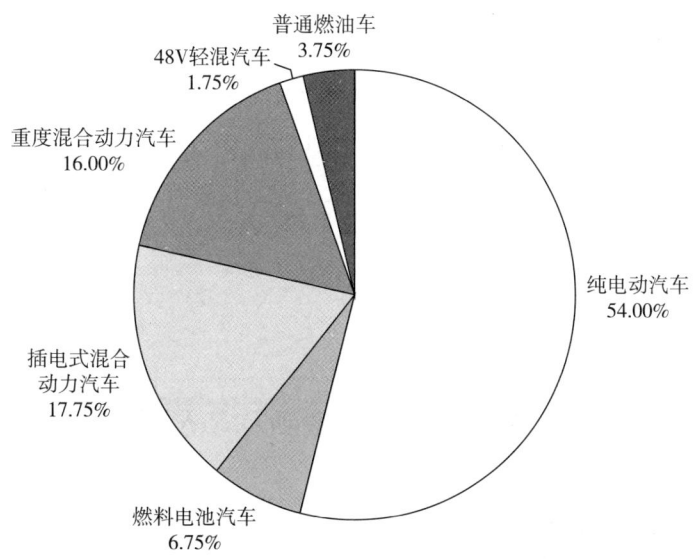

图13 最有前景的汽车类型调查结果

技术篇
Technical Reports

B.5
乘用车节能技术发展跟踪

摘　要： 近年来，随着节能技术的研发及应用，乘用车的平均油耗已经显著下降。本报告主要从发动机、变速器、轻量化、电子电器等领域，对全球主流节能汽车技术的基本原理、应用情况及节能效果等进行简要介绍。

关键词： 乘用车　节能技术　汽车产业

一　主流节能技术最新动态及趋势

（一）先进发动机

发动机节能主要在于提高发动机热效率及降低系统热损失两方面，如通过发动机的增压技术来提高热效率、通过自动启停降低热损失等。2016～

2019年我国在发动机节能领域的专利发表数量统计显示，改变或优化进排气、低摩擦技术、发动机的电子电器控制占比超过90%，占据主导地位，其余主要包括通过利用发动机余热提高热效率、采用新材料制造活塞等。

1. ATM 主动热管理系统

（1）提高燃油使用率（节能降耗）

改进发动机进排气系统，可优化发动机进排气阻力，控制发动机空气燃油比例，以达到提升燃油使用率、降低油耗的目的。另外，优化发动机温控系统，可使发动机处在更合适的温度环境下（80~95℃），保证发动机动力效能最大化利用，并有效延长发动机寿命。

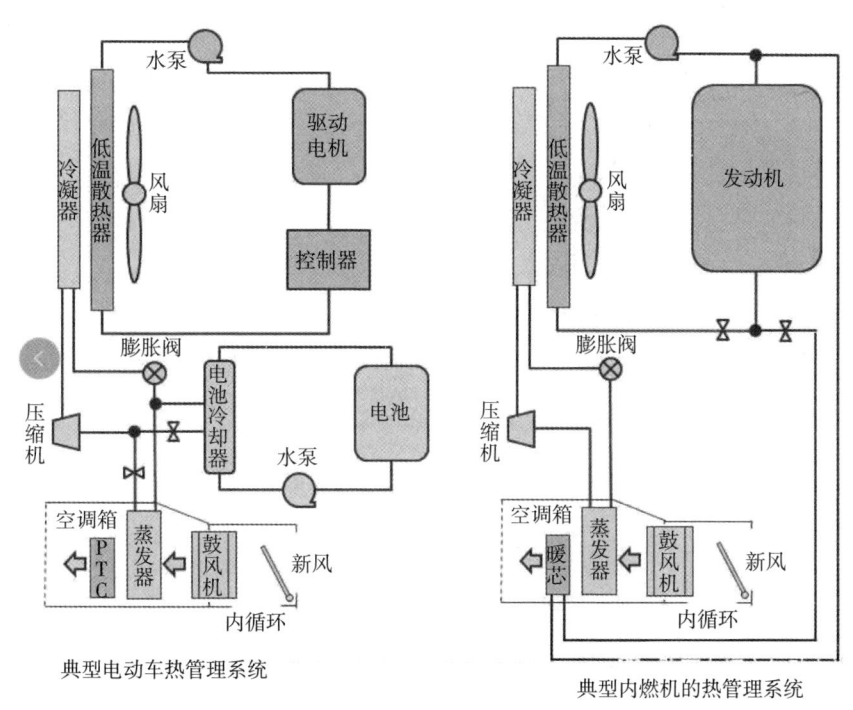

图 1　典型的热管理系统

（2）优化发动机仓体散热（运行可靠）

通过深度测量仓体空气流动路径、优化仓体内结构布置，改善发动机仓体散热的能力,并尽量减少仓体附属件做工。深入研究运行中车辆的发动机仓体内部温度分布情况,优化易高温老化的零部件位置,以提高发动机运行可靠性。

(3) 提升能量利用率(延长使用寿命)

通过对发动机主机及其附件的优化,使发动机产出能量被更合理地分配利用于附属耗能设备(如冷却风扇、气泵、空调压缩机等),最大限度地降低能量的无效损耗,将发动机能量更多地供给车辆行驶。

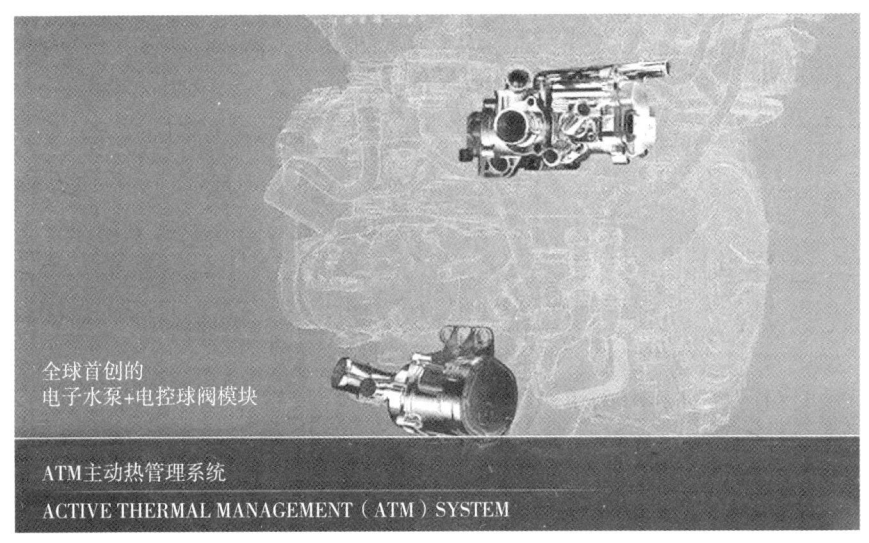

图 2 通用 ATM 主动热管理系统

热管理系统可以提高发动机的热效率,上汽通用的 Ecotec 1.3T 发动机的主动热管理系统采用全球首创的电子水泵加电控球阀模块组成,实现 ECU 对水泵转速及智能热管理模块的球阀角度的直接控制,以更为智能、精确地控制管理冷却系统分布到各环路的流量,达到快速地暖机、机油加热和停机冷却,提高发动机工作效率,减少排放。

2. 停缸技术

汽车运行时发动机负荷率随着行驶工况而变化,在我国轻型乘用车代表性行驶工况里,怠速、减速、匀速(含 $a<0.15m/s^2$ 微加速状态)等负荷

率较低的时段总占比可达76.7%，在这些时段可采用停缸（闭缸）、急速启停、滑行等技术来实现节油目的。除了22%的急速时段、少许急减速时段，停缸技术可望在30%~40%时段里择机间歇作动，以实现节油目的。美国汽车市场统计数据显示，近三年，22%~32%的皮卡和2%的轻型乘用车采用了停缸技术。

（1）局部停缸技术

现阶段停缸技术主要采用闭缸手段，即关闭发动机中目标缸的进气门和排气门，以减少泵气损失，增大发动机中其余气缸的单缸载荷，提高燃油利用效率。各车企采用诸多技术手段实现凸轮轴与气缸气门之间连接的中断/变更，如通用汽车的可变排量技术、克莱斯勒的多段式排气量调节系统、本田汽车的可变气缸管理技术、大众集团的主动气缸管理系统、马自达的可变缸管理技术以及奔驰的可变排量管理技术等。车企停缸技术的主要技术路线作用在局部气缸，例如V8发动机的2、3、5、8号缸，V6发动机某侧的3个气缸，直4发动机2、3号缸。虽然局部停缸技术路线节油率可达3.9%~5.3%，但问题较多，如缸体和缸间的温度差别、泵吸机油风险、动力系统的明显振动以及排气尾管噪声等。

（2）动态停缸技术

动态停缸技术，即动态跳跃点火技术（DSF），是发动机全可变停缸技术，与局部停缸技术相比操控性更优。此技术可以实现发动机的每一个气缸的停缸操作，使用合适的控制策略，可较好地规避局部停缸技术的问题。近5年，DSF技术发展日益成熟，通用集团和Tula公司联合研发了一款V8发动机，应用了此技术，并已在美国版2019款雪佛兰索罗德（Silverado）上使用。

3. 可变气门正时技术

应用可变气门正时技术（VVT）的发动机，可根据发动机工况来调节控制气门开启角度，以调节进排气量、优化进排气时刻、调整气门重叠角，达到增大进气充量和效率、更好地组织进气涡流、改变气缸爆发压力与残余废气量的目的。VVT技术可以部分实现阿特金森循环或者米勒循环，改善发动机诸如功率、扭矩、排放、燃油经济性和舒适性等的综合性能。

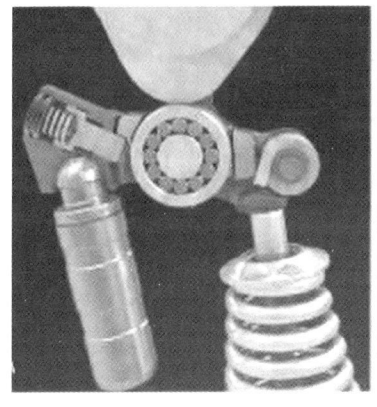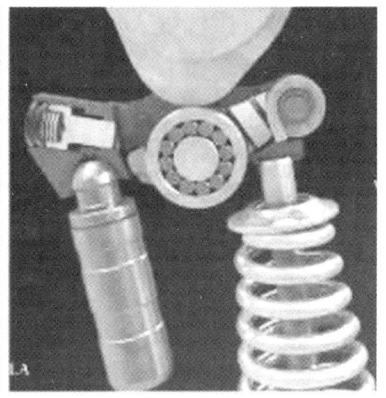

图 3　DSF 摇臂

近年来，高效率、高压缩比的双循环发动机开始应用，具备奥托循环和阿特金森循环两种模式，可自由切换。当工作在阿特金森循环下需要降低压缩比时，就要求进气有更大的相位迟后角，因液压 VVT 系统在油压低和油温低时不能正常工作，为了保证发动机顺利启动，中期的 VVT 技术在发动机启动时将 VCP 的相位通过内置的液压锁销锁止在一个预设的固定相位，进气在最迟后，排气在最提前，由此导致 VVT 可正常工作时，进气不能再向迟后方向调节，排气不能再向提前方向调节。为解决这一问题，电装、舍弗勒、博格华纳等汽车零部件公司研发了液压中间锁止 VVT 技术，VCP 设计了更大的可调节角度，并在其中设计了特殊的锁销机构，配合 OCV 中设计了复杂的油路及新开发的控制策略，实现了发动机启动或停机时，可以让 VCP 锁止在中间预设位置，正常工作时，进气 VCP 还可向更迟后的相位调节，解决了更大迟后相位调节问题，此技术被称为液压中间锁止式 VVT，但此技术产品结构复杂，制造成本高，性价比低，目前市场没有太多应用。

现代起亚汽车推出了其在全球率先研发出的可大幅提升发动机综合性能的"连续可变气门正时系统"（Continuously Variable Valve Duration，CVVD），发布了首款应用该项技术的 Smart Stream G1.6T - GDI 发动机，并表示未来会将该项技术应用于更多量产汽车发动机中。

图 4 应用 CVVD 技术的 Smart Stream G1.6 T – GDI 发动机（左）和 CVVD 系统（右）

现有的发动机循环有阿特金森循环、米勒循环和奥托循环三种，依次的技术优势表现在油耗率优先、侧重性能、平衡油耗及性能的关系。发动机会选择其中之一来设置固定的气门开启持续时间。CVVD 技术的优势主要在于可根据不同行驶条件来调整气门开启持续时间，从而兼得阿特金森循环、奥托循环、米勒循环的优质效果。不仅如此，CVVD 技术可在 4∶1 至 10.5∶1 的压缩比范围内，进行灵活调整，兼得可变压缩比的技术优势。

对于应用了 CVVD 技术的发动机，在发动机输出功率较低的定速行驶情况下，可将吸气气门的开启时间持续至压缩冲程的中后期，以此减少压缩时产生的阻力，有效改善油耗；相反，车辆加速行驶时，CVVD 技术将在发动机压缩冲程初期便关闭吸气气门，最大限度地增加燃烧所需的空气量，由此提升发动机扭矩，有效改善加速性能。除了提升车辆性能和燃油经济性之外，CVVD 技术还可有效减少尾气排放量。经过实验反复验证，搭载 CVVD 技术车辆的发动机性能可提高 4% 以上，燃油经济性可提高 5% 以上，而尾气排放量可减少 12% 以上。

4. 增压技术

（1）涡轮增压

涡轮增压技术利用发动机运转产生的废气带动进排气管道中的涡轮，将进气增压后送入气缸，以实现发动机功率和扭矩的提升。涡轮增压技术通过减小原来发动机的排量实现节能。涡轮增压技术在带来发动机气缸数减少时（例如V8减为V6、V6减为L4、L4减为L3等），节能效果更佳。减小排量后的发动机能够使用热效率较高的区域，节能效果在4%~10%。汽油机涡轮增压技术的核心零件主要是废气涡轮增压器，柴油机增压中冷技术的核心零件是增压器和中冷器。总体而言，采用涡轮增压技术会将带来整车3000元以上的成本提升。

在霍尼韦尔的涡轮增压技术带领下，全球发动机向效率更高、动力更强劲的方向发展。此外，霍尼韦尔的涡轮增压器平均可以提高燃油效率20%~40%，降低排放约为30%，辅助汽车制造商在保证汽车性能的同时实现汽车的节能环保。

（2）机械增压

机械增压技术，是指发动机通过机械增压器，增加进气过程中发动机气缸的进气量，达到提升发动机功率和扭矩的一种增压技术。与涡轮增压技术相比，机械增压的动力输出更加流畅，但动力提升和节能效果稍弱于涡轮增压。

（二）轻量化

面对节能环保要求，轻量化逐渐成为世界汽车发展的重要方向之一。汽车模块化发展和电动化发展，使轻量化技术的研究重要性提升。轻量化技术，即在保证汽车基本的使用性能要求、安全性要求和成本控制要求的前提下，从结构、材料、工艺等方面，应用新设计、新材料、新技术来实现对汽车整体的减重，以完成汽车向"低能耗""低排放"的转变。目前，实现汽车轻量化主要有结构优化、新材料使用和制造工艺改进三种途径。

1. 轻量化车身结构

车身结构轻量化主要包括整车的拓扑优化设计和整车尺寸形状再优化两

种方式。其中整车拓扑优化为基于经验目标函数的宏观优化，整车尺寸形状再优化则为局部的调整细化。

整车拓扑优化设计是在特定的空间范围内，通过不停地迭代，重新规划材料的分布和连接方式，将车身整体中的冗余部分去掉，使部分零部件薄壁化、中空化，完成宏观层面的拓扑优化，是数学运算方法和有限元分析的有效结合。

尺寸形状再优化是在确定了车身结构参数和材料分布的前提下展开的，主要是对结构的几何形状进行优化，在达到保证基本刚度要求的前提下实现车身重量最小化，是建立在数学模型之上得到的最优解，可作为拓扑优化的进一步完善和提高。

2. 轻量化材料

轻质新材料的应用是实现整车轻量化的关键。为实现整车轻量化的目标，世界各大汽车厂商和材料厂商一直致力于轻质新材料的研发。整车中应用轻量化材料的比例已经成为衡量车企和材料厂商的生产工艺和新材料研发水平的重要标准之一。现阶段，用于汽车轻量化的新材料主要分为金属材料和非金属材料。

金属材料主要是高强度钢和轻质合金，使用高强度钢、铝合金、镁合金，车体重量可分别减轻15%～25%、40%～50%和55%～60%。目前，高强度钢主要应用于汽车结构件、安全件、前后保险杠等部位；铝合金主要应用在车身结构材料的替换上；镁合金主要应用在零部件上，其中包括壳体类与支架类零部件。

（1）高强度钢

高强度钢具有强度高、质量轻、成本低等特点，而且能够提高车辆安全性，主要包括双相钢、低合金高强钢、烘烤硬化钢等。目前在整车车身重要结构件中使用的冷轧高强钢，强度范围一般在210～980MPa，以保证车身强度和整车安全性。由于表面质量水平的提升，高强钢已成功应用在外覆盖板件上。比如，CR290Y490T–DP–GI 双相高强钢已被成功应用于车身门外板上，主要原因在于此种高强钢的强度较普通烘烤硬化钢提升了60%，可以通过减薄其厚度来实现整车轻量化的目的。抗拉强度490MPa的高强钢已被成功应用在整车顶盖以及车身门外板上。若将高强钢应用到更大范围的外覆盖件上，还将进一步降低整车重量。近几年新上市的轿车车身中，高强度钢、超高强度钢的使用量占比已高达50%~70%，甚至更高。现代索纳塔的横梁和立柱全部使用了800MPa的高强度钢，奔驰SLK的整车车身结构件中也大量使用了高强度钢，在大幅提高扭转刚度和车辆安全性的同时，也实现了轻量化。另外，通用汽车公司的车身结构中也广泛应用了高强度钢。

（2）铝合金

铝及铝合金在整车轻量化中应用已较为成熟，其优势包括低密度、高弹性、高抗冲击性、易着色等。现阶段，铝及铝合金已被大量使用在诸如轮毂、动力系统、悬架系统等汽车零部件中。近年来，奥迪、捷豹、路虎、福特等部分车型中使用了全铝式的车身结构。铝合金已经发展成为一种比较理想的汽车轻量化材料。随着成形技术和连接技术的发展，铝合金在汽车领域的使用会越来越广泛。

奥迪某款车型在外覆盖部件上使用了大量的6XXX系铝板以降低整车质量，国内生产的车型采用铝材的质量达到每辆车190kg。与使用钢板相比，使用铝材的对应零部件可减重35%~45%。另外，铝及铝合金在外覆盖件上的应用，在进一步降低车身质量的同时，也能降低整车重心。

除此之外，铸铝在能够承载大载荷的零部件上的应用，减重效果同样明显。铸铝的优势在于较高的延展性、良好的焊接性能以及较高塑性。铸铝的使用还可以保证车辆碰撞安全性，例如在汽车减震器上使用铸铝。铸铝还被广泛用于整车壳体、发动机结构件、电池包部件等。

（3）热成型钢

鉴于热成型钢板良好的成型性，可以将整车中的多个零件合并生产，在减少零件数量的同时实现减重。同时由于热成型钢板具有超高强度，可以降低零部件厚度，以实现减重。目前热成型钢板被广泛应用在汽车安全件上，如整车A柱、B柱、顶盖边梁、门槛、横梁、后纵梁等部位。以中通道为例，热成型技术的应用可以减重4kg，并降低材料和模具成本。奥迪新一代A8车型中，采用了混合材料车身设计，其中铝合金占比达58%，热成型钢占比近10%。

图 5　奥迪全铝车身

3. 轻量化工艺

随着汽车轻量化技术的飞速发展,非金属制品的应用范围也在不断扩大。其中使用最为广泛的是塑料制品,碳纤维作为新型材料也逐步进入汽车产业中。轻量化车身所用材料种类日益增多,而传统连接技术在异种材料之间的应用劣势明显,特别是非金属材料的连接。因此,具有优良力学和减重性能的粘接技术成为汽车轻量化的"新宠"。

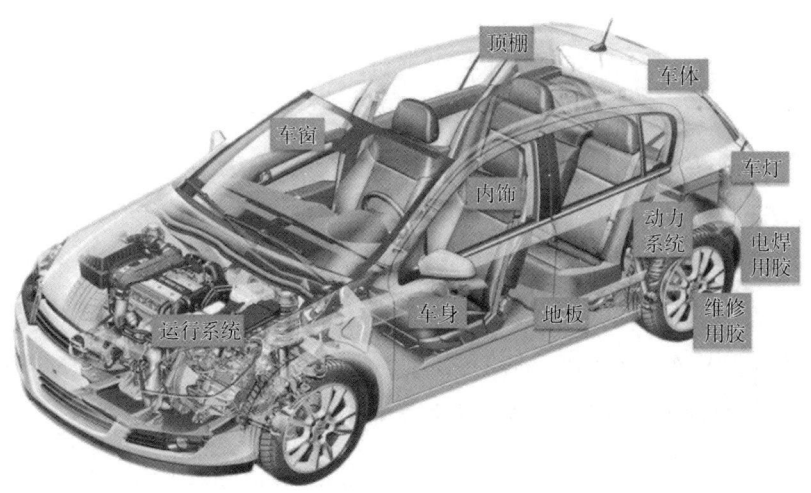

图 6　车用胶黏剂的应用

应用于汽车的胶黏剂有很多种，各具特点，其中结构胶黏剂（包含环氧树脂、丙烯酸树脂和聚氨酯等）可以很好地应用于包括塑料、金属和复合材料在内的多种基材，而且成本低、重量轻，能够提高车身刚度、防撞性能、车身NVH性能、焊接性能等，因此受到车企的热捧。

比如第五代本田奥德赛的结构黏合剂用量比前款车型用量实现翻倍，其黏合材料的使用长度达44米，为工程师们节省了重达5公斤的额外冲压件及加固材料，使车辆的扭转刚度提升10%。同样阿斯顿马丁的DB11车型中，采用了陶氏结构胶产品，在实现铝制结构减重39公斤的同时，车身强度提升15%，车辆的动力性得以相应提升。

（三）低摩擦

1. 低风阻设计

风阻系数与整车油耗具有一定程度的正相关性。车速在80km/h以上时，60%～70%的油耗用来克服风阻，随着车速的提升，此比例也会持续提升，当车速在200km/h以上时，空气阻力几乎占所有行车阻力的85%，也就是说，在高速行驶下，风阻是影响油耗的主要因素。因此降低整车的空气阻力系数，可以降低汽车的燃料消耗量。

比亚迪推出的车型"汉"，在设计上增加了较多的低风阻设计，如比亚迪自主研发的气动轮辋、微微上翘的前机舱盖、气动分离车尾以及隐藏式门把手，最终将风阻系数降到0.233，达到全球量产车顶级水平。以比亚迪"汉"为例，风阻系数每降低0.01，汽车续航将增加8公里。

2. 低滚阻轮胎

汽车行驶过程中，会产生各种各样的行驶阻力，汽车油耗中有相当一部分用于克服轮胎滚动阻力。据欧盟委员会统计，汽车轮胎滚动阻力所损耗的燃油约占据整车油耗的20%。另有研究测定，汽车轮胎滚动阻力每降低7%，汽车燃油消耗可降低1%，并可大幅减少CO_2的排放量。

普利司通旗下的绿歌伴轮胎，采取了"低滚阻强化因子"有效降低滚动阻力，实现了省油环保。在40km/h滚阻测评中，获得了626.66米的好成绩。除此之外，该轮胎还在噪声、稳定性、加速性能、制动距离等多个项目测试中表现良好。在湿路制动性能的测评中，其采用的弧形花纹块边缘设计可以有效防止花纹变形，增加刹车时的接触面积，提高刹车性能，提升了干路、湿路安全性能。

3. 低内阻技术

由于汽车发动机结构和工作特性，发动机摩擦不可避免，且此类摩擦大部分并不利于发动机的正常使用。有研究资料和实验显示，发动机摩擦造成的损耗大约占整车能量总损耗的17%。目前，应用在汽车发动机领域的降低摩擦损耗的主要措施包括涂层技术、机油的精确控制、采用低黏度机油等。

2019年1月，张俊彦团队联合一汽解放汽车有限公司、南岳电控工业技术股份有限公司完成的"低摩擦固体润滑碳薄膜关键技术及产业化应用"获国家科技进步二等奖。机械系统的高精度、高可靠和长寿命受限于运动部件的摩擦磨损性能，已成为工业制造发展的重大共性技术需求。低摩擦固体润滑薄膜材料既能保持机械零部件的固有强度和尺寸特征，又能赋予其低摩擦低磨损特性，是突破该共性技术的关键手段。"低摩擦固体润滑碳薄膜关键技术及产业化应用"项目历经10年产学研用联合攻关，突破了超低摩擦碳薄膜可控制备、低温下（<150℃）轴承钢等表面的高结合力沉积、批量一致性工艺与装备一体化集成等技术难题，破解了共轨系统高速高压摩擦熔焊和高压柱塞泵等磨损泄压问题。集成低摩擦技术的共轨系统配套应用于发动机，显著提高了我国发动机相关技术水平，带动汽车工业从零部件到整车质量的快速发展。

（四）高效变速器

变速器作为汽车动力总成的一部分，一直是各国车企的重点研究对象，如通用的CVT无级变速器和多级智能变速器以及马自达的创驰蓝天系列变速器等。图7列出了在变速器研究专利这一方面国内外车企的排名情况，可以看出，通用、丰田、现代垄断了前三位，而国内挤进前十的只有吉利和长城。变速器领域有着采埃孚、捷科特、爱信三家巨头，合计占据着全球80%的变速器市场份额，让许多小众企业很难崛起。国内企业在这方面还有待进步。

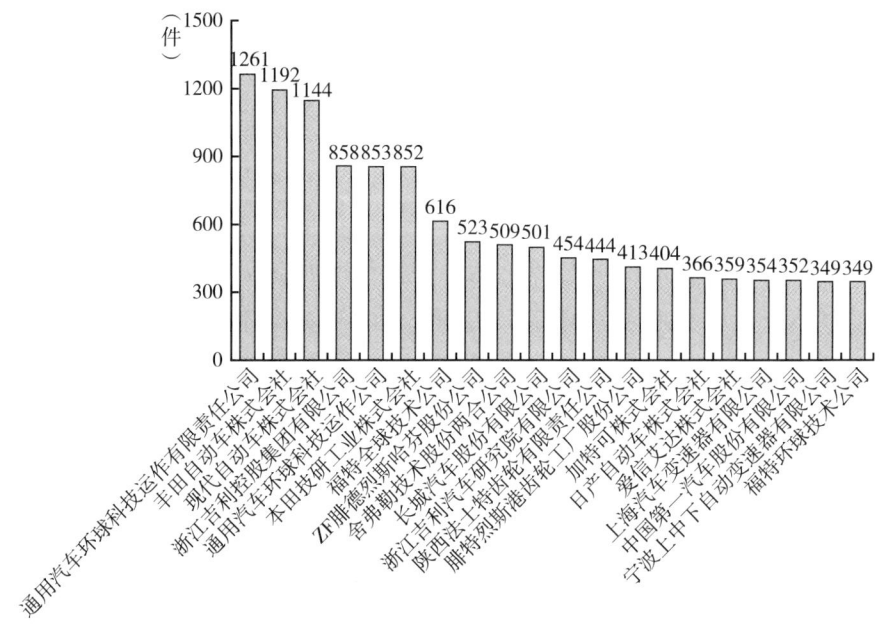

图 7 变速器研究专利数量国内外车企的排名情况

1. AT 变速器

AT 产品技术成熟、应用广泛，主要的整车厂包括通用、福特、丰田、现代、奔驰等，第三方供应商主要有爱信、采埃孚、现代派沃泰，国内主要有盛瑞传动、双林 DSI、东安三菱等。目前国内主要 AT 企业总产能已达到 746 万辆（见表1）。

表 1 国内主要 AT 自动变速器供应商及产能

单位：万辆

变速器企业	企业资质	所属背景	产地	产品	年产能	说明
爱达（天津）	外商独资	爱信	天津	6AT	80	
天津艾达	中外合资	爱信、一汽	天津	6AT	80	
AW（苏州）	外商独资	爱信	苏州	4AT	24	
唐山爱信	外商独资	爱信	唐山	6AT	40	
爱信吉利	中外合资	爱信、吉利	宁波	6AT	40	预计到2020年可实现量产
广汽爱信	中外合资	爱信、广汽	广州	6AT	40	预计到2020年可实现量产
上海采埃孚	中外合资	采埃孚、上汽	上海	6AT/8AT	12	8HP初期规划年产能21万辆

续表

变速器企业	企业资质	所属背景	产地	产品	年产能	说明
现代派沃泰	外商独资	现代	日照	6AT	100	
上汽通用	中外合资	通用	烟台、上海	6AT/9AT	126	
长安福特	中外合资	福特	重庆	6AT/8AT	104	
东安三菱	中外合资	东安动力	哈尔滨	6AT	15	
盛瑞传动	国内自主	盛瑞传动	潍坊	8AT	60	
双林 DSI	国内自主	双林股份	济宁、湘潭	6AT	60	
内蒙古欧意德	国内自主	华泰	鄂尔多斯	6AT	45	

2. DCT 变速器

自 2002 年以来，DCT 变速器在乘用车上得到了迅速推广，广泛应用阶段经历过三次大的技术革新。第一代主要代表产品是大众公司的 DQ250 和德国格特拉克公司的 DCT450 等产品，分别应用在大众高尔夫和福特蒙迪欧等车型上，这一代 DCT 变速器的显著缺点就是变速器整体效率较低，同时，不能按需控制的机械泵也加大了发动机的负载，影响了整车的燃油经济性。第二代 DCT 产品为提高效率、降低整车油耗，具有两个显著变化点：一是由干式离合器代替了效率较低的湿式离合器，二是由电子油泵代替了由发动机驱动的机械油泵。第三代 DCT 为了改进上一代离合器容易过热的问题，将干式离合器重新换装为湿式离合器，相比第一代 DCT 有了更多的关于提高燃油经济性方面的设计改进。比如，离合器润滑系统根据油温反馈进行实时闭环控制，做到按需润滑，从而最大限度地降低离合器的拖拽损失和油泵机械损失。同时，第三代 DCT 保留了第二代产品的电子油泵，而在一些大扭矩变速器上，为了进一步降低功耗，还采用了机械泵和电子泵双泵设计。第三代 DCT 通过优化变速器内部轴齿润滑系统，减少了变速器油的加注量，降低了搅油损失。这一代 DCT 有更多代表产品，如大众公司的 DQ380，格特拉克公司的 7DCT300、6DCT150，奔驰公司的 7G – DCT 等。

DCT 变速器每一代产品技术的改进升级都围绕着提高产品可靠性、效率、换挡舒适性，以及降低重量、体积和成本这几个方面进行。发展至今，DCT 变速器在已经可以媲美 AT 自动变速器的换挡舒适性的同时，极大地提高了整车燃油经济性。通过对工信部公告油耗数据的统计分析，可以发现匹配DCT变速器的车型相比匹配AT变速器的车型，整车燃油经济性提高6%左右。

3. CVT变速器

与传统自动变速器相比，CVT变速器能够根据发动机工作状况选择合适的传动比，保持发动机处在最佳效率的转速中，以控制整车油耗。CVT变速器结构相对简单，换挡更为平顺，但其使用缺点也较为明显，如承载能力有限、起步慢、加速迟滞及驾驶感受不佳等。现阶段，CVT变速器更多应用在小型乘用车上。

2019年，丰田全球首创齿轮直驱式CVT，在丰田原来代号K114的CVT基础上进行了全方位优化，扭矩从200Nm提高至215Nm，尺寸进行了缩小，实现减重6.2kg，传动比调节范围从6.5提高至7.5，基本实现了同级别最大的传动比范围。该CVT变速器使用变矩器进行起动，齿轮传动与钢带传动协调工作。

（1）高传动效率、高燃油经济性

与竞品的DCT变速器相比，丰田的此款CVT变速器在传动效率与竞品相当的前提下，具有更大范围的传动比。而与丰田其他款式的CVT变速器相比，该款CVT能够提高6%的燃油效率。

（2）换挡响应

与竞品的DCT变速器相比，该变速器换挡速度不输DCT。当然，CVT并没有挡位的说法，只是丰田对该变速器设计了模拟10挡，完美解决了CVT一直被诟病的换挡慢的问题。

（五）先进电子电器

1. 车载操作系统

在电子和IT技术发展迅速的时代，汽车领域的电子和IT网络的技术发展相对还不够快，目前在这方面步伐走得最快的是大众汽车（宣布在2025年之前要在所有的新车型上使用VW.OS汽车操作系统，并结合汽车云服务实现后台支持)。

大众 MEB 平台上的首款纯电动汽车 ID.3，就是首款搭载 VW.OS 操作系统的试金石，将在 2020 年开始正式交付。对于该系统，目前所知的是大众根据自己的要求打造了一些原生的应用，通过操作系统构建自己的汽车生态系统，将外部合作伙伴通过大众的 IT 架构连接后，为其提供丰富多彩的服务内容，给用户提供丰富的功能和良好的交互体验。

2. 智能节油系统

智能节油系统通过控制发动机启动和停止来减少燃油消耗，系统成本约为 1200 元。智能节油系统在传统发动机的基础上，增加具有怠速启停功能的加强电机。该系统工作原理为：在满足怠速停车条件时，发动机完全熄火不工作；当车辆需要重新启动前进时，系统迅速启动发动机，实现瞬时衔接，从而降低燃油消耗量和废气排放量。该系统通过电脑判断车辆的状态，例如红灯、堵塞等停滞状态，控制发动机自动熄火停止运行，并且保证发动机熄火阶段可正常使用车内空调、音响等用电设备。通过智能节油系统技术，在一般路况下可以降低能耗 5% 左右，在拥堵路段中最高可降低能耗 10%~15%。

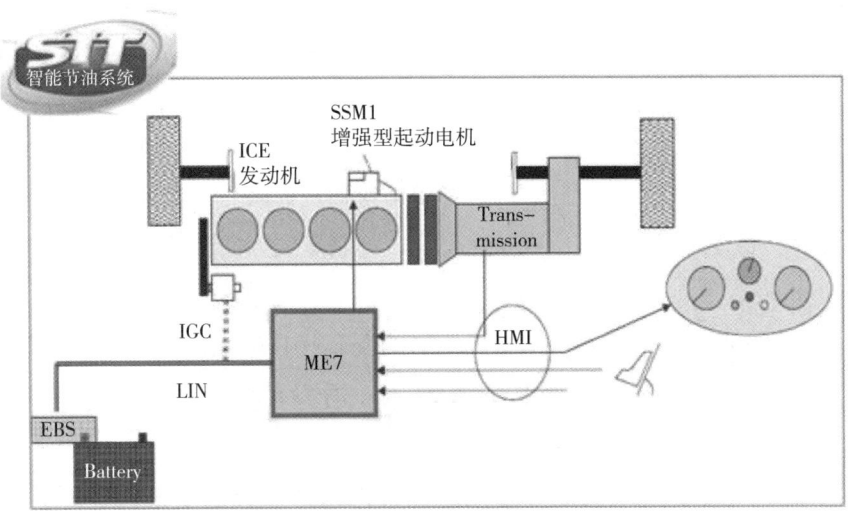

图 8　智能节油系统构造

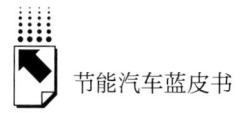

由长安与博世公司联合开发的智能节油系统,已装备在长安 CS75 车型上。此款节油系统改进了传统发动机的启动系统,且配备的启动电机寿命较长,与现代电子控制技术相结合,实现降低油耗 8%~15%(城市工况下),降低 CO_2 排放 3%~6%。此款智能节油系统通过电脑判断车辆的状态,以控制发动机的启停运行。如车主将挡位推进空挡,发动机自动熄火,当踩下离合,发动机自动启动。如果两次怠速停车时的间隔时速小于 10km/h,怠速时发动机不会熄火,避免了路程过短造成频繁启动对电瓶的过量损耗。而且在水温没有升到正常温度时也不会启动系统,避免冷车状态下油耗过大。

3. 可变排量机油泵

现阶段,越来越多的节能减排技术被应用在发动机研发中,这也推动了润滑系统技术升级。随着可变排量机油泵技术的成熟,其研发成本和制造成本已明显下降。目前应用较多的是电磁阀式两级可变排量机油泵,全可变(多级)排量机油泵也已经出现在部分高端车型中。

发动机燃油消耗对比试验,可以验证可变排量机油泵方案应用对发动机油耗的影响。试验结果表明,机械式两级可变排量机油泵的应用,有助于改善发动机油耗,例如特征点油耗降低 0.4%~1.7%。根据相关经验,采用电磁阀式两级可变排量机油泵,发动机可节省 1.0%~2.5% 的油耗。

(六)未来燃料创新

未来发动机技术在节能方面,突破稀薄燃烧极限、追求更高的热效率是重要的发展方向。同时燃料在快速燃烧、抑制爆震方面进行创新,使节油技术如虎添翼。

如图 9 所示,油品自身的特性是影响混合气自燃倾向的一个重要因素,通过改变油品的着火性能(快速燃烧),配合发动机混合气流动性能的提高,可突破现有的燃烧极限。

如图 10 所示,异辛烷(RON:100)的稀薄燃烧极限大约在 1.6(λ)附近,如果将乙醇和异辛烷、ETBE 和异辛烷等混合使用,可以扩大燃烧极限,并达到提高热效率的效果。

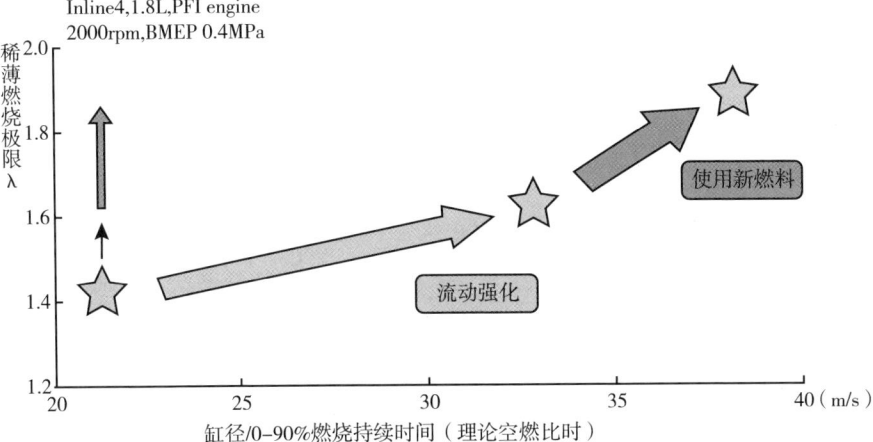

图9 稀薄燃烧极限值

资料来源：Nozomi Yokoo, Yoshinori Miyamoto, Koichi Nakata, Ken Obata, Go Aoki, Manabu Watanabe, "Research of Fuel Components to Enhance Engine Thermal Efficiency", *The Society of Automotive Engineers of Japan*, Vol.50, Issue 3, 2019。

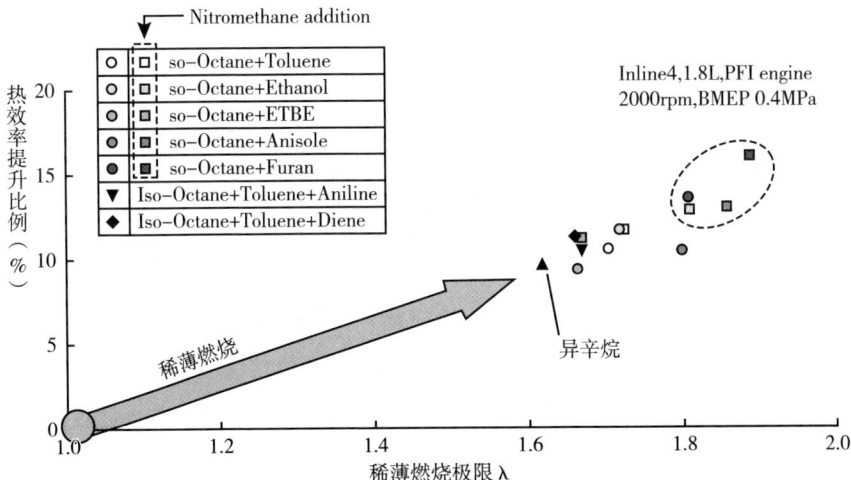

图10 稀薄燃烧极限与热效率提升比例的关系

资料来源：Nozomi Yokoo, Yoshinori Miyamoto, Koichi Nakata, Ken Obata, Go Aoki, Manabu Watanabe, "Research of Fuel Components to Enhance Engine Thermal Efficiency", *The Society of Automotive Engineers of Japan*, Vol.50, Issue 3, 2019。

丰田汽车公司对未来油品的快速燃烧和抗爆性能进行了研究（见图11）。

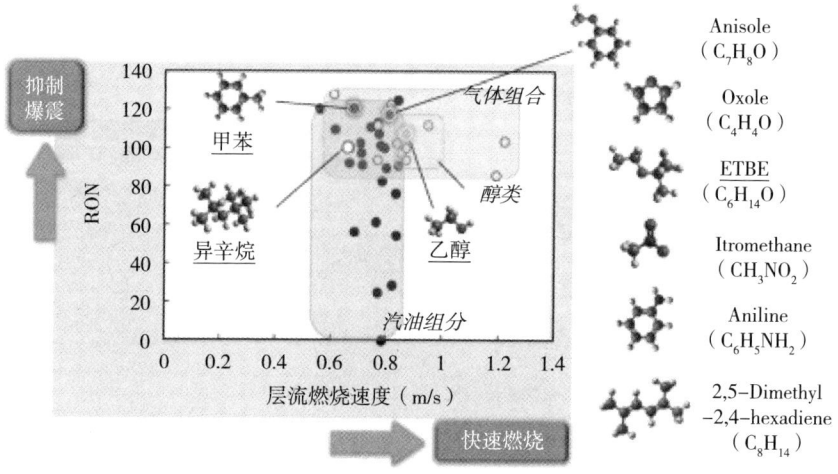

图11 未来油品特性

资料来源：Nozomi Yokoo, Yoshinori Miyamoto, Koichi Nakata, Ken Obata, Go Aoki, Manabu Watanabe, "Research of Fuel Components to Enhance Engine Thermal Efficiency", *The Society of Automotive Engineers of Japan*, Vol. 50, Issue 3, 2019。

二 2019年新发布节能车型标志性进展

（一）北汽2019新款SUV的轻量化结构设计

现阶段，大部分的SUV车型采用承载式车身设计，整车骨架由车体结构件及外覆盖件焊接而成。从碰撞时力的传递路径角度考虑，前防撞横梁、前纵梁、A柱、B柱、C柱、后纵梁等关键零部件，都使用了高强度、中高强度和热成型超高强度钢板。SUV车型的轻量化，推动了车身关键零部件中新技术和新材料的应用，在减轻整车重量的同时，提高车身整体强度，提升整车的碰撞性能。北汽改款SUV通过车身环状路径和乘员舱笼式结构设计，以及高强钢、塑料、铝合金的采用和结构优化，达到减重降耗功效。表2中列出了主要的设计方案和设计目的。

表 2　北汽 2019 新款 SUV 轻量化结构设计

方案	设计方案	目的
1	车身环状路径设计	提高整车的碰撞性能
2	乘员舱笼式结构	增加碰撞传递路径,提高整车的弯曲刚度
3	车身七纵梁式结构	增加碰撞传递路径,提高整车的弯曲刚度
4	座椅横梁结构优化	加强前地板整体结构,提高侧面碰撞效果
5	前纵梁结构优化： ①前纵梁由弯改直 ②调整前纵梁后部的角度	改善前纵梁传力分布,有效改善前围板侵入量过大问题
6	①取消前纵梁下内板加强板 ②取消前纵梁后部下加强板 ③将前纵梁内板加强板由 2.0mm 降为 1.5mm ④前纵梁后段由 1.5mm 降为 1.4mm	通过结构优化、零件材料、料厚的变更,达到性能的平衡,实现减重 2.92kg
7	①后纵梁加强板的料厚 1.5mm 改为 1.2mm ②加油管侧加强板延长 40mm ③增加后轮罩后地板加强板 ④取消后侧围支架	单车减重 0.968kg
8	前地板和后地板的料厚 0.8mm 改为 0.7mm	单车减重 2.41kg

（二）长城欧拉 R1 的轻量化结构设计方案

欧拉 R1 是基于 Me 专属纯电平台开发而来,该平台可通过调整轴距及前后悬架尺寸应用于轿车、SUV、商用车等多类型车型。欧拉 R1 整备质量为 990kg,扭转刚度为 15152Nm/deg,轻量化系数达到 3.2。

欧拉 R1 结构优化包括：拓扑优化发动机盖实现减重 10%；使用高强钢结构件替代普通钢实现降低料厚；使用较大弧度的外板件,使用 0.6mm 烘烤硬化高强钢,减重 7.32kg；优化了车门防撞梁的截面；顶盖前横梁采用单层板集成设计；减震器支座和后背门系统集成设计；座椅转轴支架、翼子板 Y 向安装设计、窗框与内板焊接边宽度优化设计、部分部件

(顶盖前横梁、地板前后横梁、左右 B 柱内板、前地板左右纵梁）锯齿边设计等。

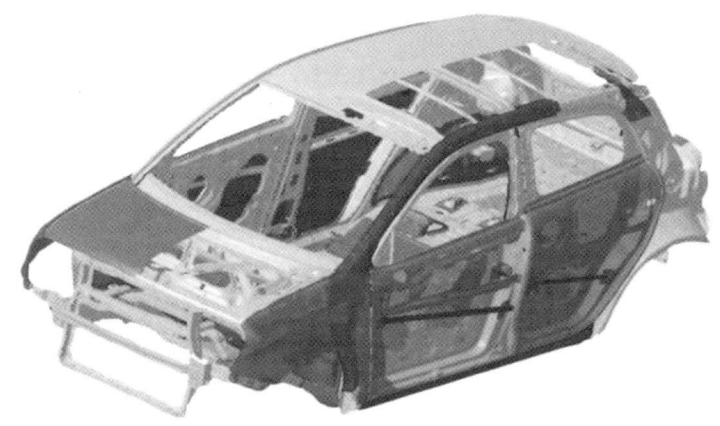

图 12　欧拉 R1 车身

B.6
商用车节能技术发展跟踪

摘　要： 商用车以较小的保有量，贡献了超过一半的燃油消耗和尾气排放，研究商用车的节能技术对节能减排目标的实现意义重大。本报告主要从低摩擦、发动机、驱动桥、电子电器和热管理等领域，对全球主流节能汽车技术产品的基本原理、应用情况与节能效果和节能经济性等进行简要介绍。

关键词： 商用车　节能技术　汽车产业

一　低摩擦

（一）低风阻设计

目前美国卡车整车风阻系数保持在 0.4~0.5，预计 2025 年有望达到 0.35~0.4，2030 年将稳定在 0.35 左右，2035 年预计达到 0.35 以下水平。欧洲卡车整车风阻系数保持在 0.45~0.5，预计 2025 年有望达到 0.4~0.45，2030 年将稳定在 0.4~0.45，2035 年预计达到 0.4 以下水平。欧洲客车低风阻造型应用广泛，不仅公路客车采用流线型的造型设计，公交产品也大量应用低风阻的造型设计，车身局部的附件也采用了低风阻造型。

国内法规对车的长度做了限制，为了提高货运效率，驾驶室均采用平头驾驶室。虽然平头驾驶室的风阻不及长头驾驶室，但通过造型及组件的优化调整及挂箱的组件匹配，整车风阻系数与国外先进水平差别不大。国内重型车主车与挂车分属不同的制造商制造，在主挂匹配及挂车风阻组件的商品化

图 1 奔驰公交产品造型

方面还存在很大提升空间。主车厂在从事技术开发时也会开发定制化的低风阻挂车验证技术，目前的技术比较成熟，但商品化应用较少。

国内中重型载货车的具体风阻数值，主要受风洞试验室资源少及成本高昂的限制，仅有少部分产品有风洞试验的结果，且均是小比例的油泥模型，仅有一汽解放的某款卡车去国外做过1∶1的风洞试验，多数均为 CAE 的分析结果，这样风洞试验结果存在一定误差，但总体可应用 CFD 分析结果评估国内商用车的风阻水平。当前国内商用车风阻系数平均在 0.5～0.6，到 2025 年，随着挂车组件的成熟应用及普及，国内商用车风阻系数平均可以达到 0.4～0.5，在 2030 年平均达到 0.4～0.5，这主要得益于电控技术的发展，如电动扰流板、无后视镜技术等，到 2035 年，整车风阻系数可做到 0.4 以下。国内客车行业对整车的流线型设计方面开展了一定的研究，目前宇通的 12 米公路客车，风阻系数比上一代产品降低约 10%，国内部分公交产品也开始采用一定的流线型设计，但专门用于降低风阻的具体导流装置的设计在客车方面还比较少见。

（二）低滚阻设计

目前美国卡车主流产品普遍采用 C 级轮胎，滚阻系数 5～6，部分产品选用 B 级轮胎，滚阻系数 4～5，预计 2025 年主流产品普遍采用 B 级轮胎，滚阻系数 4～5，部分产品选用 A 级轮胎，滚阻系数小于 4，2030 年主流产品普遍采用 A 级轮胎，滚阻系数 3.5~4，2035 年主流产品普遍采用 A 级轮胎，滚阻系数保持在 3.5 以下。同时美国也在大力推广超级单胎的应用。

目前欧洲卡车主流产品普遍采用 C 级轮胎，滚阻系数 5~6，部分产品选用 B 级轮胎，滚阻系数 4~5，预计 2025 年主流产品普遍采用 B 级轮胎，滚阻系数 4~5，部分产品选用 A 级轮胎，滚阻系数小于 4，2030 年主流产品普遍采用 A 级轮胎，滚阻系数 3.5~4，2035 年主流产品普遍采用 A 级轮胎，同时滚阻系数保持在 3.5 以下。

国内轮胎的滚阻系数较国际先进水平总体晚 3~5 年，差距不大。国际低滚阻轮胎的国内商品化应用率不高，应用较少的原因与滚阻关系不大，主要在耐磨里程成本限制等其他方面。总体来说，国内载重商用车的轮胎滚阻水平较国外先进水平晚一代，当前滚阻平均值在 C 级及 D 级间，到 2025 年主流产品进入 B/C 级，2030 年部分进入 A 级，2035 年主流进入 A 级，如表 1 所示。

表 1 中国轮胎规格发展情况

项目	现状	2025 年	2030 年	2035 年
中国	主流产品:C/D 级轮胎(5~7)	主流产品:B/C 级轮胎(滚阻系数 4~6)	主流产品:B 级轮胎(滚阻系数 4~5)	主流产品:A 级轮胎(小于 4)

低滚阻轮胎由独立的供应商研发和生产，一般情况下整车厂只对轮胎厂家提出低滚阻需求，但这并不妨碍降滚阻技术的快速进步，这主要体现在两个方面：一是国家油耗法规加严，整车厂必然会对轮胎滚阻系数提出更高的要求，同时载重型货车滚阻对油耗的影响大，对整车厂而言属于投入小、产出大的节油技术；二是轮胎厂家之间竞争激烈，谁能开发出性价比高的轮胎，谁就能在激烈的竞争中取胜，这也促使轮胎厂家投入资源提升技术。总体来说轮胎滚阻系数水平会稳步提升，主要体现在轮胎的配方、花纹及硫化工艺上的提升，但短期内难以有实质性突破。

二 先进发动机

2009年美国能源部发布"超级卡车"项目,联合美国五大知名发动机及整车制造商致力于提高车辆燃油效率,目标是整车油耗降低50%,其中发动机热效率需要提高到50%以上,即发动机油耗降低20%,在2015年底基本完成目标。该项目促使美国柴油机及整车在节能领域取得巨大突破,为下一步制定第二阶段温室气体排放法规铺平了道路。在此基础上,2018年康明斯联合彼得比尔特公司致力于将货运效率进一步提升125%,其中柴油机需要贡献32%的提升。具体措施是使用一台20kW的电机与柴油机耦合,并增加更高效的余热回收系统,预计可以实现有效热效率提升4%。另外帕卡公司将一台柴油机的有效热效率从47%提升至55%,其中通过优化燃烧及进排气提升3.4% BTE,低摩擦及优化附件功率提升0.6% BTE,余热回收增加4% BTE。此外,对平路功率需求为200kW和山路功率需求为300~325kW的柴油机与功率为15~120kW的电机进行了匹配研究,结果显示采用轻混较为合适。综观近年来美国先进柴油机技术的发展历程,主要的技术手段是柴油机本体燃烧系统和空气系统优化、降低摩擦、增加余热回收系统并不断提高回收效率,以及商用车轻混技术。

欧洲柴油发动机技术不断取得新的突破。戴姆勒公司通过对13L机型降低发动机转速及增加48V系统,整车货运效率可以提升4%。FEV公司在一台7.7L的6缸柴油机上评估了柴油机节能的五种方案:6缸减少为4缸、最高转速降低200rpm、停缸技术、两级可变压缩比和复合增压涡轮,燃油经济性的结果为:减少缸数可以提升9.2%、降低转速可以提升4.6%、停缸可以提升1.7%、可变压缩比以及复合增压涡轮的提升都不足1%。FEV公司进一步评估了两种组合方案:组合降速—可变压缩比—断缸—复合增压涡轮,BFSC降低7.1%;组合可变压缩比—减少缸数,BSFC降低9.7%。第一种方案效果稍差,但较高的排气温度有利于后处理。总体上看,欧洲先进柴油机技术的发展方向与美国类似,其提出的减缸停缸、可变压缩比、复合增压涡轮等技术值得参考。

国内各大柴油机厂商和相关研究机构也进行了大量的柴油机节能技术的研究。潍柴动力已于2018年底完成50%热效率柴油机的技术准备工作，在不带余热回收系统的前提下，在实验室里已实现接近50%热效率的样机验证。其主要措施为高效两级增压系统和燃烧系统优化、减磨和电控附件技术、低背压的高效后处理系统。同步进行的余热回收系统研究预计在2020年完成，最终在2022年前完成高效率柴油机技术集成。

我国行业内相关单位虽然在近年来不断追赶，并取得了很大成就，但是与国外先进柴油机技术相比总体上存在一定差距，主要表现在：一是节能技术研究工作相对滞后，美国在十年前就从国家能源战略角度提出"超级卡车"计划，并已完成第一阶段，柴油机热效率超过48%，而国内近几年才逐渐重视节能研究，缺乏从国家能源战略层面的基础研究；二是国内发动机零部件供应商的技术水平亟待提高，发动机技术的进步是建立在更高水平的零部件之上的，在先进节能技术研究过程中很难寻找到合适的国内供应商开展合作，而国外供应商往往价格昂贵，且开发周期长或者合作困难。

三 驱动桥

美国卡车主要使用的是美驰驱动桥，采用特殊钢材材料，定制化的专属设计，无论是桥壳、主减还是制动器都是轻量化设计，如美驰166双桥比国内469双桥轻249kg，美驰176单桥比国内485单桥轻110kg，传动效率比国内同类产品高1%~2%（见图2和图3）。

欧洲奔驰卡车用驱动桥，产品技术及结构先进（整体式主减、无导向轴承、大锥角轴承等），传动效率比国内同类产品高1%~2%。

日本五十铃卡车用驱动桥，通过优化齿轮参数、优化齿轮接触区啮合、应用高强度材料、高寿命轴承和油封、轴承单元，与原先旧平台产品相比，将驱动桥效率提升1%左右。

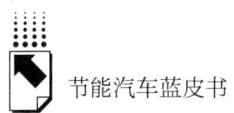

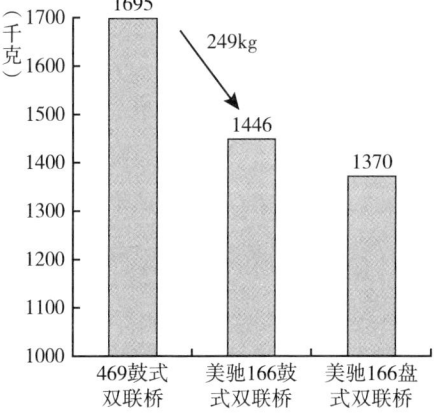

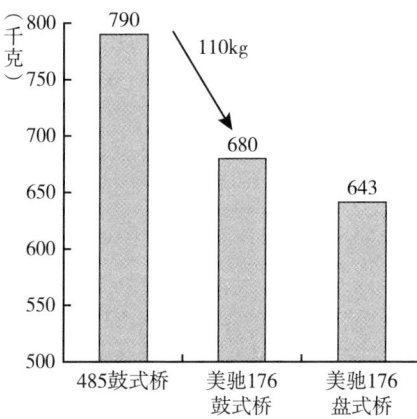

图2 不同类型驱动桥质量对比

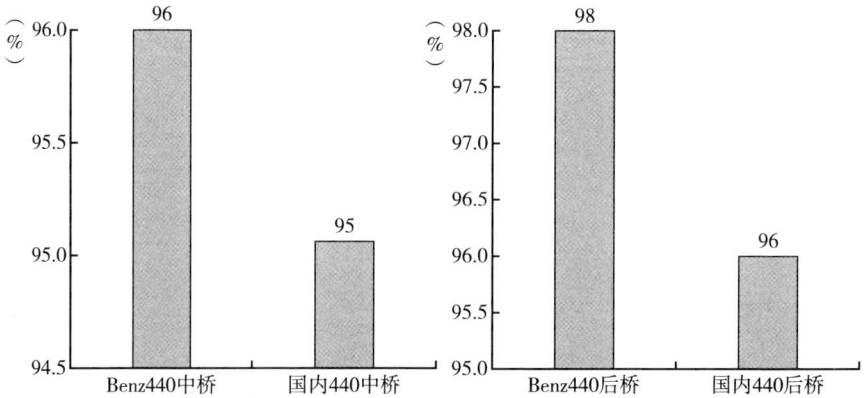

图3 奔驰驱动桥与国内驱动桥传动效率对比

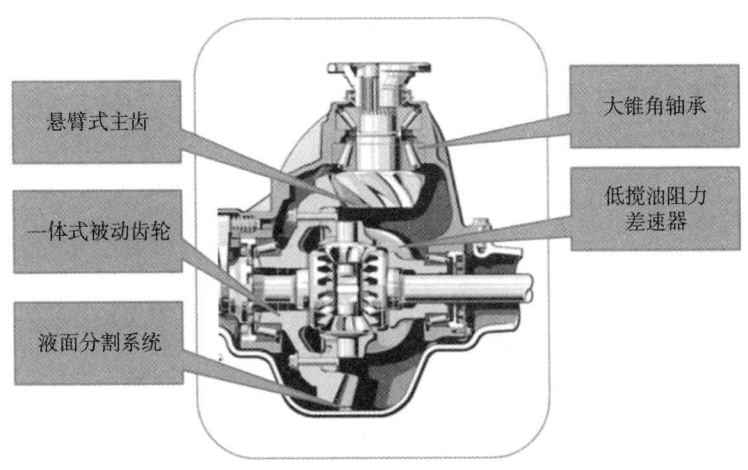

图 4 日本五十铃卡车用驱动桥

四 电子电器

(一)道路预见技术

欧洲国家重卡应用道路预见的预测功率控制系统,该技术于 2012 年首次应用于商用车领域,并已经在商用车实现标配。欧洲各大车厂均配置该技术,其中达夫 2019 年装配率为 50%,MAN 2019 年装配率为 30%,并且预计 2020 年装配率达到 75%,斯坦尼亚装配率为 100%,其他车厂预计 2020 年也将陆续批量装配。根据欧洲市场反馈,该技术宣称在高速公路路段节油率达到 8% 以上。

国内还没有明确的应用道路预见技术节油的量产先例,对这个技术路线都在进行研究,并未最终落地运营。国内在电子化智能化节油技术路线上实践较少,比较相近的案例有大金龙的"龙翼"车联网节油系统。该系统通过 GPS 和车联网实现对司机驾驶行为的分析匹配,向司机展示其驾驶的油耗结果,反馈和管理其费油的驾驶操作。但是"龙翼"偏向于数据的采集

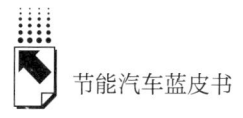

和事后管理，无法做到有效的实时控制或预测性操作提示，因此从实际使用上看虽有一定的节油效果，但总体上效果有限。道路预见技术短板是地图数据的精度、发动机和变速器的逻辑处理算法、报文发送内容等，此外还受GPS信号强弱、道路等级属性等多种因素影响。国内目前只有一汽、北汽福田已经完成道路预见行驶的技术开发并且满足量产状况，但尚未实现批量生产。

（二）队列行驶

欧美等国公路道路条件较好，交通情况单一，对于卡车列队行驶的研究早在2009年便开始进行，主要关注重型卡车在高速公路长线路的测试。奔驰、斯堪尼亚、沃尔沃、依维柯、达夫、MAN等卡车制造厂商与采埃孚等零部件供应商都针对列队行驶功能进行验证，行驶速度普遍较高，累计行驶过万公里里程。欧洲早期研究数据表明，以90km/h的车速，间隔距离10米为例，领航车（HV）可减少油耗4.5%，第一辆跟随车（FV-1）减少10%，第二辆跟随车（FV-2）减少12%。

近些年来国内也有多家企业选择先在港口、干线物流园区等封闭、半封闭场景进行含编队行驶功能的L4级自动驾驶示范运营，或选择园区与港口间固定高速路线编队行驶。目前国内最优技术能够做到车速保持在80km/h时，车辆间距为15米。北汽福田、东风商用车、中国重汽等企业纷纷实现了特定场景测试、运营及路测，日后在高速公路、城市配送方面也将实现列队行驶落地。

五 热管理

发动机热管理技术是在排放不断升级过程中应运而生的，通过控制排气温度，提高后处理SCR转化效率，从而实现尾气排放满足法规要求。发动机排气温度和测试循环息息相关，WHTC测试循环负荷和转速都较低，平均排温较低，同时增加冷态加权算法后，发动机需要一定的热管理手段才能够迅速提高排温。虽然发动机热管理主要目的是控制排温，但它和发动机经济性有着必然的联系，这是因为如果不能很好地控制排温和排放，只能牺牲经济性降低发动机原排 NOx 才能满足法规要求。

相比于国外，我国发动机热管理技术的发展较晚。2014 年环保部发布城市车辆用柴油机排放物测量方法（WHTC 工况法）之后，各大主机厂才开始逐步研究该技术。截至目前国六 a 阶段国内各大柴油机主机厂热管理手段基本上沿用国外较为成熟的技术，例如进排气节流阀、HC 喷射等，这些方法最大的问题就是能耗高，因此我们需要研究更先进的热管理方法，能够同时兼顾排温和经济性。目前热管理系统的设计及核心零部件主要掌握在电装、法雷奥、马勒等国外公司，国内资源主要集中在协众、松芝、奥特佳、西泵等公司，但没有掌握热管理系统的核心技术。

（一）排气余热回收

排气余热回收（EHRS）技术可提高发动机、变速器的温升速率，减少冷态摩擦。用在 HEV 车型中，冬季水温快速升高，可使 EV 模式提前介入，降低油耗。佛吉亚公司试验数据表明，EHRS 可为一般内燃机车型减少 3%~5% 的燃料消耗，可以为混合动力车型降低 5%~10% 的燃料消耗；搭载此技术的丰田普锐斯混动车，当水温达到 65℃时发动机停止工作，水温低于 60℃时发动机启动工作，佛吉亚欧洲试验室对其进行 NEDC 油耗测试，结果表明 EHRS 延长了发动机停止工作的时间，节油效果达到 9%。佛吉亚公司进行的对标试验数据显示，在 NEDC 测试工况，三五公司的 EHRS 回收了 44kJ 能量（排气可用能量 547kJ），佛吉亚公司的 EHRS 回收了 180kJ 的能量（排气可用能量 583kJ）。另有资料显示，雅阁混动车型采用 EHRS 后，冬季实际油耗降低 8% 左右。

（二）PWM 冷却风扇

硅油风扇低转速冷却不足，高转速冷却性能过剩，传统双级风扇也存在冷却能量过剩的情况。PWM 冷却风扇可以根据冷却系统、空调系统、车辆

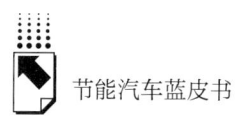

行驶速度等的需求,线性控制风扇转速。PWM 风扇转速控制范围广,能降低车辆油耗。另外,由于 PWM 风扇的转速变化基本上是无级变速,其运行噪声相对较低。假如在扇叶结构上增加锯齿形扰流结构,亦能降低空气流动噪声。

(三)变排量压缩机

对于定排量压缩机汽车空调系统,在车内温度波动较大情况下,频繁开停产生的不可逆损失使系统能耗有所增加,压缩机周期性离合对汽车发动机工作也会造成严重干扰。与传统的定排量压缩机相比,变排量压缩机可根据负荷自动对排量实行无级调节,不仅能够营造更加舒适的车室环境,而且能耗也大为降低。

B.7 混合动力系统节能效果测试评估*

摘　要： 混合动力技术能大幅降低汽车油耗和排放，在汽车节能化发展过程中具有重要意义。鉴于当前HEV受到行业广泛关注，48V混合动力系统也逐渐成为欧洲和国内自主车型降低车辆油耗的重要手段之一，本报告选取一组HEV车型（HEV及对应燃油车）和一组48V混合动力车型（48V混合动力及对应燃油车）开展试验测试。通过试验对比同款车型在燃油/混合动力两种驱动模式下的燃油经济性，分析混合动力系统的实际节能效果。

关键词： 混合动力　试验　节能效果

一　试验背景

（一）48V混合动力系统简介

48V混合动力系统具备低成本、技术门槛低和节能减排明显的特点，在近两年新能源汽车补贴大幅退坡和双积分政策不断加严的背景下，市场表现逐渐升温。据统计分析，业界普遍认为48V混合动力系统单车改进成本约5000元，节油率可达10%~15%。

---

* 本报告所指的"混合动力"指油电混合动力，包含48V混动。为方便区分，用HEV代指重度混合动力，48V混动明确表述为"48V混合动力"。

目前阶段市场推出的48V混合动力系统主要为第一代BSG技术，电机作用在发动机端，电机通过皮带与发动机连接，属于典型并联P0构型。第一代系统（48V BSG P0系统）相对而言结构简单、成本低廉，能够改善空调冷却效率，使发动机启停过程更加平顺，但电机功率较低，不足以改善发动机工作区域，对提高车辆整体效率作用有限。

随着48V混合动力系统的不断发展，目前国内外很多企业已开始基于P1/P2/P3/P4重度混合动力系统开发性能更优的P1/P2/P3/P4构型的48V混合动力系统，P1/P2/P3/P4重度混合动力系统集成要求高，部分技术结构需要对驱动系统部件进行设计变更，但节油效果也相应较突出，具体情况如图1所示。

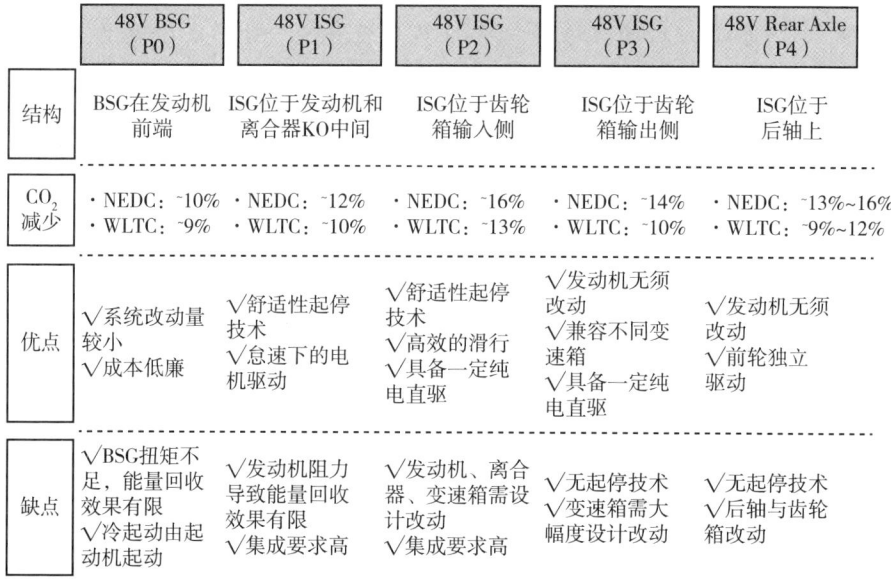

图1　不同构型的48V混合动力系统

（二）HEV系统简介

HEV整车油耗和经济性的体现是一个系统工程，需要在"整车+发动机+机电耦合装置+电机+电池+多能源管理"方面进行系统优化和升级，实现整体油耗的改善。

目前日本三家有代表性的企业分别为丰田、本田和日产，也分别是混联系统、串并联系统和串联系统应用的典型代表，都有自己的典型车型，且都取得了比较好的整车油耗。

面对越来越严苛的法规油耗目标要求，加上国家对新能源车补贴的逐步退出，HEV被越来越多的OEM关注。目前国内应用的HEV系统主要有丰田的THS系统、本田的i-MMD系统、通用的Voltec二代系统、科力远的CHS混动系统和吉利的P2.5混动系统。其中，丰田凯美瑞/卡罗拉/雷凌以其成本和节油优势，在国内市场上表现非常突出，销量逐渐上升。国内多家OEM公司正在开发HEV，其中吉利、长安、广汽和长城都表现得较为积极。

二 试验介绍

1. 试验目的

通过测试车辆在实际道路行驶的燃油消费量，计算混合动力汽车相较于燃油车的实际道路节能效果（节油率）。

2. 参考标准规范

GB/T 19752-2005《混合动力电动汽车 动力性能 试验方法》

3. 试验车辆及测试工况

为了分析不同混动程度对节油率的影响，本报告中开展了48V混合动力和HEV两组混动车型试验对比，具体试验采用的车型如表1所示。

表1 48V混动和HEV节油效果对比车型

研究项目	48V混合动力系统 节能效果研究	混合动力(HEV)系统 节能效果研究
分组 混动车	对照组1 A车型—48V混动版	对照组2 B车型—HEV版

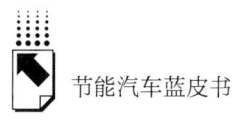

续表

研究项目	48V混合动力系统节能效果研究	混合动力（HEV）系统节能效果研究
燃油车	A车型—汽油版	B车型—汽油版
测试工况	实际道路测试	实际道路测试

4. 试验场地和设备

（1）试验在实际道路进行。

（2）本报告所用的道路试验设备主要包括：VBOX数据采集系统、油耗仪、笔记本电脑。

三 试验过程

1. 路段选取

本次试验路段共约75公里，路段选择为：（重庆）中国汽研—石门大桥—巴国城—嘉华大桥—石门大桥—巴国城—嘉华大桥—中国汽研，选择的路段主要包含市区与市郊两种工况。

2. 试验设置

（1）车辆载荷：驾驶员＋试验员＋测试设备，装载不超过90%最大载荷。

（2）车载空调统一设置为"25℃，中档风，内循环，吹面"。

（3）燃油车（A车型—汽油版及B车型—汽油版）自动启停系统（STT）保持开启（ON）状态。

（4）同一对照组车辆同时进行试验，试验中途（试验路段行驶约37公里）两辆车交换驾驶员。

（5）试验时段覆盖重庆下班高峰期。

3. 试验过程及数据采集

本次试验在6月18日18∶24~21∶30（天气情况：小雨；车外温度：

27~32℃）完成对照组 1 实际道路试验；6 月 19 日 15：57~19：47（天气情况：阴；车外温度：31~35℃）完成对照组 2 实际道路试验。以下以 B 车型—HEV 版实际道路试验为例，详细解释试验过程及数据采集情况。

（1）试验前油耗仪数据清零。

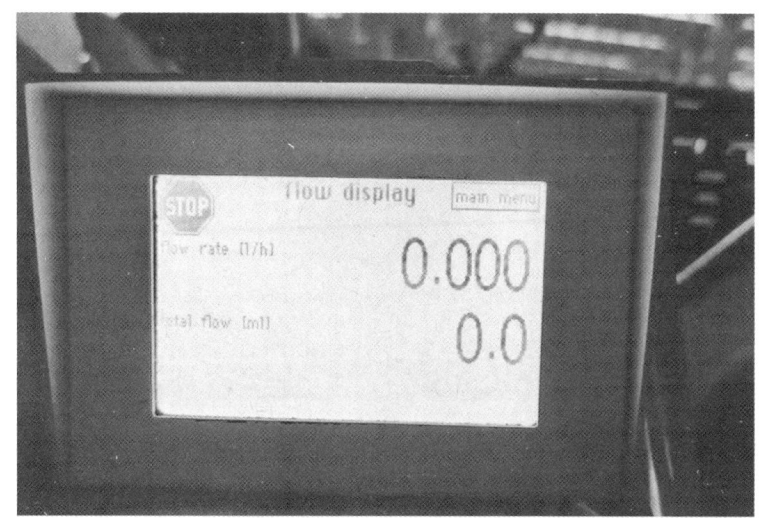

图 2　试验前油耗仪数据清零

（2）试验中途交换驾驶员。

图 3　中途交换驾驶员时车辆表显数据。

（3）试验结束后，记录油耗仪数据及车辆表显数据。

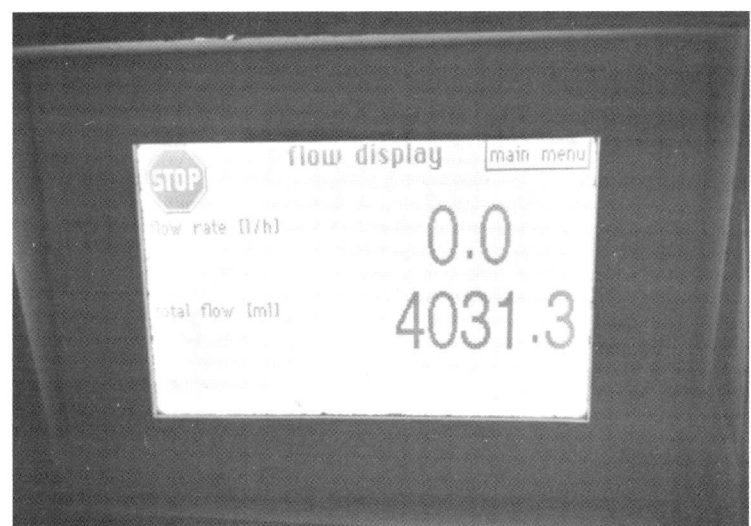

图 4　试验结束后油耗仪显示情况

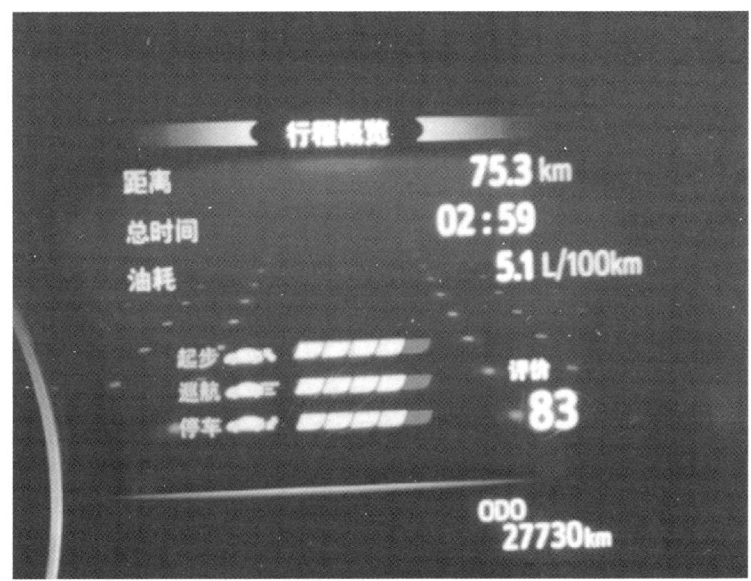

图 5　试验结束后车辆表显数据

（4）导出并整理数据。

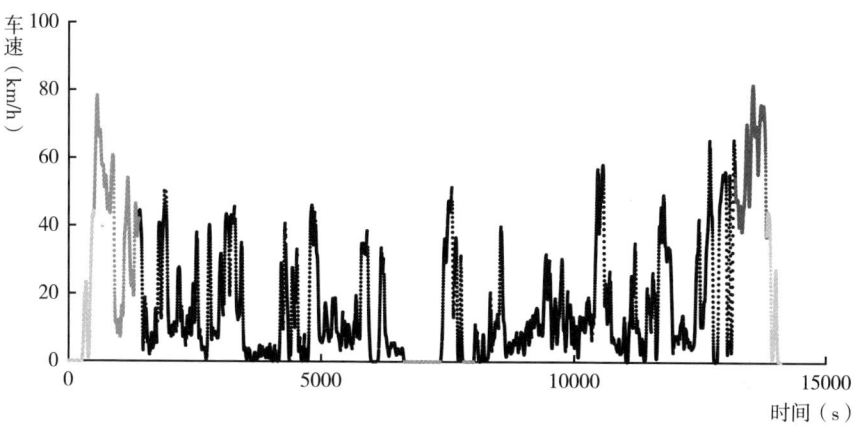

图6 油耗仪导出数据——车速曲线

注：车速曲线体现市区、市郊、停车、过渡四种工况，过渡阶段油耗表现不具备代表性，在分析道路试验不同路况下特征量时不考虑。

四 混合动力系统节能效果分析[①]

（一）道路工况（通勤路线）下48V混动系统节能效果分析

表2给出了48V混动系统在道路工况（通勤路线）的节能效果（节油率）分析结果，其中节油率的计算方法为：

$$\eta = \frac{\varepsilon_e - \varepsilon_h}{\varepsilon_e}$$

其中，ε_e表示汽油版车型的燃油消耗量（综合/表显），ε_h表示混动版车型的燃油消耗量（综合/表显）。

---

① 分析仅基于本次试验数据，对混合动力系统及48V轻混系统节能效果研究需要通过持续收集更多试验数据进行完善。

表2　48V混动系统在道路工况下节能效果分析

车型	空调模式	试验里程（km）	表显油耗（L/100km）	综合百公里油耗（L/100km）	综合百公里油耗节油率（%）
A车型—汽油版	25℃,中档风,内循环,吹面	74.9	11.6	13.7	10.9
A车型—48V混动版		74.9	10.7	12.2	

注：道路试验中的驾驶模式为：48V组—汽油车为NORMAL/STT ON；48V组—48V混动车为NORMAL；"表显油耗"指汽车仪表盘上显示的油耗；"综合百公里油耗"取连接试验车辆的油耗仪测试出的油耗。

表3对A车型—汽油版与A车型—48V混动版在不同路况下的特征量进行了对比，可以看出，48V混动系统在市郊工况下更能体现其节油效果。

表3　A车型—汽油版与A车型—48V混动版在不同路况下的特征量对比

路况	对比项	A车型—汽油版	A车型—48V混动版	节油率（%）
市区路况	平均车速(km/h)	15.4	15.6	—
	最高车速(km/h)	82.5	65.9	—
	平均油耗(L/100km)	15.9	14.7	7.5
	里程(km)	46.5	47.0	—
市郊路况	平均车速(km/h)	47.6	48.7	—
	最高车速(km/h)	78.3	82.0	—
	平均油耗(L/100km)	8.4	7.3	13.1
	里程(km)	24.0	20.5	—

注：本报告道路工况试验中，市区工况和市郊工况按照道路类型划分。

（二）道路工况（通勤路线）下HEV节能效果分析

在道路工况（通勤路线）条件下，分别对B车型—汽油版与B车型—

HEV版两款车型开展燃油经济性试验，试验结果见表4和表5。可以看出：HEV较汽油车在全工况的经济性提升达到36.5%。其中在市区工况下的节油率为38%，在市郊工况下的节油率为30.6%，说明低速工况下的HEV系统节能效果更为明显。

表4　HEV系统在道路工况下节能效果分析

车型	空调模式	试验里程（km）	表显油耗（L/100km）	综合百公里油耗（L/100km）	综合百公里油耗节油率（%）
B车型—汽油版	25℃，中档风，内循环，吹面	75.4	9.1	8.5	36.5
B车型—HEV版		75.3	5.1	5.4	

表5　B车型—汽油版与B车型—HEV版在不同路况下的特征量对比

路况	对比项	B车型—汽油版	B车型—HEV版	节油率(%)
市区路况	平均车速(km/h)	21.6	20.7	—
	最高车速(km/h)	70.1	66.6	—
	平均油耗(L/100km)	9.8	6.1	38.0
	里程(km)	47.8	46.3	—
市郊路况	平均车速(km/h)	32.5	32.2	—
	最高车速(km/h)	91.6	93.6	—
	平均油耗(L/100km)	7.2	5.0	30.6
	里程(km)	20.9	19.7	—

（三）小结

图7总结了48V混动系统和HEV系统的节能效果，可以看出：在道路工况（通勤路线）下，48V混动系统能实现10.9%燃油经济性的提升，而HEV系统可实现36.5%燃油经济性的提升。HEV系统在低速工况下的节能效果更佳，这是因为HEV在低车速低功率需求下可采用电驱动而不必启动发动机，减少了发动机在低负荷非经济区的工作。

此外，通过本次测试发现，汽车表显油耗与油耗仪测出的实际油耗存在

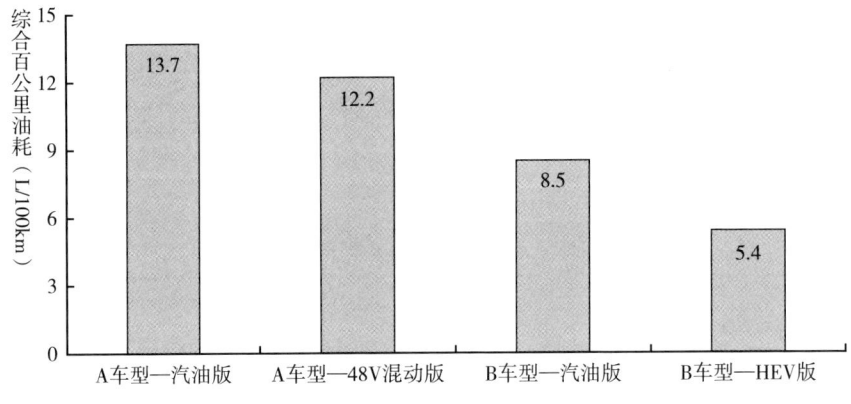

图7 道路工况下各车型油耗对比

一定差距(见表6)。事实上几乎所有汽车仪表盘显示的油耗数据都存在误差,一方面是由于仪表精度问题,另一方面是各厂家对油耗测试及计算方法的不同导致偏差。行业及车企需要共同努力提升汽车表显油耗的准确度,为消费者提供有效的油耗参考数据。

表6 汽车表显油耗准确度对比

车型	表显油耗(L/100km)	综合百公里油耗(L/100km)	偏差(%)
A车型—汽油版	11.6	13.7	18.1
A车型—48V混动版	10.7	12.2	14.0
B车型—汽油版	9.1	8.5	-6.6
B车型—HEV版	5.1	5.4	5.9

注:偏差=(综合百公里油耗-表显油耗)/表显油耗。

五 工作总结与展望

近年来,全球以纯电动、HEV、PHEV(插电式混合动力)及48V混合动力为代表的电动化车型销量呈现逐年增长趋势,在2018年全球累计销量首次突破400万辆。虽然各国研发侧重点不同,但都制定了较为明确的发展路线，从长期来看包括纯电动、燃料电池技术在内的纯电驱动将是新能源汽车的主要技术方向，HEV 与 48V 混合动力将是重要的增长点。

  本项研究旨在对混合动力系统实际节能效果进行研究及评估。本次试验工作是首次就混合动力车型实际能耗情况进行测试，相关软硬件及人员准备尚不充分。未来计划每年选取混合动力汽车及对应燃油车进行常态化的节能减排试验，以便为行业提供更为科学准确的参考。

政策法规篇

Policies and Regulations Reports

B.8 中国工况研究

摘　要： 汽车行驶工况是汽车产品研发、检测及认证的基础。我国汽车产销量已连续多年占据世界首位，汽车工业技术水平大幅提升。随着我国从汽车大国向汽车强国转变，开发和应用符合我国实际情况的汽车行驶工况的重要性和紧迫性愈发凸显。本报告从中国工况的研究背景、开发过程、成果、导入进展等方面，对中国工况进行系统性介绍，并针对中国工况推行对国内汽车产业及节能汽车技术发展的影响进行了详细分析。

关键词： 汽车行驶　工况　汽车产业　节能技术

一　研究背景及意义

进入21世纪，我国汽车工业实现了井喷式发展。自2009年开始，我国汽车产销量已经连续十一年保持世界第一。保持汽车产业健康、持续发展，从汽车大国到汽车强国，成为汽车人乃至全社会的梦想。但同时，节约化石能源、降低汽车尾气排放，是汽车行业必须面对和解决的问题。

汽车产品检测工况是汽车产品能耗、排放等关键指标的评价基础，是汽车行业重要的共性基础，也是车辆测试方法和限值方法的基础。21世纪初，我国直接采用欧洲行驶循环（NEDC）对汽车产品能耗和排放进行认证，有效促进了汽车节能减排技术的发展。

近年来，随着汽车保有量的快速增长，我国道路交通状况发生了很大变化，政府、企业和民众发现以 NEDC 工况为基准所优化标定的汽车，实际油耗与法规认证油耗差距较大。iCET（能源与交通创新中心）基于小熊油耗 App 提供的近 70 万车主的实际油耗数据与国家公布的综合工况油耗数据进行对比，发现用户实际油耗和公告油耗的差异从 2008 年的 12% 上升到 2016 年的 31%，并且有逐年增大的趋势，如图 1 所示。这直接影响了我国节能政策的实施效果，也影响了以油耗为基准的减税和补贴准确性。NEDC 认证工况与用户实际用车工况不符是造成这一差异的主要原因。除此之外，NEDC 工况不适于评价电动空调、制动能量回收和急速启停等新技术的节能效果。

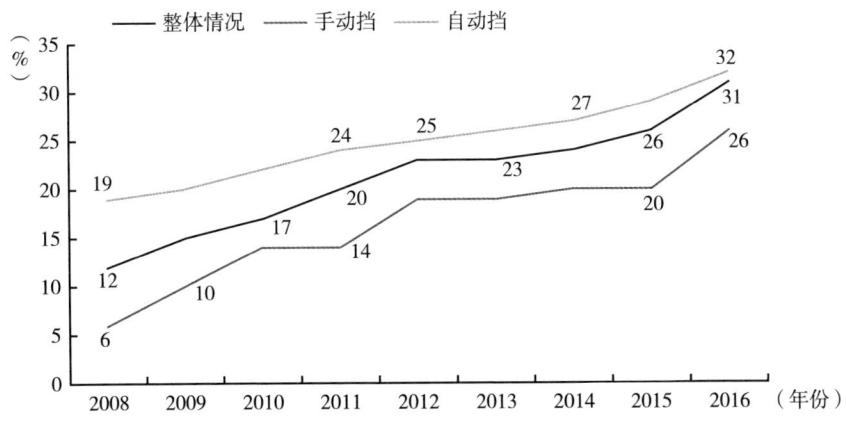

图 1　2008~2016 年自然吸气车型公告油耗与社会油耗差异

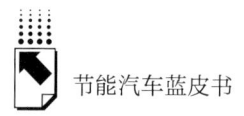

欧洲在多年的实践中也发现 NEDC 工况的诸多不足,转而开发全球统一轻型车测试循环(WLTC),但 WLTC 工况的怠速比例和平均速度这两个最主要的工况特征与我国实际工况的差异更大。作为车辆开发、评价的最为基础的依据,反映我国实际道路行驶状况的测试工况的研究和制定变得愈发重要。行业多次呼吁开发中国工况。

二 中国工况开发及导入进展

(一)中国工况开发过程及主要成果

中国工况项目组以中国道路基本情况为基础,借鉴国内外在工况开发方面的经验,运用 GIS、GPRS 及大数据、云计算等新技术,形成经济快速、可持续更新的工况开发新方法。以方法论为指导,在全国范围内选择代表中国道路行驶特征的 41 个典型城市进行数据采集,首次全面掌握中国运行工况特征,建立起全球最大的工况开发数据库,并以 41 个城市数据采集形成的数据库为基础开发出中国工况体系。针对形成的工况体系,项目组组织行业进行了不少于 100 辆车的工况验证工作。项目开发出能耗决策支持系统,完成新工况下新能源政策体系及其影响的研究,具体如下。

1. 数据采集方面

综合考虑了人口、汽车保有量、GDP 等多项指标以及我国各典型城市、地区地理和气候特点,选择了五类共 41 个有代表性的城市并确定了各类轻、重型车的车队组成和车辆行驶区间规划。利用 CAN + GPRS 技术,分三期逐步实现在 41 个城市,对 5048 辆车实时、同步地大规模驾驶数据采集,累计采集了 5539 万公里的车辆行驶数据,其中,传统轻型车、重型车,轻、重型新能源车累计里程分别为 2665 万公里、1915 万公里、613 万公里和 346 万公里。采集了 41 个城市一年的 GIS 交通低频动态大数据,该数据为每 5 分钟更新一次的道路平均速度,共有 20 亿条;通过 4.1 万份调查问卷获取了车辆的总体活动特征。在各城市共计进行了 81 辆车的实际道路排放/油耗测试，获取了实际道路排放和油耗数据，与中国工况及基于中国工况的实验室测试结果进行比较。相较于 WLTC 工况开发使用的 394 辆车、64.5 万公里的车辆行驶数据，中国工况开发是迄今为止车型种类最多、车辆数量最多、测量参数最多、数据量最大的车辆实际行驶工况调查，满足全面了解我国广阔区域内各类车辆实际行驶工况，以及深入分析工况对排放和油耗影响的需要。

2. 数据分析方面

制定了包含运行时间规则、加速度规则、速度规则、均速比例规则、怠速时长规则和数据缺失率规则的短行程筛选规则用于对数据质量进行控制，保证了工况构建所用数据的合理性和有效性。在工况特征方面，我国车辆整体呈现低平均速度、高怠速比例和频繁加减速的特点，以保有量最高的乘用车为例，我国各城市的怠速比例平均值约为 25%（算数平均），基本在 20%~30% 区间，平均速度约为 26.5km/h（算数平均），每个城市的速度分布各不相同，我国车辆主要运行在低速和中速区间，大于 80km/h 的比例非常低。部分城市不同季节间工况特征存在一定差异，但全国平均结果差异较小。新能源车与传统车共享路权，其实际道路速度、加速度等关键工况特征及日出行里程等行驶特征与传统车基本一致。中国车辆日出行里程明显低于欧美国家。新能源电动车在城区低速且空调开启的状态下运行的概率较高，续驶里程一般难以达到基于现有法规工况的设计水平，用户存在里程焦虑。相比于纯电动车，PHEV 用户存在较小的里程焦虑。

3. 工况构建方面

基于交通 GIS 全道路低频动态大数据，开发了交通量计算模型，计算了车辆在不同速度区间的实际周转量及其权重系数，既可以客观准确地获取不同速度区间的车辆周转量分布，又克服了之前规划试验路线的主观性。我国车辆低速、中速和高速三个区间的比重分别为 37.4%、38.5% 和 24.1%。以此为基础构建了乘用车工况（CLTC - P），并对比了 CLTC - P 与 WLTC 等法规工况的差异以及各工况特征参数与中国实际工况特征的差异，CLTC - P 平均车速与 WLTC 相差 58.6%；CLTC - P 怠速比例和 WLTC 相差 40%；二者80km/h以上车速时间比例相差77%，CLTC-P工况与实际采集数据吻合度最高，其他法规工况与中国实际工况偏差度较大。此外，项目组还构建了轻型商用车工况（CLTC-C），为5类重型车构建了6条工况曲线，包括：城市客车工况（CHTC-B）、客车（不含城市客车）工况（CHTC-C）、货车工况（CHTC-T）、自卸汽车工况（CHTC-D）、半挂牵引车（CHTC-S）工况。其中货车工况根据最大设计总质量分为CHTC-LT（3500kg<GVW≤5500kg）和CHTC-HT（GVW>5500kg）两类工况（见图2）。既反映我国重型车总体运行速度低、城区低速低负荷比重高的特征，又解决了C-WTVC单一工况（含不同里程分配比例）对不同车辆特征覆盖不足的问题。

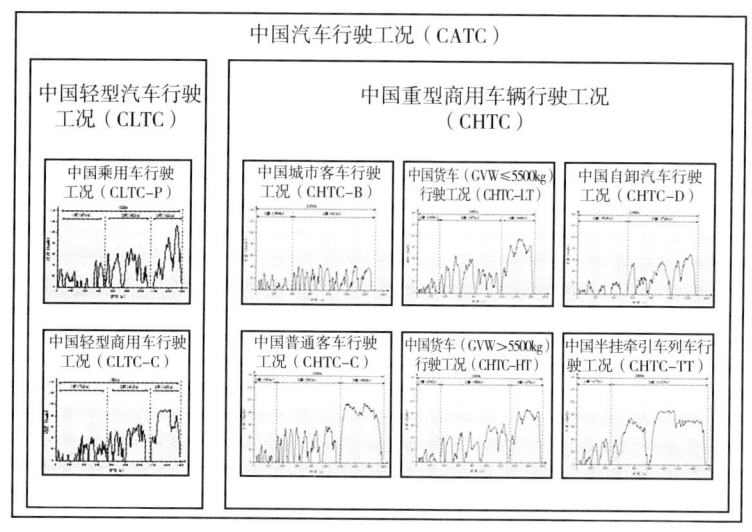

图2　中国工况曲线构成

4. 工况验证方面

组织35家整车企业、发动机企业和检测机构就中国工况对车辆能耗和排放的影响进行研究，完成100余辆车的验证、近500辆次的试验测试。测试车辆覆盖不同的车辆类型和排量。研究发现：在工况曲线的可操作性方面，熟悉了工况曲线的司机，可以有效操作车辆跟踪中国工况曲线。在工况对能耗和排放的影响方面，乘用车在WLTC工况下的油耗和公告油耗结果相当，二者有高有低；基于"中国工况"得到的实验室油耗比公告油耗平均高出14%，更接近实际油耗。项目探明了实际油耗和公告油耗差异的主要原因，即除了工况曲线之外，空调和加载也是油耗差异的另外重要因素，平均影响分别为10%和4%。中国工况下增压车的油耗超过公告油耗的程度要高于自然吸气车型，其适应性和技术开发水平提高需要"中国工况"推动。乘用车排放方面，各工况排放结果差异不大，相比于油耗，排放还受机外净化技术控制，当该技术起作用时排放的转化不太被工况影响。纯电动车方面，中国工况能耗最低，续驶里程最长。除工况曲线外，温度与空调对新能源车能耗和续驶里程的影响也较为显著。在实验室条件下，高温（35℃）制冷和低温（-7℃）制热相比于空调关闭状态能耗平均增加14%和40%。重型车方面，与公告油耗（C-WTVC）相比，各类重型车CHTC油耗普遍提高；以城区行驶为主的公交车油耗差异最大（约18%），与车辆实际油耗相符。在车辆排放方面，CHTC工况下各污染物排放普遍较高且与实际相符，主要原因是我国重型车实际运行时低速、低负荷比例高于C-WTVC工况，导致车辆排气温度较低，影响尾气后处理装置的催化转化效率。

（二）中国工况导入原则及进展

2017年国标委正式立项编制中国工况系列标准，2019年第13号国家标准公告，批准发布《中国汽车行驶工况 第1部分：轻型汽车》（GB/T 38146.1-2019）、《中国汽车行驶工况 第2部分：重型商用车辆》（GB/T 38146.2-2019）。《中国汽车行驶工况 第3部分：发动机》正在征求意见，预计2021年发布。中国工况国家标准的发布填补了我国行驶工况的空白。

中国工况发布后，下一步重要任务是推进中国工况在各相关标准中的导入。基于促进整个汽车产业节能减排、保障双积分管理办法实施和减轻企业负担等方面考量，在广泛征询行业意见的基础上，工业和信息化部确定了油耗、排放标准试验工况应尽量统一的基本原则，后续主要工作安排如下。

（1）下一阶段重型商用车油耗及新能源汽车能耗测试方法标准中将采用中国工况作为基准工况。

（2）轻型汽柴油车2025年之前采用WLTC作为基准工况，同时增加中国工况作为参考工况；2025年之后推动油耗、排放同步切换到中国工况。

（3）五阶段标准可考虑为循环外技术预留出口，但要以中国工况作为实际油耗基准评价其节能效果；标识标准及相关优惠政策将优先采用中国工况。

中国工况导入原则如图3所示。

	轻型汽车 （GVW≤3.5t）	重型商用车 （GVW＞3.5t）
汽柴油车	WLTC	CATC
混合动力汽车	WLTC	CATC
替代燃料汽车	WLTC	CATC
纯电池汽车	CATC	CATC
燃料电池汽车	CATC	CATC

图3　中国工况导入原则

依据上述标准导入原则，中国工况在相关标准中的导入工作已陆续启动，在轻型车方面，GB/T 19233 – 2020《轻型汽车燃料消耗量试验方法》已完成中国工况（参考工况）导入；GB/T 18386.1 – XXXX《电动汽车能量消耗率和续驶里程试验方法　第1部分：轻型汽车》已导入中国工况，该标准预计2020年发布，2021年开始实施；GB/T 19753 – XXXX《轻型混合动力电动汽车能量消耗量试验方法》已导入中国工况（参考工况），该标准预计2020年发布，2021年开始实施，另外，该标准同时引入了基于中国工况出行特征数据，计算得出UF纯电效用系数，用于油耗和电耗测试结果的计算；GB/T XXXXX – XXXX《燃料电池电动汽车定型试验规程》已导入中国工况，该标准预计2020年发布，2021年开始实施；GB/T 36980 – 2018《电动汽车能量消耗率限值》预计2021年开始修订，2024年正式实施；GB/T 20997 – XXXX《轻型商用车辆燃料消耗量限值》标准正在修订，计划导入中国工况；GB 22757-2016《轻型汽车燃料消耗量标识》已确定导入中国工况，该标准修订版预计2021年发布。

在重型车方面，GB/T 27840-2011《重型商用车辆燃料消耗量测量方法》已确定导入中国工况，该标准修订版预计2021年发布，2024年开始实施；对应的限值标准 GB 30510-XXXX《重型商用车辆燃料消耗量限值》预计2021年发布，2024年开始实施；GB/T 18386.1-XXXX《电动汽车能量消耗率和续驶里程试验方法 第一部分：轻型汽车》已导入中国工况，该标准预计2021年发布，2024年开始实施；GB/T 19754-XXXX《轻型混合动力电动汽车能量消耗量试验方法》已导入中国工况（参考工况），该标准预计2020年发布，2021年开始实施；另外，该标准同时引入了基于中国工况出行特征数据，计算得出 UF 纯电效用系数，用于油耗和电耗测试结果的计算。

中国工况在相关标准中的导入计划具体如图4所示。

序号	标准	时间节点						
		2019	2020	2021	2022	2023	2024	2025
1	GB 30510 重型商用车燃料消耗量限值		→	→	▲		★	
2	GB/T 27840 重型商用车燃料消耗量测量方法		→	→	▲		★	
3	GB/T 19754 重型混合动力电动汽车能量消耗量试验方法		→	→	▲		★	
4	GB/T 18386.1 电动汽车能量消耗率和续驶里程试验方法 第1部分：轻型汽车		→	▲	★			
5	GB/T 18386.2 电动汽车能量消耗率和续驶里程试验方法 第2部分：重型商用车辆		→	→	▲		★	
6	GB/T 36980 电动汽车能量消耗率限值			→	▲			
7	GB/T XXXXX 燃料电池电动车定型试验规程		→	▲	★			
8	GB/T 19753 轻型混合动力电动汽车能量消耗量试验方法		→	▲	★			

→ 起草　▲ 发布　★ 实施

图4　中国工况在相关标准中的导入计划

在政策方面,中国工况已确定应用于《乘用车企业平均燃料消耗量与新能源汽车积分并行管理办法》中纯电动和燃料电池汽车能耗测试(预计从2021年开始)。

除了能耗、排放领域外,噪声、热管理、可靠耐久、EMC、智能网联等领域的测试方法标准都涉及工况。除了与整车运动、汽车安全等相关的速度类工况外,还有与动力总成性能等相关的负荷类工况,与蒸发、空调等有关的环境类工况,与结构耐久性等相关的载荷类以及插电里程、充电、使用习惯等的行为类工况等。不同类型的技术、性能与工况开发方法都存在一系列的关键技术需要突破。

项目组也启动了相关的研究工作,基于中国工况大数据开发的噪声工况、汽车采暖工况等已开始在相关领域应用。在噪声领域,GB/T XXXXX-XXXX《轻型汽车多工况行驶车外噪声测量方法》已确定导入采用基于中国工况行驶数据开发的匀速工况和加速工况,该标准预计2020年发布。此外联合国ASEP噪声法规 *Measurement Methods for Noise Emitted by Light - Duty Vehicle in Multiple Driving Mode Conditions* 已确定导入中国工况,该法规预计2021年发布。在热管理领域,GB/T 12782-XXXX《汽车采暖性能要求和试验方法》已确定采用基于中国寒区车辆行驶数据开发的稳态运行工况,该工况包含基本工况(稳态)、高速工况(稳态)和怠速工况三个部分,该标准预计2022年发布、2023年实施。

中国工况积累了海量的车辆实际运行数据,是我国汽车行业的宝贵财富。未来,中国工况数据采集参数将会继续丰富,逐步补充全国各典型区域温度、湿度、光照、海拔、坡度等数据。为建立覆盖速度类、负荷类、载荷类、环境类、使用行为类的中国汽车行驶工况体系提供支撑。依据中国工况,科学修订相应的各类技术的检测方法、指标和限值,开发汽车测试规范,逐步建立基于中国工况的汽车测试规范体系(见图5)。

中国工况研究

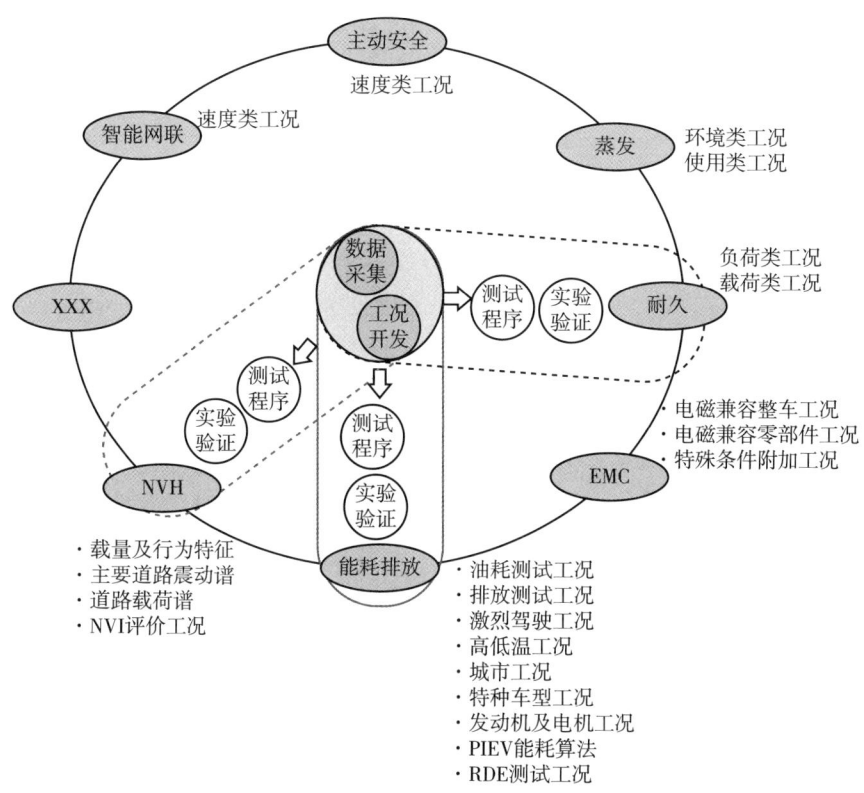

图 5　中国工况体系规划

三　中国工况推行对国内汽车产业及节能技术发展的影响

（一）中国工况与其他典型工况特征对比

下面以乘用车为例，分析中国工况和其他典型法规工况对比，如图 6 和表 1 所示。各工况主要特征差异可归结为以下几点。

（1）相比于稳态 NEDC 循环，WLTC 和 CLTC－P 均为瞬态测试循环，所有运动片段和急速片段均为道路实际测试数据。

133

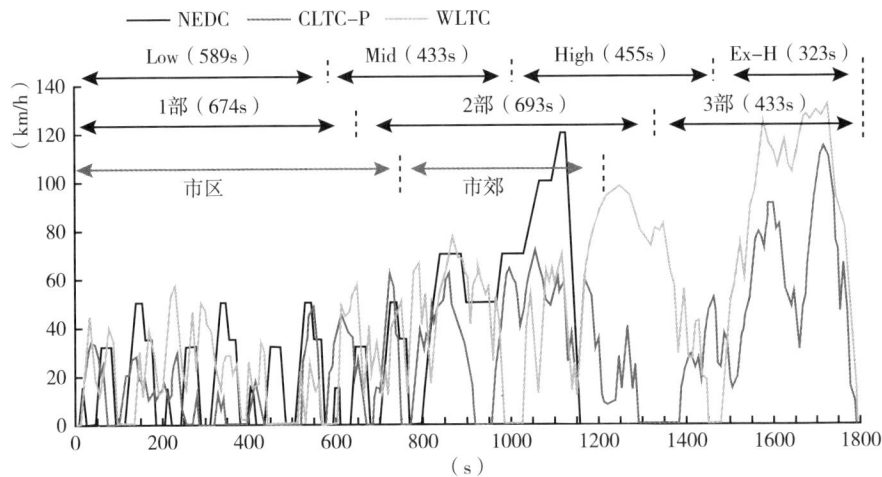

图6 NEDC、WLTC与CLTC-P工况曲线

表1 NEDC、WLTC与CLTC-P工况特征

测试循环	NEDC	WLTC	CLTC-P	中国实际数据加权结果
循环持续时间(s)	1180	1800	1800	—
里程(km)	11.03	23.21	14.48	—
测试阶段	市区、市郊	低、中、高、超高速段	低、中、高速段	—
最高车速(km/h)	120	131.31	114	—
平均速度(km/h)	33.64	46.42	28.96	29.88
RPA(m/s^2)	0.11	0.15	0.17	—
怠速比例(%)	22.62	12.67	23.7	22.05

（2）NEDC工况时间仅为1180秒，WLTC和CLTC-P时间更为合理（1800秒），与大数据统计一次出行时间接近；NEDC里程最短（11.03km），仅为WLTC的1/2，CLTC-P居中。

（3）加速度特征不同。相对正加速度（RPA）反映工况驾驶激烈程度，CLTC-P工况较激烈，NEDC工况最平稳。

（4）速度特征不同。从平均速度来看，WLTC工况的平均速度（46.42km/h）明显高于NEDC，CLTC-P平均车速最低；CLTC-P的平均车速与中国实际数据加权结果最为相近。从怠速（小于0.5km/h）工况比例来看，CLTC－P的怠速比例显著高于WLTC工况，NEDC工况更是略高于CLTC－P。从速度分布来看，NEDC速度区间分布波动性大，不符合实际道路分布规律，这也是稳态工况的固有缺陷；WLTC工况点比例在小于40km/h的区间内明显低于CLTC－P工况，大于60km/h区间为CLTC－P的2倍以上（见图7）。

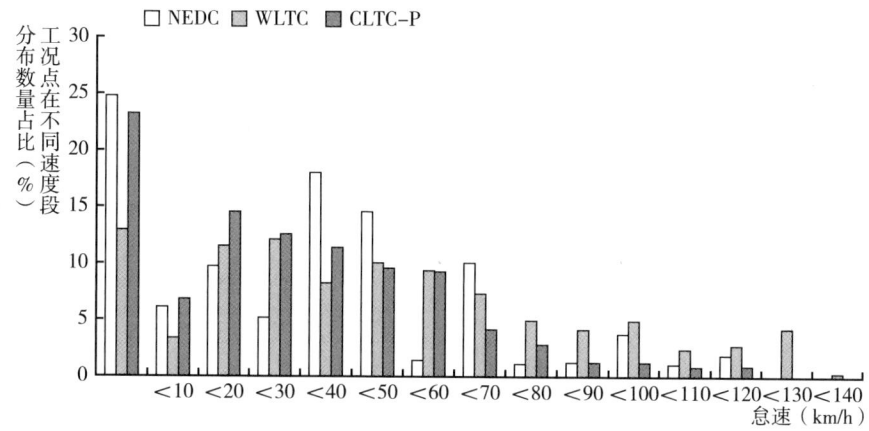

图7 NEDC、WLTC、CLTC－P工况点在不同速度段的数量分布

车辆运行速度区间比重不同：NEDC划分为市区和市郊，市区工况最高车速50km/h；WLTC包括低速、中速、高速和超高速四个速度区间。我国车辆主要以城区出行为主，在高速区间运行的比例较低；而WLTC工况高速和超高速区间运行比例都非常高，且其最大车速为131.31km/h，有5%的工况点已超出了我国的车辆限速（120km/h）。

（5）循环能量需求不同。根据工况速度和车辆道路载荷系数（f_0，f_1，f_2），可以计算一定时间周期的能量需求E。

$$E = \sum_{t_{start}}^{t_{end}} E_i, \begin{cases} 当 F_i > 0 时, E_i = F_i \times d_i \\ 当 F_i \leq 0 时, E_i = 0 \end{cases}$$

$$F_i = f_0 + f_1 \times \left(\frac{v_i + v_{i-1}}{2}\right) + f_2 \times \frac{(v_i + v_{i-1})^2}{2} + (1.03 \times TM) \times a_i$$

以三款车型为例，根据测试质量及滑行参数分别计算在NEDC、WLTC

和 CLTC-P 工况下的循环能量需求 E，并结合工况循环里程计算每公里循环能量需求 EI（kW/km）。结果可见，各工况的循环能量需求差异非常明显，WLTC 是 NEDC 的两倍以上，接近 CLTC-P 的 1.7 倍；各工况的每公里循环能量需求差异相对略小，但仍呈现 $EI_{WLTC} > EI_{CLTC-P} > EI_{NEDC}$（见表2）。

表 2 不同工况循环能量需求的对比

车型		马自达	途观L	长城vv5
测试质量(kg)		1645	1816	1911
f_0		116.81	126.16	207.28
f_1		0.4615	0.5014	-0.8791
f_2		0.0285	0.0309	0.0433
工况循环能量需求 E(kW)	NEDC	4734.47	5170.23	5792.04
	WLTC	11744.30	12826.98	14268.58
	CLTC-P	6461.91	7081.37	7817.51
每公里循环能量需求 EI(kW/km)	NEDC	429.24	468.74	525.12
	WLTC	506.00	552.65	614.76
	CLTC-P	446.26	489.04	539.88

综上所述，NEDC 稳态工况不能反映实际行驶特征，WLTC 和 CLTC-P 瞬态工况是一种进步。而 CLTC-P 又是将 WLTC 本土化，两个工况时长一致，WLTC 平均车速更高、里程更长、高速及超高速点分布显著高于中国实际，而 CLTC-P 具有低平均速度、高怠速比例和频繁加减速的特点，更好地反映了我国车辆的实际运行特征。

（二）中国工况油耗测试方法

项目探明了实际油耗和公告油耗差异的主要原因，即除了工况曲线之外，空调和加载也是造成油耗差异的重要因素，平均影响分别为 10% 和 4%。鉴于国标 GB/T 19233-2020《轻型汽车燃料消耗量试验方法》尚未采用中国工况，为了给政府、企业和用户提供准确的实验室油耗测试结果，项目组推出了 CCRT 油耗测试方法。CCRT 测试工况采用中国工况，加载质量为整备质量加 175kg，阻力获取方式为滑行法。CCRT 油耗实验主要分为基础油耗实验以及循环空调油耗实验，两个实验的油耗综合值作为最终油耗结果的一个评分依据。基础油耗实验是指，在常温环境下车辆运行测得的油耗值；循环空调油耗实验分为两个部分，空调开启实验和空调关闭实验，空调开启实验需在30°C且开启强度达到850W/m²的阳光光照，车内驾驶员和副驾驶员头部位置均满足实验温度值时，车辆运行测得的油耗值。而空调关闭实验是需要在30°C温度下关闭阳光光照，车辆运行测得的油耗值。两个油耗值综合起来即为循环空调油耗实验的油耗值。CCRT测试方法及30辆车测试结果分别如图8和图9所示。从中可以看出CCRT油耗结果与用户实际油耗平均差异仅为6%，小于公告油耗和实际油耗平均差异23.3%。

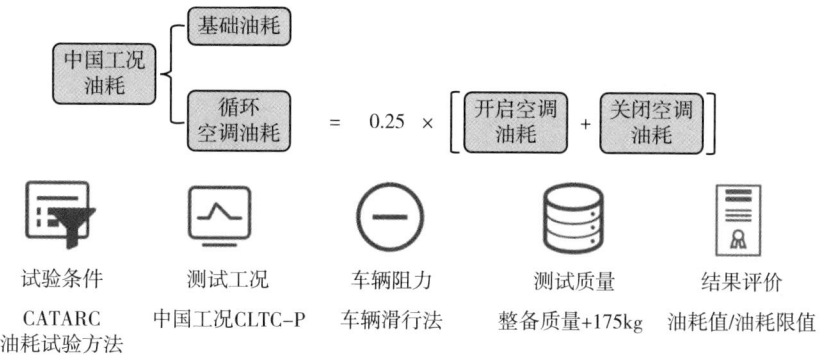

图8　CCRT测试方法

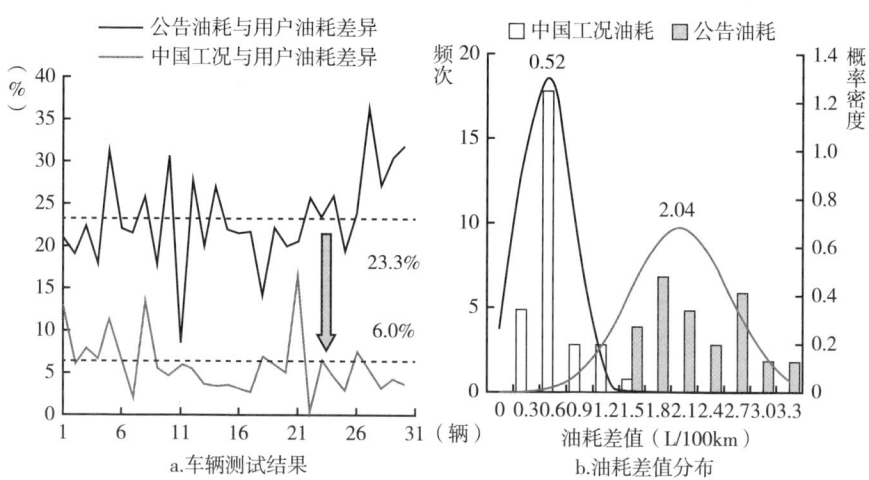

图9　CCRT测试结果

纯电动车方面，除工况曲线外，新能源车能耗和续驶里程受到温度与空调的影响显著。在实验室条件下，高温（35℃）制冷和低温（-7℃）制热相比于空调关闭状态能耗平均增加14%和40%。纯电动和能耗测试应关注空调的影响。

中国工况特征更反映实际，基于"中国工况"得到的实验室能耗更贴近实际，更有利于引导节能环保技术的导入和匹配优化，实现真正的节能。

（三）中国工况对典型节能技术的影响

汽车广泛搭载了多项节能技术以降低油耗率，但是不同技术在不同工况下的实际效果具有显著差异。下面以暖机技术、怠速启停、制动能量回收技术为例，分析中国工况对典型节能技术的影响。

1. 暖机技术

冷启动时机油及冷却液温度低、进气温度低，导致循环喷油量需求大、空燃比难以精准控制，油耗升高明显。暖机技术就是为了解决冷启动高油耗的问题，使用AVL Cruise典型模型对不同工况下冷启动阶段对油耗的影响进行仿真，将发动机冷却液低于75℃的启动阶段定义为冷启动。NEDC、WLTC与CLTC-P工况冷/热启动时长、里程及油耗率对比结果如表3所示。

表3 不同工况下冷/热启动的油耗测试结果的对比

项目	NEDC	WLTC	CLTC-P
热启动试验（冷却液恒温80℃）			
循环油耗率B(L/100km)	6.7887	6.1041	7.2132
冷启动试验（常温23℃冷启动）			
冷启动时长(s)	343	345	439
冷启动时长占总时长比例(%)	29.06	19.17	24.39
冷启动里程(km)	1.648	2.393	1.295
冷启动里程占总里程比例(%)	14.92	10.29	8.95
循环油耗率A(L/100km)	6.8397	6.1216	7.2486
结果			
冷启动引起的百公里油耗增量(A-B)(L)	0.0510	0.0175	0.0354

冷启动阶段分别处于 NEDC 工况市区部分、WLTC 和 CLTC-P 的低速区间。从结果可以看出，WLTC 与 NEDC 冷启动时长相近，但 WLTC 冷启动里程总占比（10.29%）小于 NEDC（14.92%），所以百公里油耗受冷启动影响更小；CLTC-P 冷启动时间最长（439 秒），但总里程占比低（8.95%），这在一定程度上拉低了冷启动过程对百公里油耗的影响。综上所述，冷启动引起的百公里油耗增量，即冷、热机油耗差异最大的为 NEDC 工况，其次 CLTC-P，最小的为 WLTC。从节能角度来讲，减小暖机过程的里程占比是降油耗的重要手段。

2. 怠速启停

怠速启停系统是最典型的节能技术之一。由于怠速启停系统生效（一般为60℃以上开启）与冷启动过程可能会有时间交叠，为了排除冷启动怠速启停进入的影响，只对比实际的停机时长。NEDC 工况循环实际停机时长最短，为 174 秒，但占循环总时长的比例最高，为 14.7%；WLTC 工况实际停机时长占比最低，为 10.2%，CLTC-P 的实际停机时长最长（见表 4）。

表 4 不同工况下怠速启停停机时长对比

项目	NEDC	WLTC	CLTC-P
总时长(s)	1180	1800	1800
怠速时长(s)	280	234	398
实际停机时长(s)	174	183	263
停机时长占比(%)	14.7	10.2	14.6

仿真结果表明，怠速启停在 CLTC-P 工况下的节油效果最好（15.5%），其次为 NEDC（11.9%），最后为 WLTC（5.9%）（见表 5）。

表 5 不同工况下开关怠速启停的油耗测试结果对比

项目	NEDC			WLTC			CLTC-P		
怠速启停状态	关	开	差异	关	开	差异	关	开	差异
市区/低速区间(L/100km)	9.32	7.55	1.77	9.11	7.64	1.47	12.24	8.65	3.59
中速区间(L/100km)	—			5.98	5.52	0.46	6.59	5.50	1.10

续表

项目	NEDC			WLTC			CLTC-P		
市郊/高速区间(L/100km)	5.39	5.13	0.26	5.26	5.07	0.19	5.90	5.72	0.18
超高速区间(L/100km)	—	—	—	5.83	5.80	0.03	—	—	—
综合油耗(L/100km)	6.84	6.02	0.82	6.12	5.76	0.36	7.25	6.12	1.13
节油效果(%)	11.9			5.9			15.5		

3. 制动能量回收

制动能量回收技术也是节能重要手段之一，所有电动汽车和部分传统汽车均会搭载该技术。以某纯电动汽车仿真结果为例，三种工况百公里总制动能量：CLTC-P＞WLTC＞NEDC，这与CLTC-P工况怠速比例高、平均运行速度低、频繁制动有关。开启制动能量回收功能与关闭制动能量回收相比，空气阻力、滚动阻力、随车附件的能耗基本相等，电机、传动系统、电池三部分能量消耗大大减少。三种工况下，回收的能量占总制动能量的比例分别为CLTC-P（72%）、WLTC（70%）、NEDC（62%）。制动回收能量占比高低主要与电机反转、电池反向充电和传动系统反向运行的工作效率有关（见图10）。

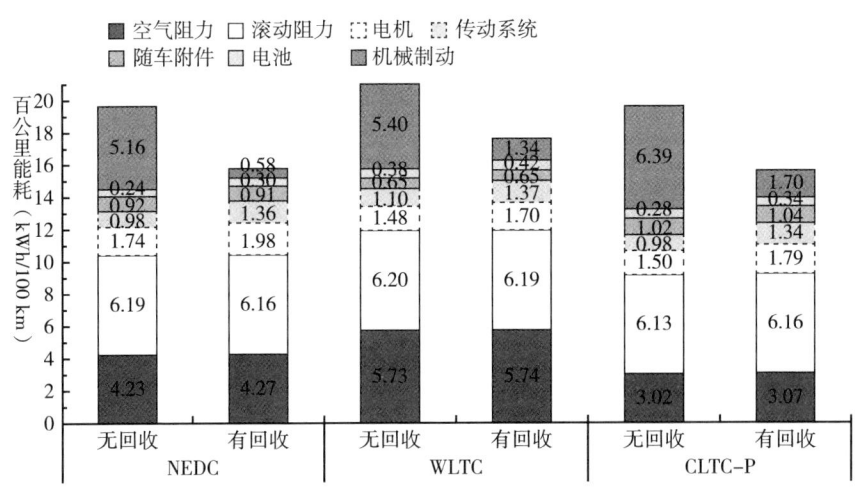

图10 开关制动能量回收对能耗的影响

综上所述，CLTC-P工况既能够合理反映中国实际道路行驶特征，如高怠速比例、低平均速度、发动机经济区间运行比例低等，又能更好地体现如怠速启停、制动能量回收等节能装置带来的节油效果，引导适用于我国实际交通状况的节能减排技术应用。

四 小结

汽车行驶工况是一个国家（地区）的道路、气候环境及驾驶习惯等因素的综合反映，直接影响企业产品的研发、生产及政府对汽车产品的准入管理。中国工况国家标准的正式发布，有助于我国汽车工业做大做强。主要体现在以下几个方面。

（1）基于我国实际的汽车行驶工况，结合检测标准及相关油耗、排放指标，能够准确评估汽车油耗和排放，起到淘汰落后产能、引领产业升级的作用。同时也能够为我国制定能源、减排战略及车辆减税补贴提供准确依据。

（2）中国汽车新工况是国家准确评估企业平均油耗的一个重要途径，会加速企业对新能源车型的导入，加快车队构成中更加节能的新能源汽车比重，从而加速新能源汽车的推广。

（3）对于汽车产业而言，可以给未来汽车的开发、设计、制造等方面提供指导作用，测试工况与实际相符也可以减少产品开发时间和成本。

（4）对消费者而言，可以更真实地了解不同汽车产品的真实能耗水平，从而准确评估汽车可达里程和使用过程中的费用。

B.9
双积分政策修订对汽车产业及节能技术发展的影响

摘　要： 2017年9月发布实施的《乘用车企业平均燃料消耗量与新能源汽车积分并行管理办法》在运行过程中显现了诸多利弊。2019年9月，工信部发布了双积分管理办法修正案的征求意见稿。2020年6月22日，工业和信息化部正式发布《关于修改〈乘用车企业平均燃料消耗量与新能源汽车积分并行管理办法〉的决定》，自2021年1月1日起施行。本报告分析了美国新能源汽车市场发展经验及中国新能源车企的处境，并基于"双积分"政策变动的背景，通过建立新政策对产业影响的模型及模拟计算，分析了我国双积分市场现状并就修改后的新能源积分政策对我国汽车产业及节能技术发展的影响进行预测。

关键词： 汽车产业政策　双积分　节能汽车　汽车企业

一　双积分政策的实施背景

（一）双积分政策对乘用车油耗的影响

2014年颁布的《乘用车燃料消耗量评价方法及指标》中，规定了2016~2020年车企平均油耗目标依次为百公里6.7L、6.4L、6.0L、5.5L和5.0L。

2019年中国乘用车企业平均燃料消耗量为5.56L/100km（含新能源汽车），首次出现中国乘用车企业平均燃料消耗量高于目标值（5.5L/100km）的情况。其中，乘用车（含新能源汽车）新车平均油耗来源于国家部委发布的数据；传统能源乘用车①新车平均油耗依据国家部委发布的2016～2019年《中国乘用车企业平均燃料消耗量与新能源汽车积分核算情况表》，参考新能源汽车核算系数计算得出（粗略数据，仅供参考）。2016～2019年，国内传统能源乘用车平均油耗分别为6.88L/100km、6.77L/100km、6.62L/100km及6.46L/100km，油耗降幅仅2%左右。双积分政策并没有达到预期的节能效果（见图1）。

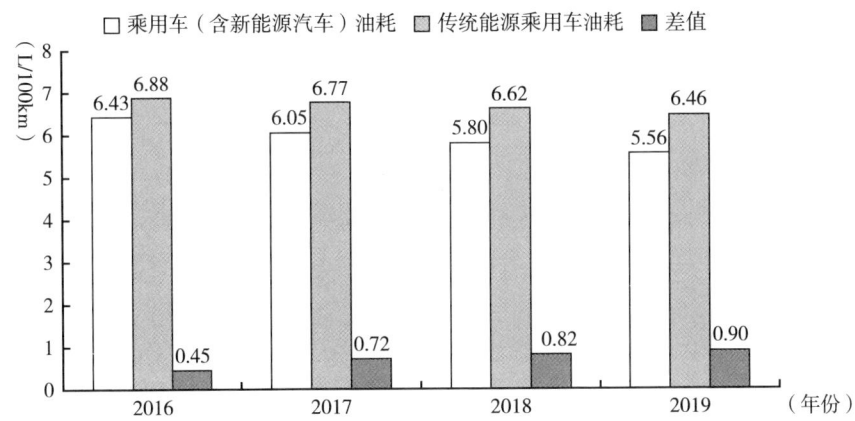

图1　2016～2019年国内乘用车油耗水平

（二）美国新能源汽车发展借鉴

加州新能源政策的构建思路包括以下五点。

（1）阶梯式的退税补贴代替资金补贴。

（2）提供低息贷款和补贴，以支持新能源研发。

---

① 本文所称传统能源乘用车是指除新能源乘用车以外的，能够使用汽油、柴油、气体燃料或者醇醚燃料等的乘用车。

(3) 各州政府对车辆购置采取交叉补贴，以降低购置成本。

(4) 补贴使用端，以降低新能源车使用成本。

(5) 零排放积分交易机制，促进对企业的扶持。

在美国实施新能源汽车退税补贴政策之后，美国企业平均每生产一台新能源车可获2~7个积分，在积分市场上每个积分的价格可达2000~3000美元，与每台新能源车7500美元的退税政策相当，这推动了美国从政策补贴到市场买卖的顺利转换。

特斯拉公司从美国新能源政策中获益最多，特斯拉通过向其他车企出售ZEV（零排放汽车）积分和GHG（温室气体排放）积分获利颇多。如图2所示，早期的特斯拉通过售卖积分的方式在市场上快速站稳脚跟，2018年，特斯拉通过出售积分获得的收入占比已超过45%。在2018年之后，美国的ZEV法案变得愈加严格，ZEV积分也更难以获取，这对特斯拉的发展无疑是重大利好。

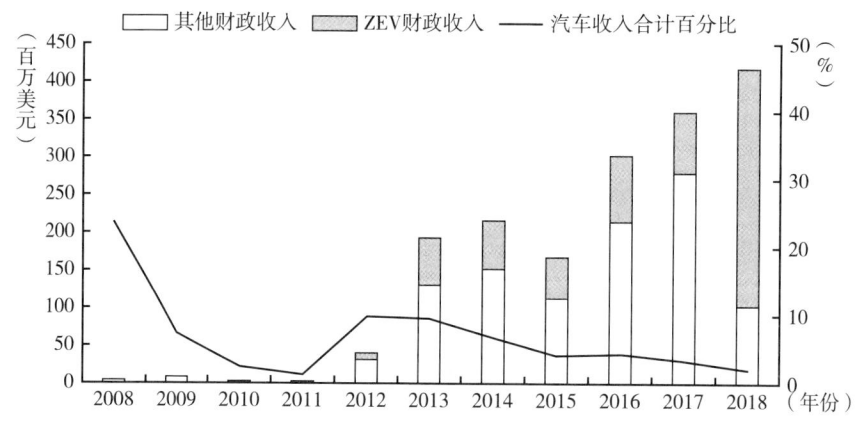

图2　特斯拉积分交易产生的收入

资料来源：华盛证券，CARB ZEV Regulation。

（三）中国新能源积分市场发展情况

2019年10月11日，工信部发布的《关于2017年度新能源汽车推广应

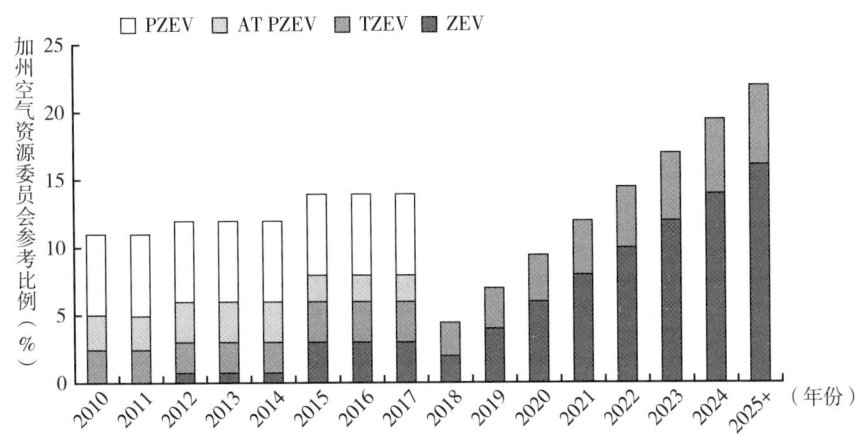

图 3　美国新能源汽车需求量比例

资料来源：华盛证券，CARB ZEV Regulation。

用补助资金清算审核情况的公示》中显示，2017 年通过审核的新能源车共计 207409 辆，获得国家补贴款超过 220 亿元（见表 1），其中，比亚迪以31.59 亿元的新能源车补贴金额位列获补贴企业第二。

表 1　2017 年新能源汽车推广应用补助资金清算审核车辆信息

项目	数据
企业申报推广总数量(辆)	236881
企业申请清算资金额(万元)	2441403.2
专家组核定的推广总数量(辆)	207409
应清算补助资金额(万元)	2202709.3
取整后补助资金额(万元)	2202709

资料来源：工业和信息化部。

然而，比亚迪的市场表现并不乐观。根据比亚迪发布的销量快报，2019年比亚迪新能源车销量为 219353 辆，虽然销量与 2018 年相比有所上升，但是大部分新能源汽车售出时间在补贴政策结束之前；对比来看，比亚迪传统燃油车在 2019 年销量暴增，同比增长 30% 以上。由此可见，比亚迪汽车销售情况受政策影响较大。

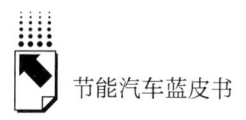

面对新能源补贴大幅退坡,国内部分车企效仿特斯拉,意图完成新能源车由政策补贴到市场交易的转型,但情况均不乐观。从2018~2019年的情况来看,一方面,中国新能源积分(NEV)交易价格低于预期;另一方面,国内的新能源积分无法转结,变现困难,极大地降低了车企的积极性。

二 双积分政策变动内容

2020年6月22日,工业和信息化部正式发布《关于修改〈乘用车企业平均燃料消耗量与新能源汽车积分并行管理办法〉的决定》。其主要修改方面如下:修订新能源积分计算方法,新能源单车积分降低;明确鼓励节能汽车发展(鼓励发展低油耗乘用车);明确2021年以后新能源正积分允许有条件地结转;提高新能源积分比例要求;放宽小规模企业核算优惠。

(一)新能源单车积分降低

车型积分是由标准车型积分和倍数的乘积而来。新版双积分政策改变了标准车型积分,如表2所示。汽车企业获得新能源积分难度提升。

表2 标准车型积分变化

车辆类型	2020年发布版本标准车型积分	2017年发布版本标准车型积分
纯电动乘用车	$0.0056 \times R + 0.4$	$0.012 \times R + 0.8$
插电式混合乘用车	1.6	2
燃料电池乘用车	$0.08 \times P$	$0.16 \times P$
备注	①R为电动汽车续驶里程(工况法),单位为km。②P为燃料电池系统额定功率,单位为kW。③当R小于100时,标准车型积分为0分;100≤R<150时,标准车型积分为1分。④纯电动乘用车标准车型积分上限为3.4分,燃料电池乘用车标准车型积分上限为6分。⑤车型积分计算结果按四舍五入原则保留两位小数	①R为电动汽车续驶里程(工况法),单位为km。②P为燃料电池系统额定功率,单位为kW。③标准车型积分上限为5分。④车型积分计算结果按四舍五入原则保留两位小数

（二）增加了醇醚燃料汽车、低油耗乘用车等概念

新版双积分政策提出了低油耗乘用车的概念，明确提出车型油耗实际值小于其目标值与当年度达标要求的乘积的车型即为低油耗车型。政策鼓励企业快速导入先进的低油耗车型，在核算企业新能源汽车积分目标值时，2021年、2022年、2023年低油耗乘用车的生产量或者进口量分别按照其数量的0.5倍、0.3倍、0.2倍计算。这一政策极大利好混动车型的研发与制造。

新版双积分政策还综合考虑了甲醇汽车的发展。中国少油少气，却具有较为丰富的煤炭资源，其中约40%为可用于制造甲醇的高硫煤。此外，国内甲醇处于产能过剩状态，2017年产能达8351万吨，产量仅为6147万吨，开工率约74%。甲醇作为替代燃料使用，既有助于有效利用甲醇产能，又能提高高硫煤的利用率。

（三）新能源积分转结

与原有双积分政策中的积分不可转结相比，新版政策提升了新能源积分处理的灵活性，有效避免车企的未交易积分浪费，持续激发车企对于新能源车的开发积极性，引导车企改善油耗（见表3）。

表3 新能源积分转结比例

单位：%

项目	第1年	第2年	第3年	第4年
2019年新能源正积分	等额结转	50	50	—
2020年新能源正积分	50	50	50	—
2021年新能源正积分	50	50	50	—

注：2021年以后新能源积分结转有条件限制，并非所有新能源积分都可结转。

（四）提高新能源积分比例要求与放宽小规模企业核算优惠

新版双积分政策制定了未来三年的NEV积分要求，与现行政策要求相

比更为严格。同时，新版双积分政策充分考虑到小企业降低油耗的能力有限，对其提供支持（见图4）。

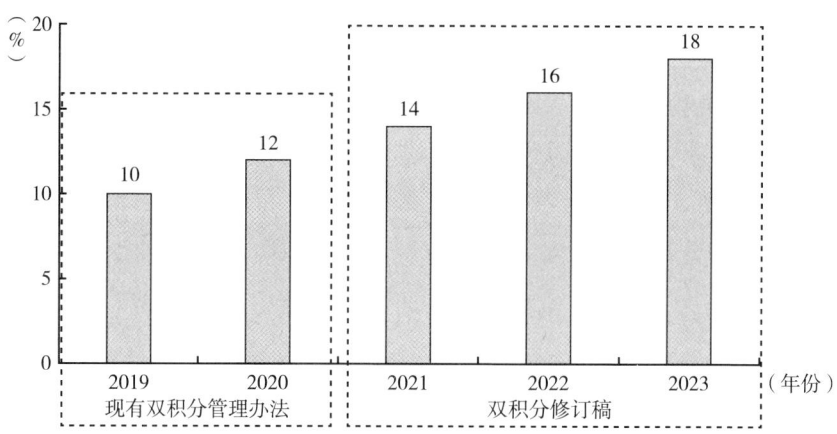

图 4 NEV 积分比例要求

三 政策变动下积分市场模拟分析

（一）CAFC、NEV 积分计算模型建立

针对 CAFC 积分，利用如下公式进行计算：

$$CAFC 积分 = （企业油耗达标值 - 企业油耗实际值）\times 实际产量$$

$$企业油耗达标值 = \frac{\sum 燃油车产量 \times 车型目标油耗}{\sum 乘用车产量} \times CAFC 积分年度达标要求$$

$$企业油耗实际值 = \frac{\sum 燃油车产量 \times 车型实际油耗}{\sum （燃油车产量 + 新能源汽车核算优惠系数 \times 新能源车产量）}$$

NEV 积分计算公式如下：

$$NEV 积分 = 新能源车车型积分 \times 相应车型产量 - 燃油车产量 \times 新能源车积分比例$$

表4　2016～2025年企业平均燃料消耗量与企业
平均燃料消耗量目标值的比值（年度要求）

单位：%

年份	2017年发布版本	年份	新版政策
2016	134	2021	123
2017	128	2022	120
2018	120	2023	115
2019	110	2024	108
2020	100	2025	100

表5　2016～2025年新能源汽车核算优惠系数

年份	新能源汽车核算优惠系数		
	纯电动汽车、燃料电池汽车、插电式混动（续驶里程>50km以上）	车型FC≤2.8L/100km（NEDC工况）	其他
2016～2017	5	3.5	
2018～2019	3	2.5	1.0
2020	2	1.5	
—	纯电动汽车、燃料电池汽车、插电式混动	车型FC≤3.2L/100km（WLTC工况）	—
2021	2.0	1.4	
2022	1.8	1.3	
2023	1.6	1.2	1.0
2024	1.3	1.1	
2025	1.0	1.0	

表6　车型目标油耗

整车整备质量CM（kg）	乘用车车型燃料消耗量目标值T(L/100km)		CO_2排放量R
	三排以下座椅	三排及以上座椅	
CM≤1090	4.02	4.22	
1090<CM≤2510	0.0018×(CM−1415)+4.6	0.0018×(CM−1415)+4.8	K×T/100
CM>2510	6.57	6.77	

注：①R——车型燃料消耗量目标值对应的CO_2排放量参考值，g/km；②K——转换系数，汽油车型：$K=2.37\times10^3$，柴油车型：$K=2.60\times10^3$，g/L。

表7 新能源车积分比例

单位：%

年份	新能源汽车积分比例要求
2019	10
2020	12
2021	14
2022	16
2023	18
2024及以后	由工业和信息化部另行公布

（二）我国汽车行业积分市场模拟

基于前面建立的模型，结合2019年我国汽车产销情况模拟分析我国汽车行业积分市场。其中，2019年我国汽车产销情况数据来源于工信部2020年1月14日发布的"2019年12月汽车工业经济运行情况"，主要如下。

2019年，乘用车年度产销依次为2572.1万辆和2576.9万辆。其中，轿车产销依次为1023.3万辆和1030.8万辆，同比增速依次为-10.9%和-10.7%；SUV产销依次为934.4万辆和935.3万辆，同比增速依次为-6%和-6.3%；MPV产销依次为138.1万辆和138.4万辆，同比增速依次为-18.1%和-20.2%；交叉型乘用车产销依次为40.2万辆和40万辆，同比增速依次为-4.3%和-11.7%。其中，纯电动车产销依次为102万辆和97.2万辆，同比增速依次为3.4%和-1.2%；插电式混动车产销依次为22万辆和23.2万辆，同比增速依次为-22.5%和-14.5%；燃料电池车产销依次为2833辆和2737辆，同比增速依次为85.5%和79.2%。燃料电池车产销依次为1315辆和1251辆。

考虑到CAFC积分在目前政策下无法交易，因此这里只考虑政策变动下NEV的积分市场变化，具体见表8和表9。

双积分政策修订对汽车产业及节能技术发展的影响

表 8 2019 年纯电动汽车新能源积分对照

纯电动车续航里程(km)	80~150	150~250	250~350	350 及以上
占比(%)	5	30	35	30
产量(万辆)	5.1	31	29	36.9
政策变动后新能源积分(万分)	5.1	48.96	78.54	101.61
政策变动前新能源积分(万分)	11.5	98.6	158.2	182.7

表 9 2019 年新能源积分变化对照

类别	2019 年产量(万辆)	政策变动前产生的新能源积分(万分)	政策变动后产生的新能源积分(万分)
纯电动乘用车	102	451	234.21
插电混合动力乘用车	22	44	35.2
燃料电池乘用车	0.1315	1.46	1.7
总计	124.1315	496.46	271.11

根据上述算法，可以看出，新能源积分因为政策改变从 496.46 万分降到了 271.11 万分，降幅达到 45%。此外，2019 年积分比例约 10%（约 150 万分），供求关系比例约为 2∶1，新能源积分供求关系较 2018 年有了明显的改善。

四　双积分政策修订的影响及建议

（一）双积分修订对产业及节能技术发展的影响

（1）双积分政策修订后，新能源积分获取难度提升，政策鼓励低电耗车型。2020 年双积分政策修订后，自 2021 年开始新能源积分获取难度提高。此外纯电动汽车设置了范围较宽的电耗调整系数（0.5~1.5），有助于鼓励车企发展低电耗的纯电动汽车，技术优势企业及相关供应链有望受益。

（2）政策鼓励低油耗车型发展，混动技术有望迎来发展良机。在四阶

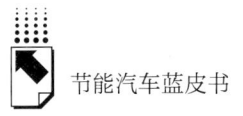

段油耗法规的执行过程中，国内乘用车行业整体油耗快速降低，但主要得益于新能源汽车在油耗计算中的巨大优势，传统汽车油耗真实降幅较低。修订版政策提出在计算车企的新能源汽车积分达标值时，增加低油耗乘用车核算优惠，突出了对于低油耗车型的扶持，有望推动48V、强混等节能技术快速发展，相关产业链有望受益。

（3）完善新能源汽车积分结转制度，增加车企发展新能源的积极性。双积分修订政策改变了新能源汽车积分的结转规则，延长了积分有效期，增加了积分使用的灵活性，有望提高车企获取新能源汽车积分的积极性。

（二）对行业及车企的建议

1. 中国新能源积分模式的初步探索

美国的ZEV积分政策使其国内的新能源车企获利颇丰，这有助于美国新能源车企在上市早期度过投入高产品少的窘境，也可为车企后期的发展提供源源不断的积分交易收入。

参照美国ZEV积分政策，中国制定了双积分政策。在政策执行初期，由于实际市场情况与预测情况出现偏差，积分市场供需失衡，新能源积分价格低于预期，导致政策对新能源车企的激励力度及对油耗超标的传统乘用车企的惩处力度均偏小。因此，双积分政策做出调整，主要表现在通过提高积分获取难度达到提高积分价值的目的；酌情降低了小型企业的进入门槛；给予更多替代燃料汽车发展空间。另外，新版双积分政策完善了积分转结制度，以减少企业盈余积分的浪费。通过2019年积分市场的模拟计算可以看出，新政策有利于平衡积分市场供需关系，积分价格将逐步回归预期水平，新能源车企有望摆脱补贴，通过积分交易助力企业发展。

2. 对双积分政策的建议

首先是CAFC积分不能交易的问题。新版双积分政策中规定乘用车企业平均燃料消耗量负积分可采用"抵偿归零"的措施。但对于比亚迪等以新能源为主的车企来说，积累的大量CAFC积分只能浪费，无法变现，一定程度上降低了此类企业研发新能源车的热情。

其次是部分车型燃料消耗量的测定方法未确定的问题。目前，传统汽油、柴油乘用车的燃料消耗量，是以 GB/T 19233 为标准，采用 WLTC 工况（全球轻型汽车测试循环）进行测定。但是燃料电池乘用车，或采用一种或多种循环外技术/装置的车型的燃料消耗量并没有统一的测定标准。

最后，是传统燃油车燃油消耗量的降幅问题。从公示的数据中，可得出乘用车燃料消耗量处于逐年下降态势，但若去除新能源汽车的加倍计算，单纯统计传统燃油车，降低油耗的幅度较小。双积分政策在促进传统燃油车油耗下降方面的贡献较为有限。

综上所述，修订版的双积分政策针对上述问题有所改善，如逐年加强油耗目标，将更多燃料类型的车辆纳入考评体系，对积分系数进行修正。总之，如何能最大限度地发挥双积分政策的调控作用，我国还需要不断学习积累，不断完善新能源积分市场。

参考文献

荣雪东、宋月伟、冯双生：《国内外汽车油耗法规分析》，《汽车工程师》2015 年第 6 期。

张政、赵飞：《中美新能源汽车发展战略比较研究——基于目标导向差异的研究视角》，《科学学研究》2014 年第 4 期。

李殷：《美国新能源汽车产业竞争力分析》，吉林大学硕士学位论文，2018。

崔东树：《2018 年新能源汽车市场分析及 2019 年展望》，《上海汽车》2019 年第 2 期。

雍君：《"后补贴时代"考问新能源车企》，《汽车与配件》2019 年第 18 期。

王亮：《政策引导节能车多元化》，《国际商报》2019 年 9 月 20 日。

胡立彪：《双积分政策调整体现初衷》，《中国质量报》2019 年 9 月 18 日。

胡建兵：《"双积分"政策修订倒逼车企提质升级》，《中国商报》2019 年 7 月 18 日。

孙文明：《双积分政策下传统车企发展趋势分析》，《内燃机与配件》2018 年第 23 期。

邹玉红、陈川、苏卉：《"双积分"办法下企业合规测算模型开发与应用》，《汽车工程师》2017年第11期。

赛迪顾问新能源汽车产业形势分析课题组：《2019年中国新能源汽车产业发展形势展望》，《中国计算机报》2019年5月27日。

陈秀娟：《新能源车前7个月销量猛增97.1%》，《汽车观察》2018年第8期。

郑吉川、赵骅、李志国：《双积分政策下新能源汽车产业研发补贴研究》，《科研管理》2019年第2期。

B.10
商用车节能效果评价标准研究

摘　要： 本报告开篇分析了商用车节能驱动因素及节能效果评价面临的问题，然后参考国际主流节能评价标准发展趋势，明确商用车节能效果评价标准的构建思路并提出分步采用燃料的全生命周期法开展能耗效果评价标准研究。在建立评价体系时建议针对商用车使用特点，结合载质量利用系数，采用载质量的吨公里油耗或 CO_2 排放量作为单车和企业平均油耗的评价指标。

关键词： 节能效果　全生命周期　载质量　吨公里油耗　CO_2 排放量

一　商用车节能驱动因素分析

商用车作为运输工具，是公路运输的主力生产资料，是运输公司、物流公司的主要经济来源工具，同时也是国家治理的重点关注对象。商用车企业的节能驱动因素主要包括政府监管部门的法规要求和用户针对最优 TCO（总拥有成本）的需求。

（一）法规因素

1. 车辆油耗法规的升级

在全球节能减排的大背景下，国内排放法规和油耗法规进一步加严。我国商用车已执行第三阶段的油耗法规，并面临第四阶段更加严格的油耗法规。

针对单车型的油耗认证是当前节能工作的基础和重要的环节，油耗法规

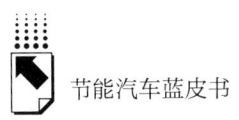

升级引导整车企业持续进行节能技术的研发及应用。

2. 新能源和替代燃料的推行

（1）电动汽车。在使用期间，电动车在能耗和排放方面的优势毋庸置疑，但国内外学者正在针对电动车开展采用全生命周期能耗及排放评价的研究。我国的煤电比重较高，电厂的治理也还在逐步完善中，基于全生命周期进行评价，电动汽车相对于传统能源汽车的节能减排优势将缩小。

（2）天然气汽车。天然气热值略低于柴油，但从排放方面来说，天然气商用车比柴油商用车更清洁环保；从用户使用成本分析，天然气商用车的单位里程使用成本低于柴油商用车。国内天然气商用车的燃料主要为LNG和CNG，其中LNG以液态方式存储，更易于存储及运输。

（3）其他替代燃料汽车。商用车领域一直进行醇类燃料（甲醇、乙醇）作为替代燃料的内燃机研究。醇类燃料用作汽车燃料具有燃烧后污染物排放低的特点，但由于热值较低，单位消耗的醇类燃料较多，醇类燃料需要专门压缩和储存，对一些配件要求相对严格，加之醇类燃料毒性争议等，醇类燃料汽车的推广仍需慎重。

煤层气虽然具有经济性好的特征，但其开采难度相对较大且需要建立燃气输送管网进行输送，不易推广。

（二）TCO因素

影响商用车TCO（总拥有成本）的因素主要包括以下六个方面。

1. 基于使用场景的车辆选型

商用车是运输工具。不同的使用场景对车辆的各项性能需求不同，最终造成同款车型在不同使用场景下呈现较大油耗差异的结果。因此，基于使用场景/工况选择合适的车辆，对商用车节能显得尤为重要。

2. 车辆维修

车辆的不及时维修或许会直接造成车辆燃油消耗的增加。

3. 运输组织和调度

当前货运运价一般以"元/吨公里"为单位进行计算，因此车辆的载货质量、累计行驶里程直接决定货运运输效益。合理的运输组织和调度可以有效提高车辆实际完成的周转量占其全部行程载重能力的比重，也可以提高实际完成的货物周转量占全部周转量的百分比，给用户带来直接收益。目前国内货物运输组织调度不尽合理，空驶现象较多，运输资源浪费严重。

4. 车辆平均载质量

货运车辆的油耗随车辆载重增加而呈现非线性增长。行业研究人员通过40组油耗试验结果对试验质量与单位试验质量油耗、载质量与单位载质量油耗的关系进行分析（见图1），结果显示：单位试验质量油耗及单位载质量油耗都随着总重吨位的增长而降低，在较小的总重吨位下，单位质量油耗的降幅明显，在较大的总重吨位下，单位质量的油耗降幅减小。与普通吨位商用车相比，大吨位商用车单位质量的燃油经济性更优，即大吨位商用车周转量的增加量大于总油耗的增加量。采用大吨位运输车辆则意味着运输车辆的平均吨位在增大。因此提高商用车平均吨位，有助于降低单位周转量的油耗，实现节能。

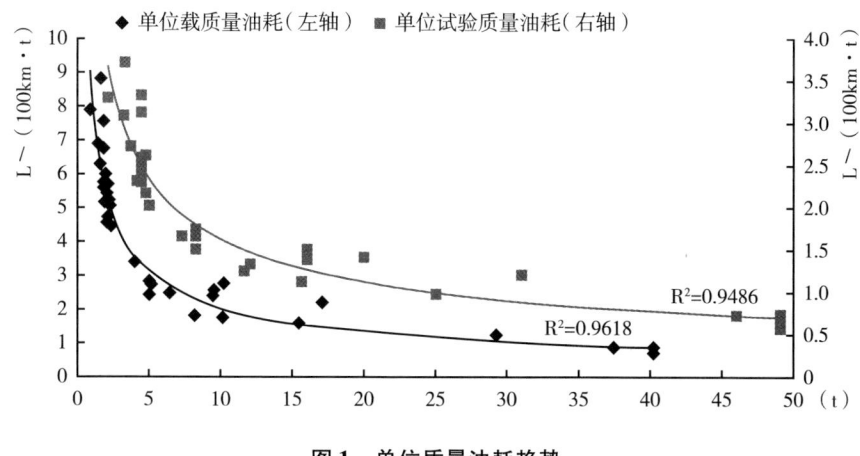

图1　单位质量油耗趋势

资料来源：张志波等，《质量对营运货车单位质量油耗的影响》，《北京汽车》2018年第2期。

5. 拖挂、甩挂运输

拖挂运输指采用汽车列车进行的运输。甩挂运输指运输中牵引车与半挂车自由分离与接合（尽量保证牵引车在工作时间内一直处于行驶状态，挂车则在离开牵引车后有充足的时间进行装卸货）以缩短中间环节时间，提高车辆利用率的一种组织方式。通过集约化组织和较大的载重吨位，拖挂、甩挂运输可有效减少车辆空驶和无效运输。

6. 驾驶员因素

驾驶员的驾驶方法、经验和行驶工况是影响商用车实际使用过程中油耗的主要因素，根据相关研究统计，驾驶员因素造成的商用车实际使用油耗差异最大可达30%。规范的驾驶方法和丰富的驾驶经验均能有效实现商用车节能。

（三）小结

综上分析，法规会促进商用车企业节能技术的应用，是节能技术的重要驱动力；而用户TCO的驱动除了对节能技术的推动，对节能的管理也提出更高要求，好的节能管理政策会有效地促进用户实际使用油耗的降低。商用车的节能评价法规和用户TCO是一对互相制约和影响的因素。

二 节能效果评价面临的问题

目前汽车行业的节能减排受到各国政府的关注，未来很长一段时间内车辆节能减排都将是我国汽车行业的重点工作。汽车设计、零部件原材料的生产、整车和零部件的制造以及汽车的使用等都产生了能源的消耗。汽车制造过程中某些阶段的能源消耗甚至高于汽车使用阶段。

我国目前采用的节能评价方法只关注汽车的使用阶段，暂时没有对汽车整个生命周期的能耗进行综合考虑，不能够确保整体的节能效果。同时我国对节能管理政策的研究起步较晚，缺少完善的、与汽车使用环境和交通管理水平相适应的节能管理手段（政策法规）。管理政策的完善程度对节能效果评价会产生较大的影响。

汽车产品的全生命周期，包括设计、原材料的生产、加工制作、回收报废等阶段。在这些阶段，都存在能量消耗，全生命周期评价体系理论上相对科学。针对汽车行业目前国内外学者通常采用燃料的全生命周期法开展节能和排放问题的研究。燃料全生命周期分析指WTW（油井到车轮）包括燃料的上游生产阶段及下游使用阶段，也就是车辆行驶中的能耗和排放（见图2）。

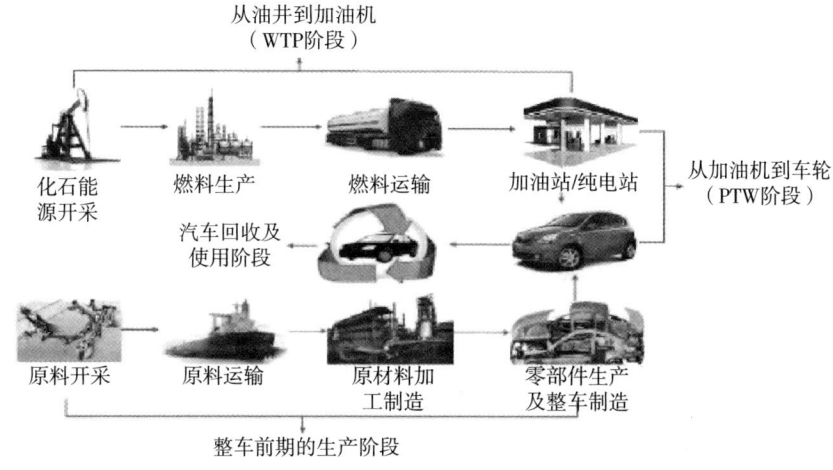

图2 "WTW"示意

三 国际主流节能评价标准发展趋势

目前基于全生命周期的节能评价仍然处于研究阶段，国际主流国家仍然基于使用过程的油耗和CO_2排放量进行能耗评价和管理。

全球主要汽车市场均出台了相应的商用车油耗管理政策，但由于各国国情和管理体制的差异，各国采用的监管方式和节能目标不尽相同。通过对欧、美、日、中等主要经济体的节能相关政策的梳理和对比，可以发现，中国、日本和印度采用燃油经济性作为主要的监管指标，欧盟则以CO_2排放作为其监管的主要关注指标，而美国采用两者结合的方式进行监管。另外，各

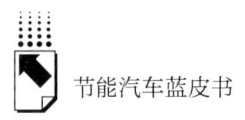

国也分别设立了针对轻型商用车和重型商用车的油耗目标和节能目标。

欧洲基于零 CO_2 目标制定了 2025 年和 2030 年的节能目标，以 2019 年为基准线，2025 年 CO_2 排放量削减 15%，2030 年 CO_2 排放量进一步削减 30%。

美国油耗法规推出较早，但不同企业对油耗法规的应对情况存在差异，其中欧系企业应对法规速度较快。美国汽车行业强烈要求油耗法规放宽，并在特朗普执政期间，进行了节能政策的修改。

2024 年以后，中国将推出商用车的下一阶段油耗法规，届时国内商用车油耗水平将与世界主流水平相当。中国企业大幅度降低商用车油耗迫在眉睫。

四 我国商用车的节能评价标准建议

（一）商用车节能效果评价标准的构建思路

商用车的节能效果评价标准体系，需要建立"技术"与"管理"的综合评价体系。节能不仅会从技术研究方面取得成效，更能通过深入管理取得效果。

我国能源的利用效率相比发达国家较低，原因除了我国的汽车行业起步晚、应用技术较为落后外，在针对节能的法规、政策及汽车使用管理方法上也缺乏有预见性的输入研究。商用车的节能效果评价标准体系需要从管理方面加大节能研究。

1. 基于技术的节能效果评价

国内外针对商用车的节能技术可以归纳为"开源"和"节流"两个方向，"开源"目前主要的技术方案为纯电动、混动、天然气及醇类等替代燃料。"节流"是传统节能技术的深度开发和应用，例如进一步提高发动机热效率、运用轻量化技术、整车空气动力学的改进、提高传动系统效率等。

"开源"节能技术更重视对新能源和替代燃料的探索，新能源汽车肯定能够达到节约石油的效果，但是针对全生命周期能耗的效益需要客观的评价；"节流"节能技术的重点是汽车技术的优化。针对商用车领域，采用"节流"技术会更加符合目前的现实，更具现实意义。同时"开源"和"节流"节能技术之间是相互影响和促进的。

2. 基于管理的节能效果评价

商用车是道路货运的生产力要素，测算商用车的节能降耗效果，要综合考虑行业和企业两个方面的因素。其中，行业方面的影响主要是运输组织、运输结构、新能源使用、驾驶员因素等方面；企业方面要考虑单车运输的单位载质量能耗或 CO_2 排放量。

行业和企业因素的综合考虑需要强化汽车管理在节能方面的影响：除了在商用车节能准入上加强政策法规的管理外更应该提升汽车的使用管理水平，进而实现用户实际使用的节能，例如提高实际道路的交通效率、改善用车环境，合理布局市内的红绿灯使交通拥堵有所减少，优化用车制度减少空载率，改善驾驶员的不良驾驶习惯，提高驾驶员驾驶能力，强化商用车维修保养意识等。

（二）商用车节能评价标准的建议

综上所述，在我国对商用车节能减排提出了更高要求的背景下，各种新能源和传统节能技术都得到了很大的发展。为了保证商用车行业节能产品的健康有序发展，需要对汽车节能进行综合评价研究，需要重视汽车全生命周期的节能效果，这样才能够确保评价政策和标准的客观性和准确性，保证行业的持续发展。

同时要从"技术"节能与"管理"节能两方面着手。如此一来，不仅能够提升汽车在特定工况和试验室条件下的节能效果，促进汽车技术的进一步发展，也可以优化用户的使用习惯和环境条件，加大用户实际使用情况下的节能效果。

针对商用车的特点，以及国际主流国家的乘用车及商用车管理经验，建议我国商用车节能评价标准体系做出相应的调整。根据目前我国的实际情

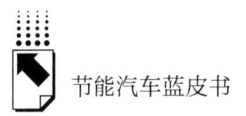

况，建议分成两个阶段，第一阶段是评价指标的调整，针对商用车使用特点，结合载质量利用系数，采用载质量的吨公里油耗进行节能，同时引入CO_2作为节能指标，将载质量的吨公里油耗或CO_2排放量作为单车和企业平均油耗的评价指标；第二阶段建议建立客观的指标评价EV/PHEV等全生命周期的CO_2排放量。

以下从标准的适用范围、工况循环、试验方法、评价指标及评价体系等方面进行探讨。

1. 我国节能评价标准的适用范围

商用车是指除乘用车以外，以营运为目的的车辆的总称。虽然全球各主要经济体对商用车的分类有细节上的差异，但基本都遵循以最大设计总质量（Gross Vehicle Weight，GVW）为判断依据的分类标准。

美国商用车油耗法规适用于GVW 8500磅（约合3856kg）以上的重型车辆及发动机；欧洲重型商用车指GVW 3500kg以上的商用车辆，包括货车、牵引车和客车等，按照轴数、驱动形式、重量等对重型商用车辆进行细分；日本与我国标准适用车型的质量范围接近；印度的重型商用车油耗标准适用于GVW高于12吨的M3和N3类车辆。我国的商用车节能法规适应范围和欧洲等主流国家类似和接近，适用范围应延续现有体系。

2. 我国节能评价标准的工况循环

美国法规针对车辆的市区频繁加减速、高速巡航等典型工况，采用瞬态、55mph和65mph三种循环测量燃料消耗量。同时和我国一致，为适应不同的行驶条件规定了工况的权重系数。

日本油耗测试方法采用JE05市区行车工况（Urban JE05 test）和城市行车工况（interurban transient test）进行测试。其中JE05是以东京地区的行驶条件为标准。城际工况是模拟往返东京地区的高速公路及其坡度变化，整个行车时间为3100秒，车速维持在80km/h。

印度重型车油耗测试以40km/h和60km/h进行恒速测试。

我国现行的重型车油耗的标准中采用了C - WTVC工况，C - WTVC工况是在全球重型商用车的WTVC基础上调整加速度和减速度后生成的，通过三个不等分的时间区段体现车辆在市区、公路和高速上的行驶状态，并不能完全代表中国实际道路行驶状况。中国已经完成了《中国汽车行驶工况》（CATC）的研究和开发，该工况聚焦了中国实际道路情况。我国的节能评价体系应采用更适应中国实际使用场景的CATC工况。

3. 我国节能评价标准的试验方法

重型皮卡和VAN也属于商用车的管理范畴，但是在美国法规中和轻型车一样采用底盘测功机试验的方法，其他重型车辆和发动机均采用计算机模拟以及发动机台架试验的方式进行燃料消耗量测试。美国认证在进行计算模拟时采用了内置标准发动机MAP，没有利用实际发动机的试验数据，因此计算的结果是车辆的"相对油耗"，发动机的油耗是通过发动机台架试验进行测试。

欧洲目前没有最终确认重型油耗的标准，但是倾向采用模拟计算的方式测定车辆在各种工况下的燃料消耗量。

日本通过实际测量发动机油耗，并模拟计算出整车油耗。

中国标准根据车辆类型、油耗、车型参数等族系特征进行区分，基本型车辆采用底盘测功机试验，变型车辆可采用模拟计算，但都是以实际发动机或者实际发动机测试MAP计算的结果进行试验或模拟计算。

我国标准和美国标准不同，标准中没有单独针对发动机的限值要求，主要原因是我国采用了整车底盘的油耗测试，试验和模拟计算之中都体现了发动机的实际MAP值。随着目前计算模拟技术的成熟，我国应该鼓励采用模拟技术为主的整车油耗认证的体系，在提高认证效率的同时降低企业负担。

4. 我国节能评价标准的评价指标

针对轻型车油耗法规，美国和其他国家的基准参数存在不同，美国使用脚印面积作为油耗标准的基准，而欧盟及中国等国家以整备质量为基准。针对不同的基准参数各节能技术的应用效果和路线不同。

相关研究表明，整车整备质量与整车油耗相关性密切，脚印面积与轻量化技术的关联性更强。所以油耗标准以整备质量为基准，各企业将倾向采用先进的节能技术从而达到标准要求；若是采用脚印面积为油耗标准的基准，

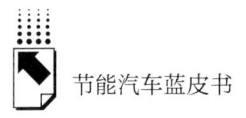

则各企业可以在车辆尺寸不变的前提下减少车重,或者在整车重量不变的前提下增大整车尺寸。由于整车平台决定了整车的基本尺寸,改变整车尺寸的难度要远远高于降低整车整备质量,企业一般通过汽车轻量化来满足脚印油耗标准的要求。采用脚印油耗作为基准,更加鼓励轻量化技术的应用。

美国商用车法规结合商用车的特点,采用了"油耗/吨公里"为评价指标,同时针对货物运输的专用车辆与牵引车,采用了单位载质量的油耗指标"加仑/1000 吨英里",单位载质量的油耗指标既能反映车辆燃油经济性又能反映货运车辆的运输效率。

欧盟没有对商用车的燃油经济性提出直接要求。欧盟针对商用车目前正在制定法规,判断和乘用车一样监管温室气体的排放,只监管温室气体的排放,不给出明确的油耗标准,以 g/km 为评价指标。

日本法规中根据不同的 GVW 规定了以 km/L 为评价指标。

我国商用车与轻型汽车标准都是以 L/100km 作为评价指标。

商用车特别是货运商用车载质量和年行驶里程直接决定客户的效益,目前在 GB 1589 - 2016 要求下,整车总重被严格要求或下调(例如 6 轴列车车货总质量),运输效率和运载能力都降低,所以要使用户仍然取得较高的收益,必须降低整车自重,从而获得较大的载质量。降低整车自重在降低油耗的同时可以减少整车冗余配置和制造成本,提高产品竞争力。

载质量利用系数为载质量和整备质量的比值,是推动整车轻量化的一个指导性指标。相关文献指出载质量利用系数由 1.0 提高至 1.67,其满载 1000 吨公里燃油消耗要降低 25% 左右。例如,GVW 30 吨货车燃料消耗量限值 47.5L/100km,载质量利用系数 1.0 和 1.67 的车相比,满载 1000 吨公里油耗分别为 31.7L/1000tkm 与 25.3L/1000tkm;空载百公里油耗分别为 33.3L/100km 与 28.3 ~ 30.8L/1000tkm,即每吨货物 1000 公里多耗油 32 ~ 56 升。

我国在"车辆产品公告技术审查规范性要求"汽车部分规定了载货汽车的载质量利用系数的限值要求(见表1),系数的引用对整车轻量化技术的应用具有指导作用。

表 1 载货汽车的载质量利用系数的限值要求

GB/T 15089 车辆类型		N_1		N_2		N_3
总质量 M(kg)		$M \leq 3500$		$3500 < M \leq 12000$		$M > 12000$
整备质量 m(kg)		$m \leq 1100$	$m > 1100$	$m \leq 3500$	$m > 3500$	
载质量利用系数	栏板式载货汽车、三轮汽车、低速货车	—	≥0.65（不含长头轻型客货两用车）	≥0.75	≥0.85	≥1.0 自卸汽车还应<1.1
	自卸汽车 仓栅式汽车 篷式运输车 畜禽运输车 自卸三轮汽车 自卸低速货车 仓栅式低速货车	—	≥0.55	≥0.65	≥0.75	
	厢式运输汽车（不含客厢式运输车）		≥0.50	≥0.60	≥0.70	≥0.95
	冷藏车		≥0.30	≥0.40	≥0.50	≥0.80

市场需求和行业竞争决定了轻量化的需求热度不断攀升。我国节能评价的指标就需要鼓励节能技术的快速应用也需要加快轻量化技术的应用，建议以整车载质量系数为前提，采用单位载质量的能耗作为评价指标，即油耗/吨（载质量）公里。

《巴黎协定》的签订，使各国把减少温室气体排放作为完成协议承诺的关键条件，美国和欧洲的节能评价中都采用了 CO_2 排放量作为评价指标。我国应该引入 CO_2 排放量作为节能的评价指标，即 g/吨（载质量）公里。

5. 我国节能评价标准的评价体系建议

（1）逐步采用燃料全生命周期方法建立节能评价标准。从燃料的生产、运输到使用的能耗和温室气体排放约占整个生产、制造及报废的能耗和温室气体排放 70% 以上。因此商用车的能耗评价采用燃料的全生命周期的分析方法更具有代表性。

（2）通过节能评价标准推动新能源技术的进步。我国的电力结构仍然是以煤电为主，针对纯电动汽车（PEV）、混合动力汽车（PHEV）等要综合燃料生产、运输、使用等环节的能耗和温室气体（GHG）排放，客观分析汽车的节能减排效益。客观的评价标准可以降低煤电比重和提高火电发电效率（水电、风电、核电等发展），从而改善纯电动汽车的燃料周期能耗和污染排放。从长远看电力系统的低碳化进程在持续改善。随着煤电比重的下降，电动车的节能减排效益将逐渐凸显。

针对新能源商用车，已有研究表明，纯电动汽车并不必然带来节能减排效益。目前由IPCC主导的化石燃料燃烧的温室气体排放清单已广泛应用于能源相关的二氧化碳排放的计算，电力和热力生产中产生的碳排放量都可以折算计入电动汽车碳排放中。所以针对商用车应尽快建立以温室气体排放量为综合指标的节能效果评价标准，客观评价新能源车辆的节能和减排效果，进一步推动新能源技术在商用车上的应用。

（3）加快推动商用车企业平均油耗法规。美国商用车采用单车型燃料消耗量目标值（或限值）和企业平均燃料消耗量结合的评价体系。欧洲和日本商用车采用企业平均油耗的评价体系。而我国现阶段采用单车型燃油限值的评价体系。为了更宏观地控制商用车行业的节能水平同时使企业有一定的灵活度，我国应加快商用车企业平均油耗体系的建立。

（4）结合载质量利用系数，采用单位载质量能量消耗量评价指标。商用车载货质量应为核心技术指标和关注点。采用单位载质量能耗作为评价指标，可以给商用车行业带来合理的技术引导，合理、科学地推动节能产品的开发和应用。我国2018年新能源车补贴政策中，也制定和使用了"单位载质量能量消耗量"的技术指标。

在商用车节能评价标准的更新中，制定针对商用车的载质量利用系数，并在一定车型的载质量利用系数的基础上，以载质量的吨公里油耗或CO_2排放量作为评价指标。

参考文献

张志波、李景剑：《我国汽车节能评价方法研究》，《汽车与配件》2018年第24期。

张志波等：《质量对营运货车单位质量油耗的影响》，《北京汽车》2018年第2期。

陈佳佳：《面向全生命周期的变速器关重件节能减排评估与应用研究》，重庆理工大学硕士学位论文，2020。

苏利阳等：《未来中国纯电动汽车的节能减排效益分析》，《气候变化研究进展》2013年第4期。

郭栋等：《未来中国汽车类型发展预测及节能减排效益分析》，《系统工程理论与实践》2016年第6期。

阎柄辰等：《新能源汽车节能减排效益分析》，《合作经济与科技》2019年第17期。

禹如杰等：《基于脚印面积的乘用车燃料消耗量标准影响研究（上）》，《汽车与配件》2015年第2期。

行业热点篇

Hot Topic Reports

B.11
内燃机市场前景及技术趋势研究

摘　要： 内燃机发展已逾百年。在当前石油资源日渐枯竭、环境污染日益严重的局势下，内燃机面临巨大的节能减排压力与各类快速发展的新能源技术的挑战。本文重点对内燃机在其应用行业领域的发展前景进行预测，并对内燃机技术的发展趋势进行分析总结。

关键词： 汽车技术　内燃机　汽车发动机　燃烧技术

一　内燃机的市场前景

（一）内燃机的技术优势

内燃机，是一种将燃料燃烧产生的热能直接转换为动力的热力发动机。

经历了一百多年的发展，内燃机在几个方面具有绝对优势，包括能量密度、热效率、燃料灵活度、市场占有率以及工艺技术等。

（1）具有高的能量密度。在升功率方面，乘用车最高可达150kW/L。与纯电驱动系统相比，在远离供能系统的荒郊野外及水路运输中具备显著优势。

（2）具有高的热效率。对汽油机而言，其热效率可达45%，水平相当于最新的超临界和整体煤气化联合循环发电系统（IGCC）发电站的效率。而就柴油机来讲，其热效率正在接近50%。

（3）可用燃料种类灵活。除常用的石油、天然气等燃料外，内燃机还可使用生物质燃料和乙醇燃料等可再生能源。相比水力机械及风力机械仅能布设在固定位置上，内燃机可为移动设备提供动力来源。

（4）在经济性层面上，内燃机比燃气轮机和汽轮机等热力涡轮机械更为优越。因此，除了航空运输领域，内燃机还在公路、水路、铁路等交通运输领域以及农业机械、工程机械、移动电站等方面有着广泛的应用。

（二）内燃机的市场前景

内燃机在未来相当长的时间内，仍将在汽车动力源中占有主要地位。国际能源署最新报告预测显示，全球新能源轻型汽车，包含纯电动汽车（BEV）和插电式混合动力汽车（PHEV），2020年和2030年的销量依次为390万辆和2100万辆，在全球轻型车总销量的占比依次为3%和13%。由此可以推算出，截至2030年至少还有87%的轻型汽车需要单一内燃机驱动。

虽然纯电动汽车在实现低碳排放和零污染控制方面有诸多优势，但其劣势依旧不能忽视，如当今电池的材料等核心技术尚未有实质性攻克，且电池材料在生产、制造及回收处理等过程中会对环境产生相当大的影响。另外，诸如太阳能、风能、可再生生物质能等新能源形式尚未有明确的发展时间表。因此，新型汽车动力源的推广和广泛应用，还面临诸多的技术和社会屏障需要突破。

对于汽车动力形式的发展趋势，诸多研究者和相关机构进行了预测。

麻省理工（MIT）的Heywood教授研究给出了未来美国市场不同动力形式汽车的市场份额预测，如图1所示。Heywood教授指出，2015年美国的纯内燃机汽车市场销售占比为92%，预计到2030年降为80%、2050年降为60%。但考虑到混合动力汽车仍然需要内燃机，因此到2030年和2050年采用内燃机的美国轻型汽车占比分别为96%和90%。图2给出了"中国节能与新能源汽车技术路线图"中对未来汽车动力形式的市场预测。预计到2030年，纯内燃机汽车约占中国汽车市场份额的35%，混合动力汽车约占25%，而包含BEV和PHEV的新能源汽车将占40%；燃料电池汽车累计销量预计为100万辆。新能源汽车中假如有1/2采用插电式混合动力，可以得出中国到2030年销售的汽车中仍有60%～80%需要用到内燃机。

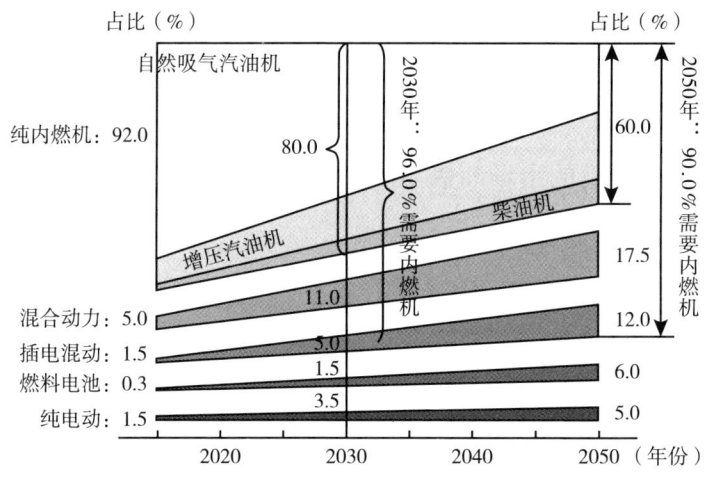

图1　美国市场不同动力形式汽车的市场份额预测

综上所述，在20世纪末汽车动力已开始出现多元化且成功商业化推广。但是目前采用非内燃机动力形式的汽车市场份额依然很低，市场规模仍需较长的时间发展壮大。在未来30年内的内燃机生命力依旧旺盛，预计全球至少60%的轻型汽车仍将装配内燃机。但随着汽车发展的电动化趋势，未来内燃机的支配地位有所下降。汽车动力形式将由内燃机的"独奏"转变为

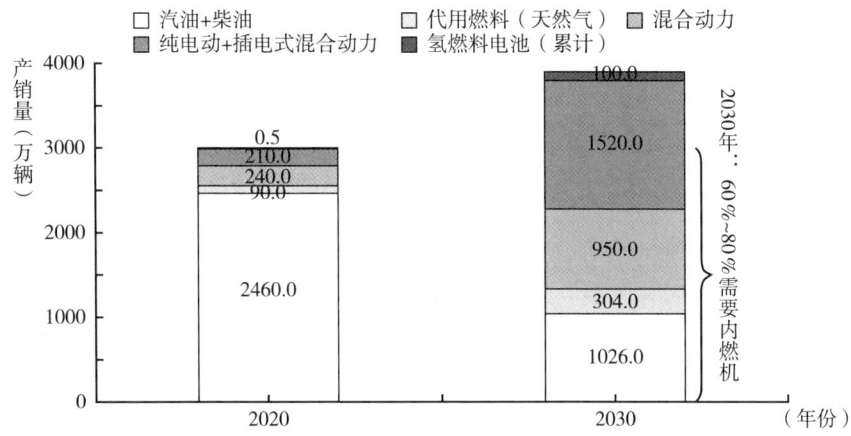

图 2　中国市场不同动力形式汽车的市场份额预测

内燃机和电机的"二重唱",但内燃机的主力地位在未来相当长一段时间内依旧不可替代。

二　内燃机的技术趋势

内燃机是汽车的心脏,汽车的动力性、经济性、排放和机动性等多项性能指标直接取决于内燃机的性能优劣。因此,未来汽车技术创新的主战场在于内燃机技术的发展和创新。

(一)内燃机的技术发展方向

1. 持续提升内燃机有效热效率

提高工作环节的效率,可不断提升内燃机有效热效率,改善油耗。提高工作环节的热效率主要考虑以下几个因素:压缩比、比热比、燃烧时刻、燃烧持续期、壁面传热、进排冲程压力差和机械阻力。减少工作过程中的损失,包括离散/失火损失、冷却损失、排气损失、泵气损失、机械摩擦损失等。另外,提高效率的同时,如何控制综合成本是一个需要衡量的问题。

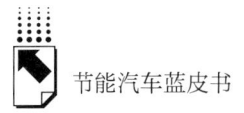

近年来，日本车企一直致力于传统发动机热效率的提升，计划从目前的37%~41%提高到45%。很多新技术的采用才能支撑目标的达成，包括可变压缩比、HCCI（均质充量压燃）、高效热管理、高压燃油喷射、混合动力系统等。在混动发动机方面，丰田的THS-II和本田的iMMD混合动力系统均使热效率突破了40%；日产最新推出的E-Power混动系统采用另外一种技术路线实现节油；另外，日产还采用可变压缩比技术，可以使压缩比在8:1~14:1区间随时切换，能够保证车辆在各个工况点兼具良好的动力性和经济性；马自达除了最新推出的SKYACTIV X，还将会推出全新一代的SKYACTIV D/G，进一步提升热效率。虽然日本车企采用的技术路线各有不同，但共同追求的目标是提高传统发动机热效率。预计下一阶段，日本车企的热效率挑战目标为51%。

目前，我国某些自主品牌车企在实验室条件下可以实现汽车发动机48%~49%的热效率。预计未来3年，我国自主品牌传统发动机的热效率将会达到42%；到2025~2030年，估计传统发动机热效率将会实现45%~50%。归纳而言，可以将汽油机有效热效率提高到45%及以上的主要技术手段有以下几种。

（1）设计大冲程。发动机冲程增大不仅可以减少发动机传热损失，还可提高缸内气流强度、改善燃烧。关于发动机冲程、缸径与燃烧室面容比和缸内湍流强度的关系，丰田公司研究认为：随着冲程的增加，面容比降低，有利于降低传热损失；随冲程的增长，缸内湍流强度增强，继而可提高燃烧速度。传统发动机（转速达到6000r/min）设计大冲程受到活塞平均速度的限制，而混合动力发动机最高转速较低（不超过4000r/min）可以突破这种限制，充分利用设计大冲程带来的好处。

（2）提高压缩比（>13）。研究工作者长期追求的目标之一是通过提高压缩比来提高发动机的热效率。在实践中可以采用阿特金森循环，为避免压缩比过高而导致爆震，即在保持较低有效压缩比的情况下，实现高的膨胀比（膨胀冲程大于有效压缩冲程）。另外的技术方案是在不同工况采用不同的压缩比，避免在大负荷时产生爆震燃烧，即可变压缩比技术。

（3）实现稀薄燃烧。采用稀薄燃烧技术可提高发动机工作过程的过程指数（减少传热损失和部分负荷的泵气损失），继而提高热效率。

（4）冷却废气再循环（EGR）。废气再循环（EGR）冷却可以降低部分负荷的泵气损失，同时可以降低燃烧温度，继而减少传热损失，并可以抑制 NOx 生成和排放。但值得注意的是，燃烧速度随着引入缸内 EGR 比例的增加而降低，燃烧持续期也随之增长，可能造成燃烧不稳定或失火，不利于提高热效率。可以通过提高缸内湍流强度来提高燃烧速度以改善这一现象。改善缸内气流运动、提高缸内湍流强度，可以通过改进气道设计或燃烧室设计等措施实现，继而改善燃烧速度，同时扩展 EGR 比例极限，进一步改善发动机热效率。

（5）降低传热损失。降低传热损失可以通过发动机引入 EGR、采用 HCCI（均质充量压燃）等技术降低燃油温度，或者采用活塞隔热涂层降低传热损失。还可通过采用例如电子节温器等较为灵活地控制冷却液大小循环的开启，将发动机保持在较适合的水温下工作，改善发动机热管理系统而降低传热损失。

（6）提高机械效率。采用轻量化材料和结构设计、低摩擦材料和低粘度润滑油技术，以及高效率附件（附件电动化）等措施降低机械损失。

（7）燃油与发动机联合优化。合适的燃油理化特性可加快燃烧速度、抑制爆震、扩展着火界限以实现热效率的提高，并有助于降低有害排放。因此，通过对燃油与发动机的联合匹配和优化，选出更适合发动机的燃油，充分利用燃油特性以改善发动机热效率。

除了上述主要的技术外，还可以通过缸内喷水技术、智能停缸技术、工质移缸技术和提高汽油机的辛烷值等多项技术，进一步提高内燃机的热效率、改善油耗和排放性能。

2. 发展混动专用发动机

汽车动力的电动化是发展趋势，在未来很长一段时间内燃机需要与电机共存，作为汽车动力源的混合动力系统的一部分。混动系统的一大优势是结合电机驱动，使用发动机的高效率工作区域，避免长时间的低效率区域工作。图3a为在混动系统中传统燃油车发动机（较大排量）的应用示意。可以看出，在传统车使用区域中发动机的常用工况为中低速、低负荷区域，而发动机在这些区域的热效率较低、燃油经济性差。在混动系统中使用发动机，可以通过电机的辅助将发动机工况调整至中高负荷，提高热效率降低油耗。如图3b所示，另一种方案为采用小排量发动机，成本较低，能够使发动机在相同负荷下工作在更高的效率区域。采用此方案，可充分利用现有发动机资源、改善整车燃油经济性。图3a和图3b展示了发动机在混动系统中的两种使用方案，如何选择取决于不同的设计理念。

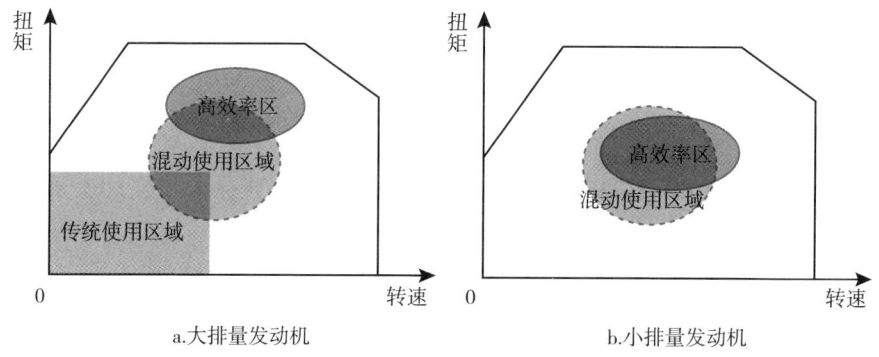

图3 发动机在混动系统中的应用

仅利用传统发动机的资源不足以充分发挥混动系统的优势，需要有针对性地研发混动专用发动机。相较于传统发动机，混合动力发动机的工况范围、运行和设计调整有较大的不同。帅石金等在2016年对轻型车用混动发动机进行了综述分析，认为目前混动发动机的主要技术路线有两条，一是日本车企主导的采用自然吸气的高膨胀比汽油机，二是德国车企主导的采用增压的直喷汽油机。目前中国的情况多是在传统发动机基础上进行重新标定或选配，并没有正向开发针对混动的专用发动机，因此无法充分发挥混动系统的节油潜力。

由于纯电动汽车成本高、续航里程短、电池性能受限于外部环境等较多原因，加之政策对纯电动补贴逐渐退坡，具有增程功能的混动系统越来越显现出市场竞争力,可能成为未来典型的混动技术路线。增程式混动系统一般指串联构型的混动系统,主要由驱动电机、增程器(发动机+发电机)以及动力电池等部件组成。增程器发动机不参与驱动车辆,仅用来带动发电机发电以增加纯电续驶里程。在电池电量不足的情况下,维持汽车巡航所需的驱动功率一般较低。日系车企本田的串并联构型混动系统(iMMD 系统)和同济大学的增程式混动系统(TJEHT 系统)都具有双电机,且可以实现发电机和发动机与车轮驱动的完全解耦,具备增程功能。增程混动系统相比于传统燃油车,对发动机的动力性要求降低,运行工况(转速、负荷)有较大的选择范围。

对于增程器专用发动机而言,其最主要的特点是发动机热效率高、结构紧凑、成本低。通常采用提高压缩比并结合阿特金森循环来实现发动机高效率工作;还会采用冷却 EGR、低摩擦技术等手段,以进一步提高热效率。可考虑采用每缸 2 气门的气缸盖设计和气道喷射技术,以简化结构并降低成本;还可以考虑采用三缸或者二缸发动机设计,以满足结构紧凑的需要。另外,二冲程发动机升功率大的特点也可能成为设计选项。

3. 推广应用低碳燃料专用发动机

所谓低碳燃料,是指包括天然气、甲醇、乙醇等分子结构中的碳氢比例较低的一类燃料。从化学本质上讲,发动机燃用低碳燃料可以降低燃烧后 CO_2 的生成量。在实际发动机应用中,2017 年中国开发并量产了首款高性能单一天然气(CNG)发动机驱动的多用途商务车,该款发动机排量为 1.5L,压缩比为 12,最高热效率达到 37%,采用当量燃烧加三元催化器后处理的技术路线。其 NEDC(new European driving cycle)循环的 CO_2 排放量为 131.4g/km,相比原汽油机下降了 27.4%,十分接近我国第 4 阶段油耗限值(2020 年)折算的 CO_2 限值 126.1g/km。

国际上,德国车企奥迪在 2017 年发布了 A4 Avant 天然气汽车,此款车型的发动机排量为 2.0L,压缩比为 12.6,最大爆压达 13.5MPa,额定功率为 125kW,最大扭矩为 270Nm,最高热效率达到了 40%。其 CO_2 排放量为 95g/km,达到了欧盟 2020 年的限值。图 4 为该款发动机的剖面示意图,是基于最新的EA888发动机平台开发,增加了高压多点天然气喷射系统,选用高强度合金活塞承受高爆压;气门座圈采用耐磨材料,还调整降低了进气门座圈角度。

由以上两款天然气汽车的举例可以看出,发动机燃用天然气可大幅度降低CO_2排放。除此之外,天然气汽车的优点还包括燃烧清洁、颗粒物近零排放,而且天然气价格便宜,车辆运行费用更低等。因此,在国内可以根据地域和资源情况采用不同的低碳发动机。例如,在富气地区可考虑推广应用天然气汽车,在长途运输时应用节能的燃油汽车;而在充电设施比较好并且车主用车距离不远的大城市,可以积极推广电动汽车。

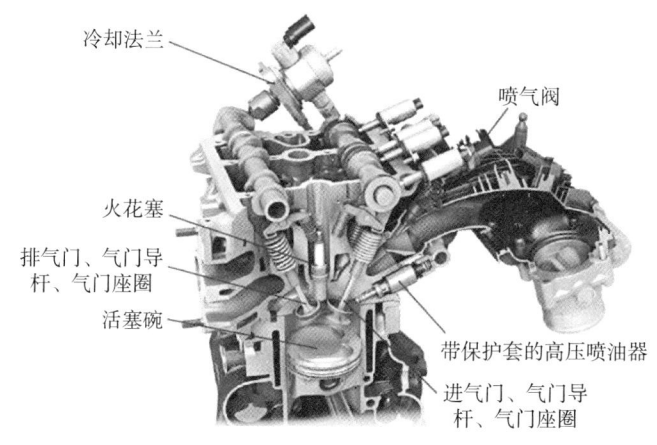

图4 奥迪A4 Avant天然气发动机剖面

(二)内燃机的前沿技术

随着世界范围内能源、环境问题的日益凸显,汽车内燃机的迫切任务聚焦为发展内燃机节能和降低CO_2排放。同时在新能源汽车快速发展的"逼迫"下,未来内燃机一定是向着体积小、油耗低、污染少、轻量化的方向发展。

1. 高增压和小型强化技术

目前,汽车内燃机发展的一个主流技术是增压小型化。美国密歇根大学运输研究所（UMTRI）的报告指出：到2025年应用增压技术的乘用车占比将约为50%。截至目前小型增压技术在我国新的车型基本都得到了推广普及。

近年来，包括可变截面涡轮增压技术（VGT）、二级可调增压（RTST）技术、电动增压技术（eBooster）等在内的先进高增压技术发展迅速。其中，VGT技术是当今高档小排量轿车采用较多的一种技术，该增压技术能够提高低速转矩特性，极大提高内燃机的功率密度，促进内燃机向小型化方向发展。二级可调增压技术主要包括废气旁通增压+普通增压器（WGT+FGT）和VGT+FGT两种增压方式，主要匹配于较大排量的内燃机。eBooster技术能够极大地提高进气系统的响应特性，同时提高内燃机大负荷效率，但存在成本较高、电器设备耐热性差等问题。

针对高原某重型柴油机，陆军军事交通学院的刘瑞林团队设计开发了VGT+FGT增压系统，设计了相应的变海拔控制策略，搭建了内燃机高海拔模拟试验系统（见图5），进行了二级可调增压柴油机在不同海拔和工况下的性能试验。结果表明：不同海拔高、低压级增压器与柴油机的联合运行线均位于压气机较高效率区。其中在5500米海拔时，二级可调增压柴油机最大转矩和标定功率分别提高了11.0%和11.8%，低速转矩平均提高了31.1%，适应性系数提高了19.2%，最低燃油消耗率和低速时的燃油消耗率分别降低了4.8%和15.3%。

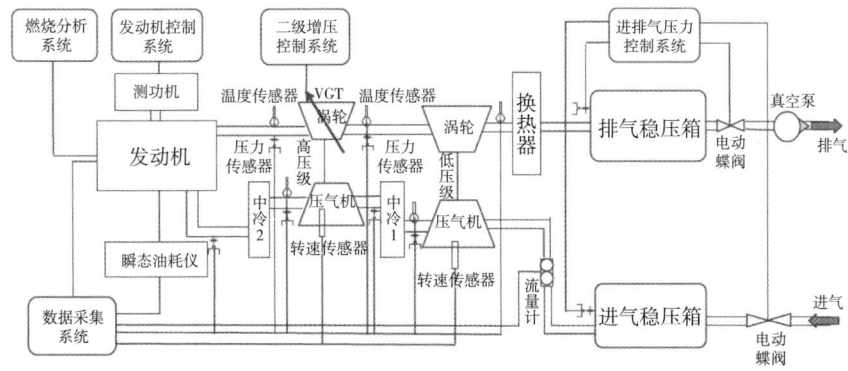

图5 二级可调增压柴油机高海拔试验系统

2. 多系统、多变量内燃机智能控制技术

近年来，内燃机的智能化向多系统、多参数可变控制技术迅速发展。其中发动机各子系统包含的控制参数众多，包括可调节增压系统（如 VGT 叶片和废气旁通阀开度）、多脉冲喷油系统（预喷、主喷、后喷、喷油定时、喷油量）、废气再循环（EGR）系统（EGR 阀门开度和开闭时刻）、可变气门机构（气门升程、相位）等。内燃机可变智能技术包括可变增压技术、可变 EGR 技术、可变气门定时和升程技术、可变直喷和双喷技术、可变压缩比技术、可变排量技术等。

图 6 为福特公司的复合高增压（HyBoost）系统，其为一款 2.0L 自然吸气（NA）发动机设计。该系统将电动增压与传统废气涡轮增压相结合，电动增压器能够根据发动机工况自由调节压气机转速，达到进气充量的精确控制；同时，HyBoost 系统还能够回收内燃机高负荷时的一部分能量，极大提高低速转矩和改善油耗，其经济性可与强混合动力相媲美。

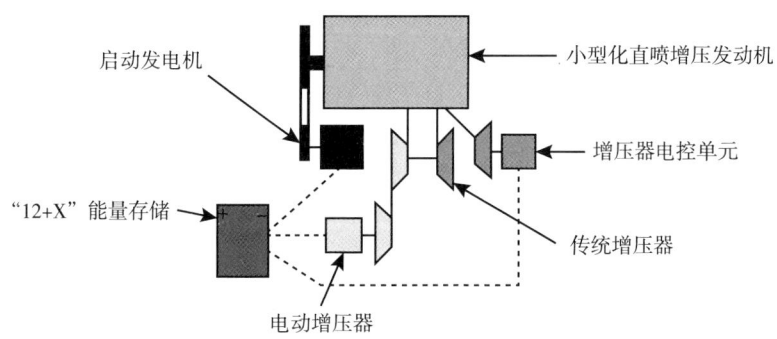

图 6　福特 2.0 L NA 发动机的 HyBoost 系统

天津大学苏万华院士团队为国内某型柴油机开发的多系统、多参数整机智能控制系统。柴油机配置包括可变二级增压系统、可变 EGR 系统、可变喷油系统和可变气门定时和升程；控制参数包括 VGT 叶片开度、EGR 阀开度、喷油量、压缩比、气门正时和升程等。利用智能控制器，能够监控柴油机当下的工况、路况，基于瞬变过程、动态响应特性和颗粒物 PM 峰值等因

素，根据相应的控制策略，实时控制柴油机的各个子系统和参数，提高柴油机热效率，改善污染物排放和燃油经济性。

提高车载处理器的计算能力是汽车控制技术进步的另一个主要表现，不仅是解决内燃机的控制问题和计算问题，更重要的是提高发动机和整车系统耦合控制。据美国密歇根大学运输研究所（UMTRI）关于21世纪的动力总成策略研究，电子产品在动力总成所占的成本到2025年将增加15%，说明智能化、电动化并不是纯电驱动汽车的专利，内燃机汽车更需要向信息化、电动化、智能化方向发展。

3. 内燃机先进燃烧技术

现有内燃机的先进燃烧技术包括：均质充量压燃（HCCI）着火燃烧、汽油压燃着火燃烧（GCI）、双燃料的反应活性控制着火燃烧（RCCI）、汽油/柴油双燃料高预混合低温燃烧（HPCC）、适度和较高分层的压燃燃烧过程（GDCI）等，这些先进燃烧技术均具有很高的热效率。

据报道，马自达推出的SKYACTIV-G汽油机采用HCCI燃烧，热效率突破了40%，对比马自达的2008年同排量汽油发动机，油耗改善了35%~45%，因此马自达推迟了混合动力技术的应用；丰田8NR-FTS-Turbo GDI发动机的百公里油耗为5.15L，比日本政府效率法规限值低10%；美国橡树岭国家实验室（ORNL）的某些多缸实验发动机热效率已经提高到55%以上。

天津大学苏万华院士团队，通过对发动机在不同燃烧状态下（发动机负荷、转速）的物理和化学过程的深入研究，最早提出并采用多脉冲燃油喷射高混合率技术，先后提出了柴油机燃烧过程混合和化学时间尺度控制及燃烧路径控制概念，最终形成了高密度—低温燃烧（HD-LTC）理论和燃烧路径控制理论，热效率提高至45.5%，并且满足了国家第六阶段机动车污染物排放标准。

4. 其他内燃机先进技术

英国里卡多与奔驰公司等开展科研合作项目，采用智能控制算法和先进的感应技术，根据缸压对发动机进行控制。项目的阶段性成果表明，这种新型发动机与传统的电控发动机相比，在燃油经济性、舒适性、排放控制性能和可靠性等方面，均有较大程度的改善，并降低了发动机的成本。

该阶段性的试验结果在于采用了高性能且低价格的传感器，以及模型控制和故障分析系统，感应技术被应用于绝缘体上镶硅的芯片材料。缸压控制发动机技术的应用，可直接监测缸压，反馈控制发动机的点火正时，使发动机在接近理想的工况下运行，从而改善燃油经济性。同时，此监测技术改善了各缸工作均匀性，提高了运转平稳性。另外，在起动时，发动机点火更延迟，使催化器能较快地达到起燃温度，提高排放控制性能。

对发动机状态的紧密监测，为智能控制和故障分析等技术的发展与运用提供了更大的潜力。缸压监测，使 OBD 工作更为可靠，可较好的补偿由发动机生产制造及燃油品质等带来的波动。另外，因缸压反映了空气流量，可减少传统式传感器的使用，诸如进气流量、爆震和凸轮轴传感器等，以降低发动机成本。

三 小结

可以预见在未来相当长的时间内，内燃机仍将是汽车主要的动力源。在能源危机、环境污染、排放法规日益严苛的背景下，我国应对清洁、高效、节能的内燃机技术予以充分重视，同时在相应的标准体系建设和技术研发投入等方面紧跟国际趋势。

（1）国家未来能源和环境安全的主战场之一将在内燃机节能减排领域，任重道远。车用内燃机新技术的快速发展对汽车行业和国家全局发展均具有重要意义。

（2）内燃机在世界范围内将以提高能量利用率、降低碳排放为目标，需要加快新技术发展速度。包括先进燃烧技术、小型增压技术、多系统多变量控制技术、余热回收技术、智能停缸技术等。

（3）在轻型汽车动力中内燃机的地位将逐渐发生变化，从内燃机单独驱动逐渐演变为内燃机和电机共同驱动，从"独奏"变为"二重唱"。在整车性能上内燃机所扮演的角色将从"核心"部件下降变成"关键"部件,商业模式也可能发生变化。

(4)混合动力汽车可以充分使用发动机的高效率区域。特别是增程式混合动力系统,需要的内燃机运行范围变窄,有必要开发混合动力专用发动机,进一步提高其热效率、简化机构、降低成本。

(5)车用内燃机技术发展快速、成绩卓越,使我国与世界先进水平的差距正在迅速缩小。然而当前内燃机新技术层出不穷,我国内燃机工业不可懈怠,应积极鼓励内燃机工业创新、占领技术制高点,积极推进我国内燃机技术进步和产业化进程。

B.12
汽车空气动力学发展历程及展望

摘　要： 凭借在节能减排中表现出的高性价比，空气动力学近年来愈发受到整车企业的关注。本报告开篇介绍汽车空气动力学发展历程及国内外研究现状，深入分析空气动力学对汽车能耗、安全及乘坐体验的影响，提出相应的问题解决措施，最后对空气动力学发展进行展望。

关键词： 汽车　空气动力学　汽车能耗

一　汽车空气动力学发展历程

汽车产业发展至今，该领域尚无综合性的汽车空气动力学发展史，但在诸多汽车空气动力学的发展路线中有着一条相对突出、明显的主线：低风阻汽车的演变。围绕对于低风阻的追求，汽车空气动力学结合各个时期最新的流体力学理论、技术，沿着最佳量产技术不断进步。由于道路状况改善、车辆使用要求提高，汽车造型不断变化，汽车空气动力学也进行了适应性调整。

汽车的气动阻力 F_D 计算公式如下：

$$F_D = C_D A \cdot \frac{1}{2} \rho v^2$$

其中，C_D 表示阻力系数；A 表示汽车正投影面积；ρ 表示空气密度；V 表示汽车行驶速度。

从计算公式中可以看出，在汽车的行驶过程中，汽车的气动阻力 F_D 与汽车行驶速度的平方成正比；除空气密度（ρ）和车速（v）等受驾驶环境影响的变量之外,汽车行驶过程的气动阻力(F_D)由汽车的尺寸(A)、气动性能(C_D)决定。汽车的尺寸(A)往往由汽车的类型、级别、人机工程学决定,不便轻易改变,汽车减阻主要通过合适的外形设计降低阻力系数(C_D)来实现。

在空气动力学发展历程中,气动阻力一直是研究焦点。对于一辆中等尺寸的汽车来说,当其以100km/h的速度行驶时,气动阻力通常会占据汽车运动总阻力的75%~80%,因此减小气动阻力是实现提高燃油经济性、减少排放的有效手段。

汽车空气动力学的发展大致可以分为四个阶段(见图1),前两个阶段为:基本形状造型阶段和流线形化阶段。在这两个阶段中,汽车空气动力学主要由个人推动发展,这些人通常来自汽车行业以外领域,包括船舶、航空及航天领域等,他们倾向于把其他领域的一些基础理论、设计理念直接应用于汽车的开发设计过程中。汽车空气动力学发展的后两个阶段为:细节优化阶段和造型整体优化阶段。在这两个阶段中,汽车空气动力学已经由个人推动转由汽车企业推动,被整合到产品开发中,并逐渐占据开发过程中的主导地位。从此,团体取代个人成为汽车空气动力学研究、发展的主体。

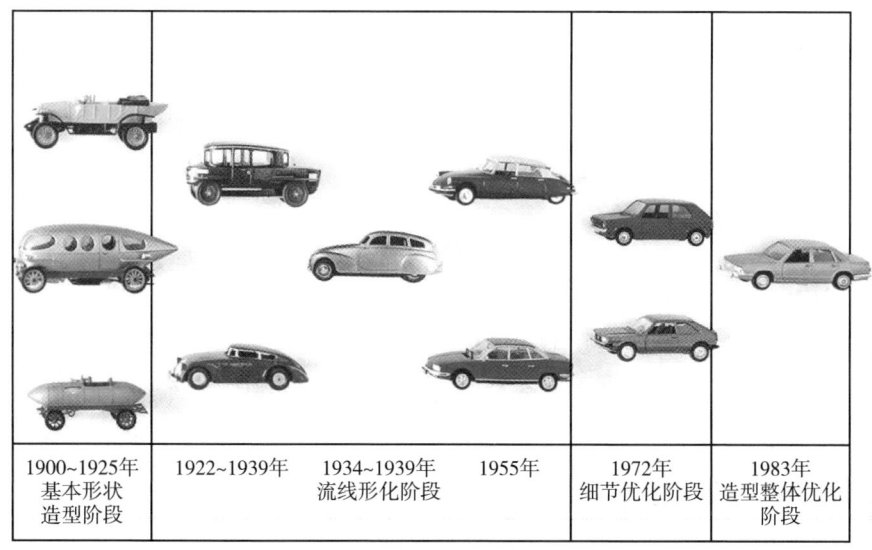

图1 汽车空气动力学发展四阶段示意

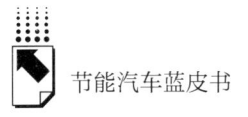

（一）基本形状造型阶段

汽车空气动力学的发展始于19世纪初期。早期，汽车空气动力学发展缓慢，汽车设计与空气动力学并不能很好地结合。而在地面交通领域的邻近学科中，船舶学与航天学已经可以充分地利用流体力学进行研究与设计。因此，船舶与飞行器的相关设计者往往能在汽车的开发过程中占据一个较为主导的地位，汽车的空气动力学性能开发倾向于从那些优秀的船舶、飞机、航天器中寻找灵感。在此阶段，汽车的造型设计常常遵循一些经典的在航空航天、船舶领域中被证明有效的设计理念，人们从外形上注意到流动特性，这一阶段被总结为汽车发展过程中基本形状造型阶段。

开发过程中的基本形状为水流和气流中合理的外造型，例如鱼雷形、船尾形、飞艇形等。早期的汽车外形往往直接借鉴这些在航空航天、船舶领域中被证明合理的造型，相对于四四方方的马车来说，其气动阻力系数明显地改善了。但随着汽车发动机功率的提升、高速公路的修建，汽车的行驶速度不断提高，基本形状造型汽车的一些问题逐渐暴露出来。例如，当时的一个通病就是没有意识到当汽车接近地面、附加车轮及行驶系统时，气流流经汽车表面时与单纯水滴形的流场已截然不同，已不再是轴对称的了。同时，早期汽车造型照搬船舶、飞行器设计，缺乏实用性，不符合大众的审美要求，因而没有得到广泛的应用。自此，汽车空气动力学慢慢脱离航空航天、船舶领域的影响，逐渐独立地发展起来。

（二）流线形化阶段

经历了基本形状造型阶段后，随着人们对气动阻力的深入了解，汽车设计应用了越来越多的空气动力学理论。

在此阶段，随着设计者对汽车地面效应的认知提高，汽车外形不再是简单的水滴形。空气动力学专家Jaray等用空气动力学理论改进了汽车外形，极大地推动了汽车空气动力学发展，可概括为以下几点。

（1）提出了"半车身"的观点：最小气动阻力的汽车外形应是以流线体的一半构成的半车身。

(2) 认识到流场的三维性能。

(3) 罩住车轮可明显地改进汽车空气动力特性。

(4) 提出"只有消除车身尾部的分离，才能降低阻力"的观点。

(5) 认识到车身前部流场与车身尾部流场相互关系。

(6) 认识到切尾可大幅度降低阻力。

（三）细节优化阶段

随着汽车空气动力学研究的进一步发展，20世纪70年代初，德国的Hucho、Janssen、EmmeLmann等人提出"应用空气动力学修正汽车外形设计"的观点，被称为"细节优化法"（detail optimization）。汽车空气动力学的应用原则是在车身进行外形设计后，对前端圆角半径、曲面弧度、扰流器、后视镜等形体细节部位进行修改，优化周围流场，控制并防止发生气流流动分离现象，以降低阻力。可以看出，虽然此阶段的空气动力学在汽车领域取得了较大进步，但仍以辅助汽车的设计为主。即使如此，此阶段的空气动力学家和车辆设计者充分利用风洞来不断地优化设计汽车细节，将风阻系数减至更低，取得了很大的成功。

（四）造型整体优化阶段

依托钝头体分离流空气动力学基础研究的持续性深入和风洞试验技术的不断发展，人们逐渐熟知汽车扰流特性，带动汽车空气动力学进入造型整体优化阶段。此阶段的汽车设计原则，是在油泥等模型发展成实用化汽车的每一步设计中，最大限度地保证形体连续性，尽量使气流不脱离形体表面，也就是形体最佳化（Shape optimization）。大约从1983年开始，汽车造型设计被空气动力学主导：首选气动阻力系数极低的设计原型；兼顾整体流场和造型风格，逐步优化降低实车气动阻力系数。图2中可看出汽车造型优化的大致设计过程。

至此，围绕人们对于低风阻系数汽车的追求，整车外形由最初的水滴形发展为流线形；整车优化设计由细节优化深入整体优化；汽车空气动力学不断发展、演变，逐渐指导汽车造型设计。

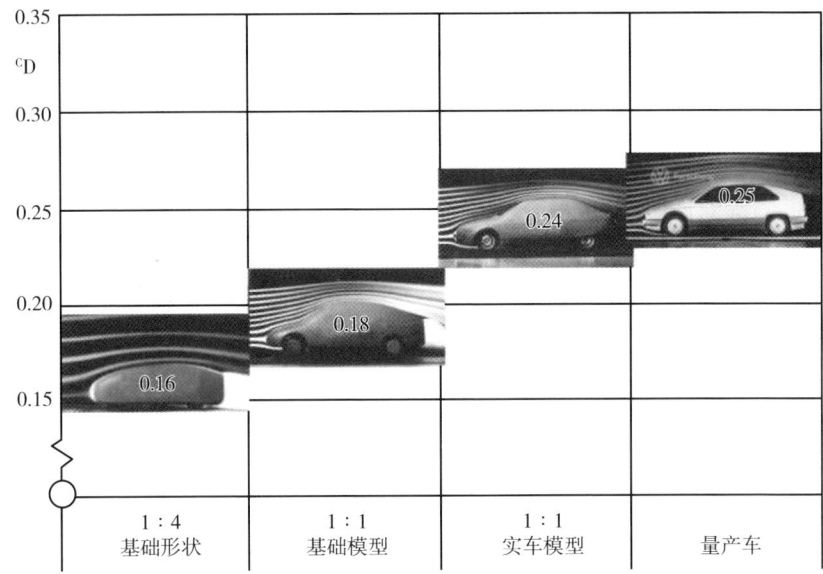

图 2　汽车造型整体优化过程

二　汽车空气动力学国内外研究现状

汽车空气动力学直接影响汽车的经济性、动力性、操作稳定性、舒适性等。为改进汽车整体性能，相关行业投入了大量的人力、物力来研究汽车内外的流场特性及其相关的流动特性。同时，由于不断加严的法律法规与预期走高的油价，汽车企业面临巨大的节能减排压力。汽车空气动力学作为一种高性价比的开发方向，越来越受到主机厂的重视。

当前汽车空气动力学的主要研究手段包括汽车风洞和CFD仿真。

表 1　汽车不同节能减排方式的成本、效率对比

单位：%，元

开发方向	节油率	单车成本增加	1%节油率成本
风阻优化	1.5	100	66.7
EPS	2	1000~2500	500~1250
低滚阻轮胎	2	1000	500

续表

开发方向	节油率	单车成本增加	1%节油率成本
STT	4	1200~1800	300~450
48V系统	10	5000	500
涡轮增压	4	1600	400
空调系统优化	2	200~500	100~250
轻量化30~50kg	3	500~1000	167~333

（一）汽车风洞国内外研究现状

伴随全球汽车工业的发展壮大，汽车空气动力学的研究逐渐深入，汽车风洞的重要性开始体现。汽车风洞逐渐发展成为汽车空气动力学研究的必备实验设备，绝大部分与汽车空气动力学相关的重要研究成果均来源于风洞实验。

1. 国外研究现状

早期，汽车风洞以缩比例模型风洞为主，如1:5、1:4、3:8等比例。随着汽车设计逐渐以全尺寸模型为主及缩比例模型风洞中难以预测的雷诺数效应问题，风洞建设和风洞试验逐渐转向全尺寸汽车风洞。

国外汽车风洞的建设和发展起步较早。第一座全尺寸汽车风洞是在1938年，由Kamm建立于德国斯图加特大学。这一汽车风洞的风速高达270km/h，可完成高速赛车研究。此后，部分主机厂和研究机构陆续开展汽车风洞的建设。

根据风洞的结构类型，汽车风洞可以分为直流式风洞和回流式风洞。根据风洞试验段的不同，也可以分为开口式风洞和闭口式风洞。回流式风洞在节能方面有着明显优势，开口式试验段阻塞效应更小，故当前主流的全尺寸汽车风洞均为开口式回流风洞。

众多空气动力学研究专家一直致力于探索风洞试验数据处理与对比修正，并深入研究了风洞的阻塞修正，道路与风洞的试验差别，以及风洞流动特性的变化等。奥迪、福特等汽车公司进行了汽车风洞修正研究；美国三大汽车企业——克莱斯勒、福特、通用对于风洞之间的数据进行了对比，并进行相关性分析。研究结果显示，不同风洞之间的测试数据存在一定的差异，但变化趋势、差异量级保持一致，不同风洞之间的数据可以通过相关性关系式进行相互转换。车型的研究开发并不会受到风洞测试结果差异的影响。

为了更好地在风洞中模拟汽车在真实道路环境行驶的状态，越来越多的新设备、新装置被应用于风洞中。如应用移动地面及抽吸式系统等地面效应模拟设备，实现地面和汽车的相对运动，消除风洞地面边界层，减小对汽车底部流场的影响（见图3）。

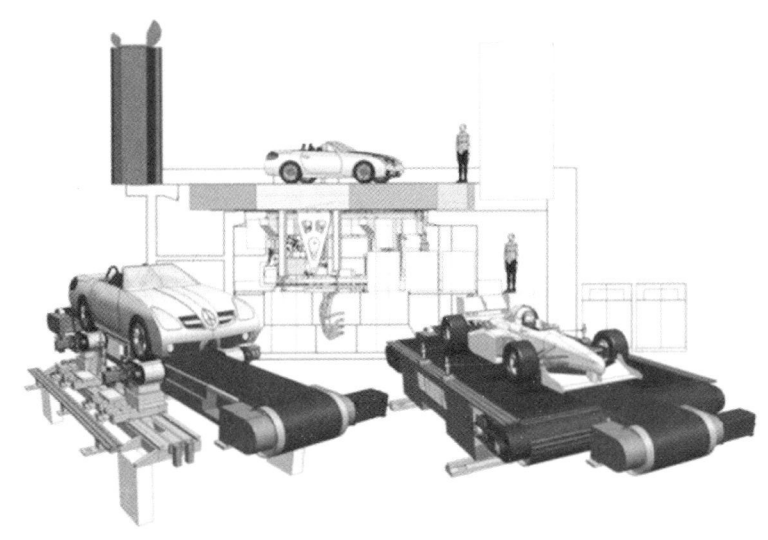

图3 移动带地面效应模拟系统

2. 国内汽车风洞研究现状

我国汽车风洞研究起步较晚。20世纪八九十年代，各大高校、研究机构将航空风洞、桥梁土木类风洞改造成汽车风洞进行试验。吉林大学汽车缩比例风洞筹建于1999年，2002年开工，2003年投入使用，开启了中国汽车风洞建设的篇章。2005年底，国内首座汽车整车风洞——同济大学上海地面交通工具风洞中心开工建设，标志着中国汽车空气动力学研究进入新阶段。近年来，重庆中国汽车工程研究院股份有限公司全尺寸气动—声学风洞、天津中汽中心全尺寸气动—声学风洞建成或即将建成，中国汽车空气动力学进入快速发展阶段。

然而汽车风洞建设的完成并不等同于相关试验技术的完善。相较于国际汽车空气动力学研究的稳步发展，虽然国内建设了国际一流的专业汽车风洞，但我国汽车空气动力学研究，特别是汽车风洞试验技术研究才刚起步，相关的试验数据和试验经验的积累均有所欠缺。为了更好地开展汽车空气动力学研究，研究者需要充分掌握国内的汽车风洞试验设备，适时改进试验设备和完善试验技术，以提高试验精度。

随着全球范围内的汽车风洞建设，汽车风洞试验技术也迎来了变革和创新。为了适应气动噪声的研究，研究者对大量的汽车风洞进行了改进。目前，国内外在建或规划建造的汽车风洞直接定位为两者兼顾的气动—声学风洞。同时，随着汽车风洞试验技术水平的提高，相关试验设备在不断改进换代，新技术被不断采用，如PIV（Particle Image Velocity）、压敏漆等技术。而随着传统风洞中恒定的试验环境逐渐无法满足日益丰富、精细的车辆开发需求，风洞中开始设计、加装各种装置以更加精确地模拟汽车在真实道路中的行驶环境，满足不同偏角、不同湍流度、超车、会车等的测试需求（见图4）。

图4 德国FKFS风洞加装装置

（二）CFD仿真研究现状

汽车空气动力学设计、开发、优化的另一种主要研究手段就是利用

CFD（Computational Fluid Dynamics）方法进行数值模拟，即计算流体力学分析。汽车风洞试验结果虽然精度高、可靠性好，但风洞投资大、试验周期长，且不能全面地对整个流程进行详尽描述，使汽车气动性能工程师无法全面了解其中的流动现象与机理。同时在汽车研发早期，只有设计而没有实车或者模型，无法在风洞内进行试验，往往需要依靠CFD仿真进行早期的开发、设计和验证。在最近的十年中，计算技术和湍流理论的发展，推动了更多的CFD数值模拟方法在汽车空气动力学的开发设计中应用。但这并不意味着传统的风洞试验过时，风洞试验与CFD计算都是模拟工具，两者的特征差异让它们之间的关系更倾向于互补，而不是相互竞争。

现代CFD技术始于20世纪60年代，经历了初始理论研究阶段（1965～1974年）、初步工业应用阶段（1975～1984年）和快速发展阶段（1985年至今）三个阶段，相关的理论和技术已经逐渐趋于成熟、实用。

CFD仿真计算的步骤大致如下。

（1）将所研究问题的物理模型抽象为数学力学模型。

（2）建立汽车形体及三维流场区域的CAD模型。

（3）网格剖分计算区域。

（4）CFD软件处理模型及数据文件。

（5）明确边界条件。边界条件需同时满足数学意义的适定性和物理意义的实用性，并考虑相对运动和地面效应的影响。

（6）设定计算过程、精度等参数后，进行求解，并以数据形式保存计算结果。

（7）将结果文件进行后处理，如图形化处理。如若结果与真实情况差距较大，则重复上述计算过程。

1. CFD数值仿真的基本方法

CFD数值仿真中的线性方法主要为涡格法和面元法；非线性法主要包括Euler法、雷诺平均N－S方程组法（RANS）、大涡模拟（LES）和直接数值模拟（DNS）等。CFD数值仿真方法的区别如表2所示。

表2 CFD数值仿真的主要方法

计算方法	涡格/面元法	Euler法	RANS法	LES/DNS法
简化假设	不可压、无粘、无旋	无粘	湍流模型假设	LES：小涡模化 DNS：无
控制方程组性质	线性Laplace方程	非线性一阶偏微分方程组（Euler方程组）	非线性二阶偏微分方程组（RANS方程组）	非线性二阶偏微分方程组（NS方程组）
求解方法	求解由基本流动如源、汇、偶集子、涡等叠加的流动。对线性方程进行数值迭代求解	求解Euler方程组，数值迭代求解用有限体积法或有限元法离散的方程组	用有限体积法或有限元法求解RANS方程组和湍流模型方程组	有限体积法或有限元法求解NS方程组
网格离散	只需离散汽车绕流表面	离散汽车绕流表面和整个计算域	离散汽车绕流表面和整个计算域	离散汽车绕流表面和整个计算域

2. CFD仿真面临的问题及发展方向

汽车外流场受多重因素影响而呈现明显的非周期变化，因此在对汽车外流场进行CFD仿真计算时，网格剖分难度及计算复杂度大幅提升，仿真结果的稳定性与收敛性均有一定的下降。汽车绕流流场呈现典型的三维、粘性、湍流、分离和非定常的特征。在运行中汽车底部产生的地面效应和车轮引起的附加气流，使汽车外流场的边界条件比高空飞行物更为复杂。汽车的绕流流场较为复杂，运行中环境变化（如侧风的作用）、车身底部的不平整性、保险杠和后视镜等附件的存在等均加重了这一复杂程度。

绕汽车运动的外流场空气属于高雷诺数湍流，研究者对于此类湍流的机理了解不够深入，影响了数值仿真实验。汽车外流场的结构具有复杂性和特殊性：高速运动的汽车受到车身正面阻力、车身侧面附加阻力和升力影响；在真实道路环境中，汽车的外流场还将面临行驶状况的变化，如超车、会车、侧风等的影响。现阶段的研究者对此类外部流场的规律掌握较少，使数据仿真面临较多的挑战。

综上所述，汽车流场仿真的主要发展方向包括以下三点。

（1）在前处理阶段中，应当努力寻求更为先进的建模手段和网格生成

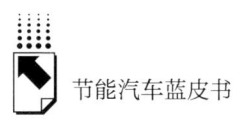

技术。网格需要根据外流场不同区域的不同情况，进行合理分区。具有相适应特征的网格可以显著提高仿真计算的精确度、仿真结果的稳定性和收敛性。

（2）寻求更有效的仿真计算方法及程序，促进使用大尺度涡流模拟、小尺度湍流模型进行求解，以提高模拟计算的精确度。

（3）深入研究汽车表面的分离涡流及湍流，发展更先进有效的流体流动计算模型。风洞实验显示，汽车表面流动的大部分是较强的大小涡流混杂的湍流，为了提升汽车外流场的模拟仿真精度，必须对粘性流体湍流方程进行求解。

三 空气动力学对汽车能耗的影响

（一）汽车空气阻力与能耗的关系

节能是当前汽车行业的一个重要研究课题。当车辆行驶速度超过60km/h时，空气阻力成为车辆行驶阻力的最大组成部分，极大地影响了车辆的能耗水平。研究表明，全球轻型车辆排放测试规程（Worldwide Harmonised Light Vehicle Test Procedure，WLTP）规定驾驶循环中，车辆风阻系数每降低10%，燃油效率提高约2.6%。通过改善车辆的空气动力学性能，能够以较低的成本换来燃油效率的提高，从而降低车辆行驶的综合能耗。

（二）影响汽车空气阻力的因素

研究发现，在现代汽车中，45%的空气阻力来源于车辆的整体外造型，而车轮的设计布局、底盘的设计细节分别占比30%和25%。随着法规对汽车排放要求的日益严苛，降低主要受汽车外形设计影响的空气阻力系数已成为世界各国汽车研究中心的主要任务之一。

1. 整体外造型

车辆整体外造型主要包括机舱盖、挡风玻璃、A柱、后尾箱等车辆外表面造型，车身姿态以及后视镜、天线、尾部空气动力学附件等附加组件造型。下文将主要介绍车身顶部、后视镜、尾翼设计方案对整车空气阻力的影响及优化方向建议。

（1）车身外造型。车身顶部从前往后依次为机舱盖、前挡风玻璃、车顶、后挡风玻璃、后尾箱部件，各部件的自身造型、相互连接角度等均会对整车空气阻力造成影响。

影响气流如何从机舱盖过渡到挡风玻璃的关键因素是挡风玻璃与机舱盖的夹角大小。图 5 的分析结果表明，随着挡风玻璃倾角增大，气流在机舱盖上的流动分离点会逐渐前移，分离的气流在挡风玻璃的附着点会逐渐上移。分离点的前移以及附着点的上移将会导致气流在通过机舱盖以及挡风玻璃时流动分离面积增大，从而增大了车辆的气动阻力。进一步分析机舱盖倾角、挡风玻璃倾角分别与车辆气动阻力系数的关系，得到如图 6 所示的关系曲线，可以直观地发现增大机舱盖与挡风玻璃的夹角能够有效减小车辆的气动阻力系数。

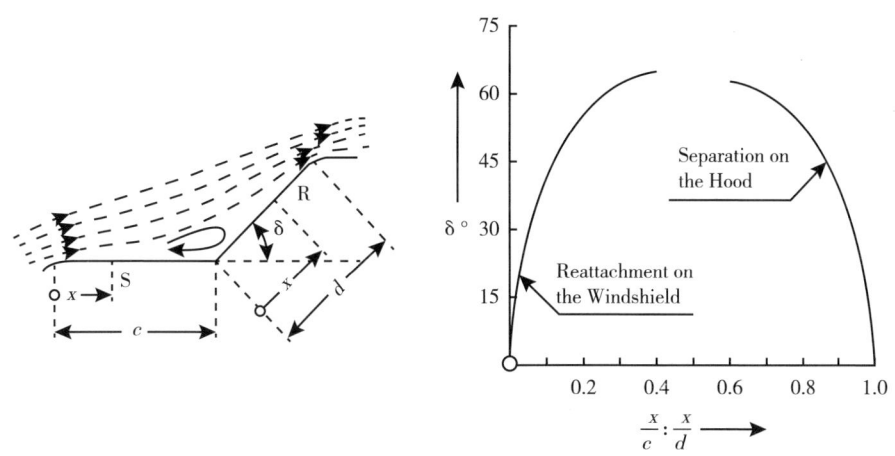

图 5 气流分离点、附着点位置与挡风玻璃倾角关系

气流从前挡风玻璃流经车顶，流向后窗玻璃过程中，气流容易发生流动分离，从而增大车辆的气动阻力。将车顶设计成弧形，能够有效避免气流在

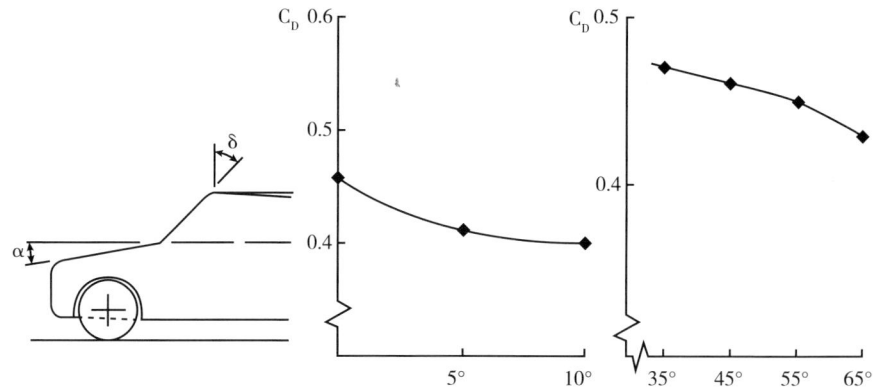

图6 机舱盖倾角与挡风玻璃倾角分别跟车辆气动阻力系数的关系

流入或流出车顶表面过程中发生流动分离。降低整车气动阻力的功效主要与前挡风玻璃、车顶以及后窗玻璃组成曲面的等效曲率半径大小有关，半径越大，整车的气动阻力系数越小。在整体车长不变的情况下，曲率半径的增大，意味着前挡风玻璃与机舱盖的夹角增大（见图7）。这与前文中提到的前挡风玻璃与机舱盖夹角越大，整车气动阻力系数越小结论相符。此外，车顶最高点所在位置越靠前，车顶到车尾部尺寸收缩过渡越平顺，能够避免气流分离，实现降低气动阻力的目的。

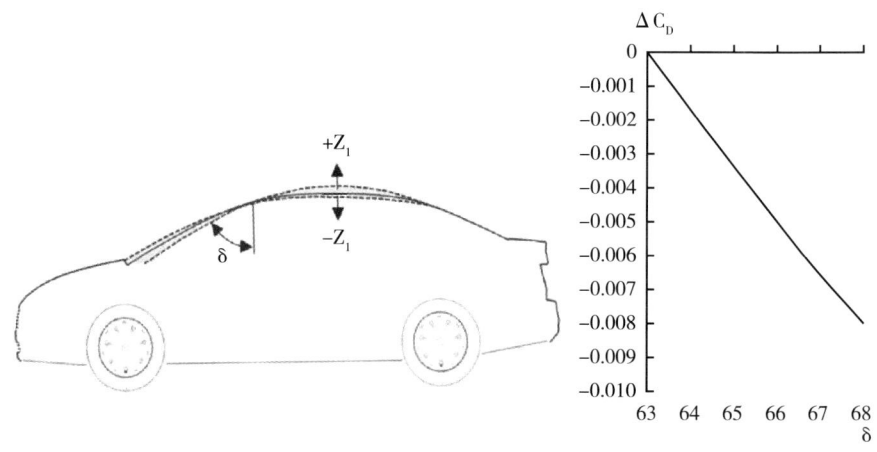

图7 挡风玻璃与车顶夹角与气动阻力系数关系

不同的车辆类型，后尾箱的造型差别较大，后尾箱高度及后尾箱与后窗玻璃的夹角等不尽相同。车辆气动阻力系数与后尾箱高度及后尾箱和后窗玻璃形成夹角大小有关。从分析数据上看，一定角度的"快背式"车身尾部呈现较好的低气动阻力效果。

由于车辆整体外观的协调性以及不同类型车辆的功能性限制，后尾箱及后窗玻璃的相关参数只能在小范围内调整。为了达到更好的空气动力学性能，往往会在车辆尾部安装各类气动附件，包括尾翼、涡流发生器、扩散器等。针对不同的气动附件对车辆空气动力学性能影响在后文有相关介绍。

类似的，车辆侧面各部件的连接过渡越平滑，过渡曲率越大，越有利于减小整车的空气阻力。图8曲线表示在奥迪100车辆开发中，A柱和C柱的等效曲率对整车气动阻力系数的影响。

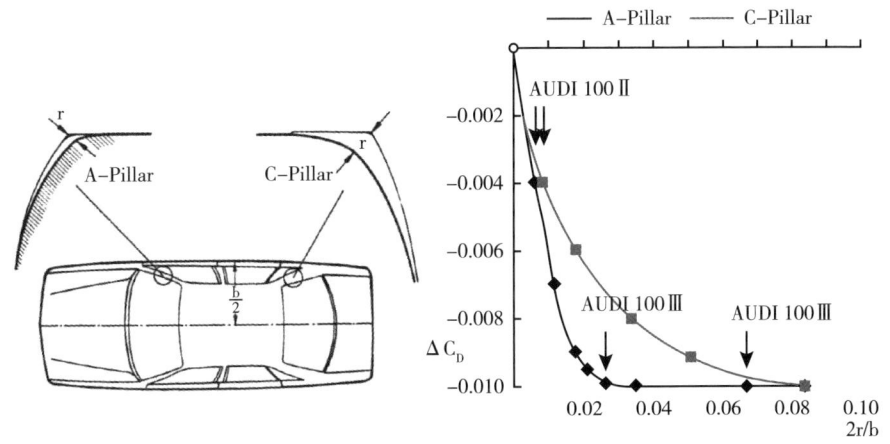

图8 A柱、C柱曲率与气动阻力系数关系

此外，车身整体姿态也是影响空气阻力大小的因素之一。车身姿态决定的参数主要包括车辆离地间隙以及车辆俯仰角度。车辆离地间隙是影响整车气动阻力的一个关键因素，车辆离地间隙越大，流经车辆底部的气流流量就越大。由于车辆底盘的不平整，通常流经底盘的气流流量增大将会导致车辆整体的气动阻力增大。车辆离地间隙对车辆气动阻力系数的影响如图9a所示。对于绝大多数的车辆而言，降低车辆离地间隙能够有效减小车辆的气动阻力系数。

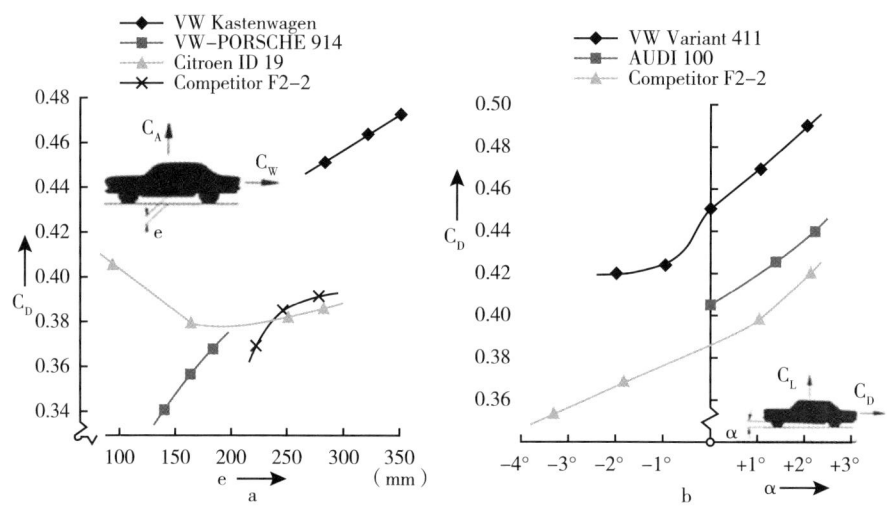

图9 车身姿态参数与气动阻力系数关系

车辆俯仰角度对车辆风阻系数的影响如图9b所示。在车身高度保持一致时，随着车辆俯仰角度的增加，阻力系数逐渐增加。

（2）后视镜。后视镜是车辆必须配备的零件之一，同时也是车辆整体外造型的主要突出物之一。车辆行驶过程中，后视镜在高速气流冲击及前后气流压差作用下，会产生较大的气动阻力。研究发现，车辆后视镜产生的气动阻力占整车气动阻力的2.5%~5%。后视镜产生的气动阻力与后视镜尺寸大小、形状及后视镜与车体的连接方式有关。常见的连接方式为后视镜安装在车门上或安装在三角盖板上，图10展示了几款不同造型的后视镜。近年来通过改善后视镜外型及在后视镜镜壳布置涡流发生装置以降低后视镜气动阻力的研究开展较多。如图11为镜壳造型优化及涡流发生装置的示意图，改进过后整车的气动阻力系数分别能够降低0.008和0.01。

（3）外造型气动附件。扰流板作为一种重要的车辆空气动力学装置，其设计目的主要在于破坏车辆周围不利的空气流动。安装在车辆底盘前部的

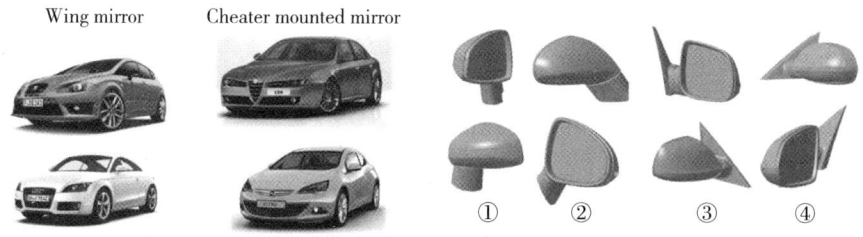

图10 几款后视镜造型

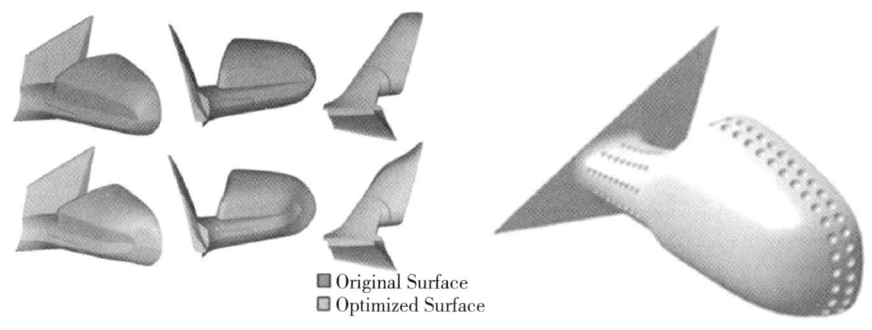

图11 镜壳造型优化及涡流发生装置示意

扰流板通常被称为气坝，气坝除了能够引导底部气流的流动外，还能减少车辆底部的空气量，通常能够降低车辆的气动升力和阻力。安装在车辆尾部的扰流板，通常被称为尾翼。在乘用车上安装尾翼，主要是为了减少空气阻力，提高燃油效率。

气流从车辆顶部后缘向下流动到车辆尾部，需要经过较大的倾斜角度，这会导致空气的流动分离。气流在车辆尾部变得紊乱并形成局部低压区，增加了车辆的阻力和不稳定性。增加了尾翼装置后，气体从车辆顶部到车辆尾部的倾斜角度减小，有助于延迟气流的流动分离，使车辆尾部的低压区后移，减弱了低压区对车辆的阻力效应；同时在尾翼前形成的局部高压，能够对车辆提供额外的下压力，使车辆高速行驶时具有更好的稳定性。

在简化的三维轿车模型上添加如图12所示的两种汽车尾翼，可以看出，添加尾翼后车辆后部气流得到明显改善。相比原来不带尾翼状态，安装尾翼后的计算模型后部形成的尾涡速度均有所增大且更加远离车体（见图13），相应的气动阻力系数分别降低了0.04和0.015。

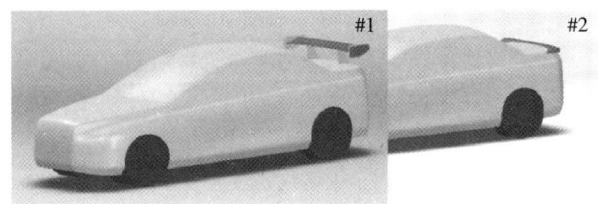

图12　两种尾翼示意

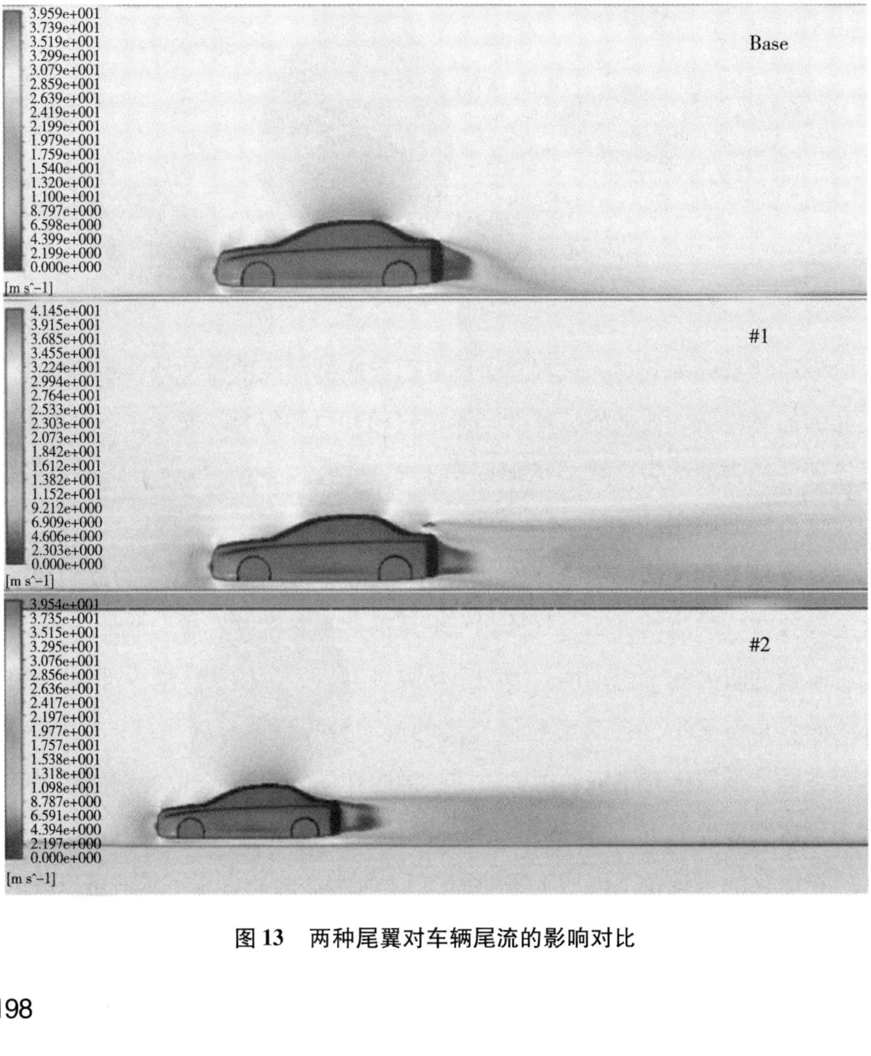

图13　两种尾翼对车辆尾流的影响对比

尾翼也被广泛应用到 SUV 车型中，作为控制尾涡发展、降低风阻的重要附件，尾翼在发展历程中不断优化。无论是兼顾性能与外观的传统造型尾翼，还是更具运动风格的悬浮式尾翼（见图 14），都在车辆开发过程中不断得到改进。通过优化车辆尾翼，整车的气动阻力系数降低 7.2%。

图 14　应用于某 SUV 的悬浮式尾翼

同样常见用于汽车尾部的扰流装置还包括涡流发生器、尾部导流片等。涡流发生器是一种空气动力学附件，是汽车行业中具有较大发展前景的被动控制系统之一。涡流发生器主要利用尺寸较小的叶片结构装置，使气流在经过时产生流向涡，进而掺混车体表面边界层低速气流和环境高速气流，实现对流动分离的控制并降低车辆气动阻力。在车辆尾部安装导叶或者导流板，能够引导空气进入车辆后部低压区域，提高车辆尾部的压力恢复能力，从而降低整车的气动阻力。由于不需要对原车辆的设计进行修改，在车辆尾部安装导叶、导流板装置成为高效且低成本的减阻方案。导叶或导流板装置常用于卡车、牵引车等方背外型车辆，减阻效果主要由导流叶片的长度、形状和角度决定。

2. 车轮设计布局

轮腔附近的气流从各个方向被吸进车轮周围并受到车轮滚动的影响，使车轮附近的气流流动情况非常复杂。车轮及轮腔带来的气动阻力约占整车气动阻力的25%。

轮胎宽度是影响气动阻力的一个重要因素，基于特定类型的轮胎及气流流进状态，轮胎宽度每增加5毫米会使整车气动阻力系数增加0.003左右。对于相同尺寸的轮胎，轮胎花纹及特征的不同将会导致气动阻力产生差异。图15展示了七种相同尺寸、不同花纹的轮胎对整车气动阻力系数的影响。

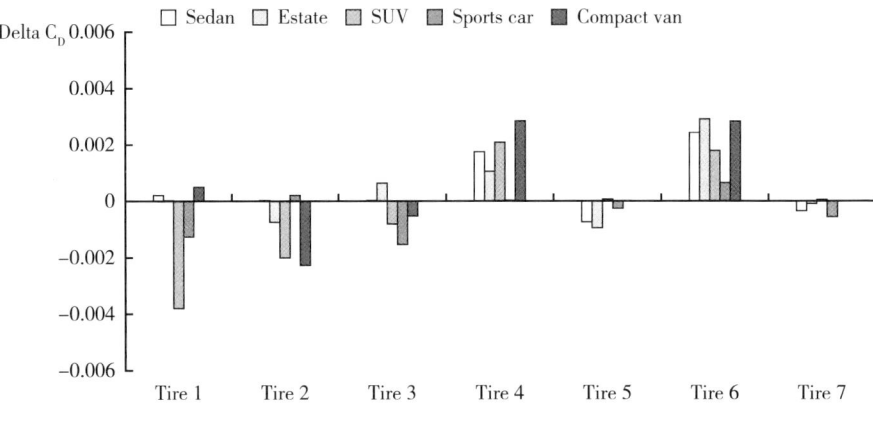

图15 不同花纹轮胎与气动阻力系数关系

轮辋形状对车轮气动阻力的影响同样不可忽视，轮辋内外侧开口面积、样式及开口数量等因素均会对车辆的气动阻力造成影响。风洞实验证明，轮辋开口面积越小，造成气动阻力越小。

轮腔的设计同样是影响车辆整体空气阻力的关键因素。减少车轮暴露在车外气流中的面积，能够有效降低整车的空气阻力。在轮腔外增加盖板，能够减小轮腔内的流场压力系数（见图16a），同时能够改善车身尾部气流的分离情况（见图16b），从而达到优化整车空气阻力的目的。

3. 底盘设计细节

车辆底盘是一个复杂的组成系统。由于悬架、动力—传动系统、排气系统等布置及性能要求，车辆底盘不能像车身其他表面一样被设计成光滑的、更利于流体附着流动的表面，往往具有较大的不平整度。车辆底盘不平整使通过车辆底部的气流在多个地方滞停或者分离，这将导致车辆底部发生较大

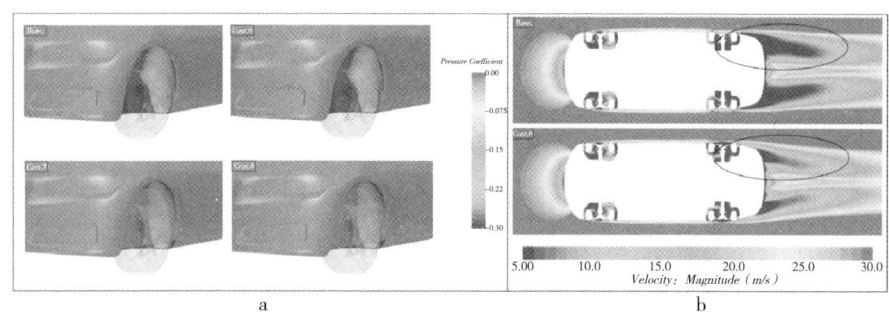

图16 不同轮腔盖板方案对车轮内、车身尾部流场影响

的流动损耗。此外,车辆底盘的不平整会导致车辆前部气流的驻点上移,进而从车辆顶部通过的气流增加。尤其是快背式轿车,后背上方的气流增加,会导致后升力的增大,从而使整车的诱导阻力增大。

车辆底盘可以简化地看作一块粗糙的平板,与光滑平板相比,摩擦力随着粗糙度的增大而增大。因此,可以定性地认为,车辆底盘设计得越平滑,车辆整车气动阻力越小。在研究分析中,通过从前往后和从后往前两种顺序添加底部平滑护板,得到的减阻效果如图17所示。从图17中可以得到,完整的底部平滑方案可以使整车的气动阻力系数减小0.035,同时,底盘后部平滑比前部平滑更有利于车辆的气动减阻。

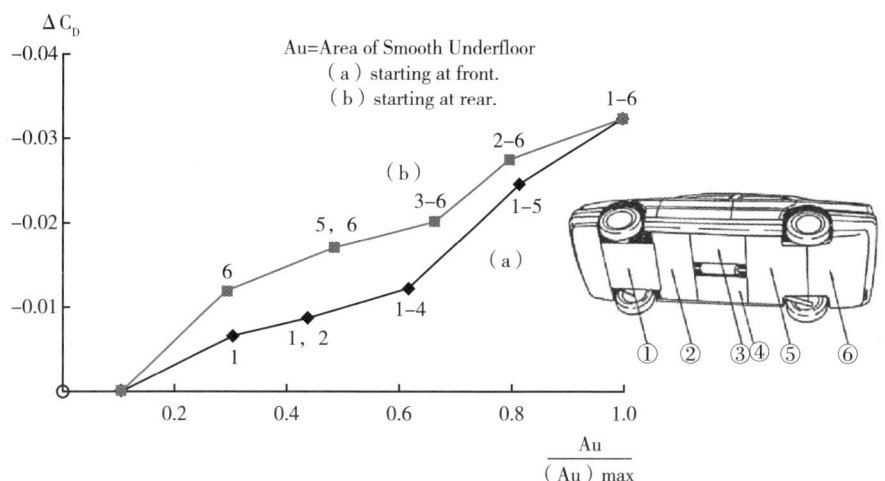

图17 底盘平整度与气动阻力系数关系

实际在应用中,车辆底盘通常通过增加附加部件的方式来达到平滑效果。由于底盘各子系统的性能要求,尤其是排气系统的散热要求,实际情况中车辆底盘往往不能实现整体平滑,而是通过在关键区域添加平滑护板实现减阻。如图18所示,奥迪A8通过在底盘添加若干平滑护板,增大了车辆底盘的整体平整度,改善了气流在车辆底部的流动情况。同时,在前护板上设计有导流肋条,促使更多的气流流经车辆底部高温部件,保证部件的散热要求。

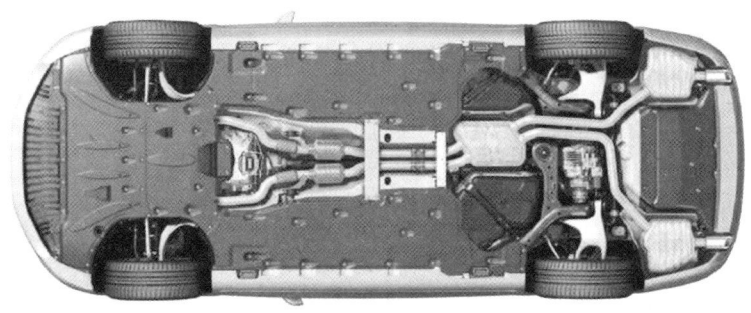

图18 奥迪A8底护板方案示意

尽管底盘不平整度对整车气动阻力的负面影响早已为人所知,但现阶段由于附加护板带来的成本增加及排气系统的散热需求,许多车辆的底盘仍是没能达到较高的平整度。在粗糙底盘前部增加气坝,也能实现降低车辆气动阻力效果。

在底盘前部增加气坝,能够降低气流在车辆底部流动的速度,进而减弱车辆底盘不平整、非流线形表面带来的较大阻力效应,使整车的气动阻力得到优化。然而,气坝本身也会带来新的气动阻力,当底盘已较为平整或者气坝被设计得过高时,增加气坝会使整车气动阻力变大。因此,在使用气坝减阻时,需要精心设计,使气坝能够带来积极效应。

针对车辆底盘空气动力学优化,还可以对尾部进行扩散式设计。汽车向前行驶时,在汽车的后部会形成一个低压区,这一低压区会对车辆产生与行驶方向相反的负压力。车辆尾部的低压区是由气流的分离而产生的,在尾部形成了漩涡。为了降低车身尾部低压区产生的阻力效应，可以把车辆底盘尾部设计成切片状或者安装气流扩散器。

扩散器是安装在车辆底盘尾部的装置，通过改变车辆底部高速气流与车辆尾部周围较慢的气流之间的过渡方式，提升车辆的整体空气动力学性能。气流在流入车辆底部后，速度逐渐减慢，气流压力逐渐增大。通过尾部扩散器能够增加气流流出车辆底部的扩散角和面积，将部分气流从下部导向车尾低压区，减小了漩涡和低压的影响，从而降低了整车的气动阻力。

在给定的离地间隙下，车辆尾部扩散器的减阻效果主要与扩散器的扩散角及扩散器的长度相关。Potthoff 的相关研究发现，较长的扩散器减阻效率更高，采用较小角度也能实现同样的减阻效果。

4. 主动减阻系统

主动减阻系统主要包括主动进气格栅、主动悬架系统、主动可调尾翼等系统或装置。通过将系统/装置设计成可调模式，能够在满足整车各项要求的前提下，在特定行驶工况下进一步降低整车的空气阻力。由于带来的整车重量增加及成本增加，目前主动减阻系统多用于高级车或豪车等。

（1）主动进气格栅。近年来，主动进气格栅（Active grille shutters, AGS）越来越多地在豪华车上应用。主动进气格栅平衡了整车降风阻与发动机舱散热的问题，可有效降低能耗。

研究表明，减少进入发动机舱的气流量可有效降低整车风阻。如表 3 所示，通过调整 AGS 叶片攻角，整车风阻系数最大能够降低 0.0281。而传统的固定叶片进气格栅，为了保证有足够的空气流进发动机舱以满足车辆行驶中的散热需求，叶片通常被设计成较小攻角，造成了整车的气动阻力的增大。

主动进气格栅技术能够通过采集车速、发动机状态、散热器温度、风扇负载等监测数据，实现对进气格栅叶片攻角的合理控制。在满足发动机舱散热需求的前提下，减少汽车的气动阻力，从而降低燃油消耗，使车辆兼备良好的动力性能和燃油经济性。

表3 不同AGS叶片攻角下风阻系数

方案序号	AGS叶片攻角	风阻系数
1	原车模型	0.3547
2	0°（全开）	0.3518
3	15°	0.3522
4	30°	0.3496
5	45°	0.3473
6	60°	0.3425
7	75°	0.3327
8	90°（全闭）	0.3266

（2）主动悬架系统。前文讨论了降低车身高度以及较小的车辆俯仰角度有利于减小整车气动阻力系数，从而提高车辆燃油经济性。然而，为了满足车辆的通过性、各高温零部件散热环境以及悬架性能等要求，降低车身静态高度受到较大的限制。应用主动/半主动悬架系统技术，能够实现车身动态高度调节，从而实现在路面平坦、高速行驶等驾驶场景中，降低车身高度或改变车身俯仰角度，以达到降低气动阻力、提高车辆燃油经济性的目的。

四 空气动力学对汽车的其他影响

（一）影响汽车操纵稳定性和行驶平顺性

影响汽车操纵稳定性和行驶平顺性的因素，除了汽车悬架外，还有行驶过程中遭遇的来流情况及车辆的综合空气动力学性能。车辆行驶过程中自然风、路边障碍物、地形、路面粗糙度及交通状况等因素都会对车辆的汽车空气动力学性能产生明显影响。行驶中的车辆遭遇的非稳态来流主要指道路侧风，受侧风干扰，车辆的气动力将会发生显著的改变，其中侧向力系数和升力系数与侧风强度呈正相关。气动力的改变将会严重影响到车辆的操纵稳定性和行驶平顺性，因此在汽车空气动力学性能开发中，针对侧风影响下车辆的气动特性研究必不可少。

（二）影响乘坐体验

1. 汽车风噪声

汽车整车噪声主要由发动机噪声、轮胎噪声、风噪声等组成，各成分占比主要受汽车行驶工况影响。在车辆低速行驶或发动机处于高负载运行状态时，汽车整车噪声主要由发动机及传动系统噪声、轮胎及路面系统噪声组成；随着车速的增大，汽车风噪将越来越明显并逐渐成为整车噪声的主要组成部分，这是因为汽车风噪声的声强强度随着车速的增大呈五到六次方的指数增长，而轮胎—道路噪声只是三次方的指数增长。在车辆高速行驶时，汽车风噪声过大将会严重影响车内乘员的乘坐体验，并且容易对驾驶员操纵汽车带来干扰。

汽车风噪声主要由车辆周围气流流经车身表面的突出零部件、面差过渡结构、细小缝隙、复杂腔体等结构时，引起的空气震动造成。汽车风噪声的主要噪声源包括进气格栅、轮胎/轮腔、后视镜、雨刮、A柱、天线、尾翼等。在汽车空气动力学开发中，应对可能引起较大风噪声的各零部件造型、尺寸、结构等进行优化，以降低汽车风噪噪声水平。

2. 乘坐热舒适性

车内空气温度、湿度、气流流动状态等会对乘员乘坐体验造成影响。适当、均匀的车内温度分布、风速分布能够使驾驶员及乘客的乘坐舒适性大大提高，有利于避免驾驶和乘坐疲劳。通过掌握车内流场的分布情况，设计准确的送风参数，使乘员舱能够快速地达到设定要求，能够减少汽车空调运行负荷和运行时间，节约能源的消耗。因此，为了提高乘员舱的乘坐热舒适性以及减少整车能量消耗，车内流体的流动特性以及乘员舱内空间的传热分析必须在汽车空气动力学性能开发中得到充分考虑和优化。

五 未来展望

以整车空气阻力分解（见图19）为出发点，最有希望能够使整车空气阻力降低的区域是那些尽管经过相关优化，仍存在流动分离或速度损失的区域，包括以下几处。

（1）包括A柱、车尾在内的整车外造型，底盘。

（2）后视镜、车轮等外接部件。

（3）机舱内结构及零部件布置（冷却流场）。

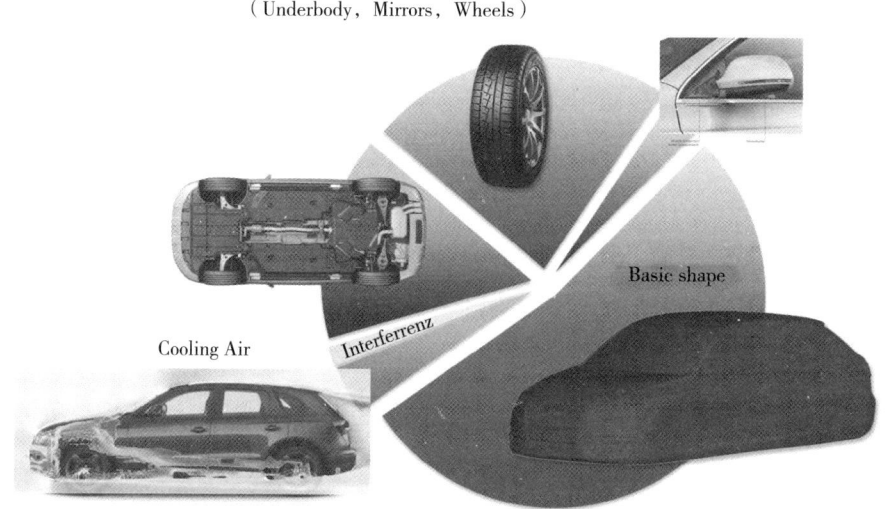

图19　汽车整车空气阻力分解示意

面向汽车整体外造型的进一步优化，减少气流在车身表面产生纵向的漩涡和减少流动分离现象必不可少。本文前面讨论了前风挡经过A柱到车身侧面的过渡曲率对汽车整车空气阻力的影响。20世纪50年代，大曲率的全景前挡风玻璃曾被设计用于解决气流经过A柱时的流动问题，但是由于当时未能解决大曲率玻璃带来视野扭曲的问题，全景前挡风玻璃并没有得到实际应用。在近年来的汽车造型设计上，随着科学技术、加工工艺等的提升，前挡风玻璃与A柱的大曲率过渡设计重新得到重视，出现在包括广汽EN0.146、宝马Vision Next 100、奔驰VISION AVTR等概念车型以及西尔贝Tuatara、大众XL1等量产车型上。前挡风玻璃、A柱、车顶及车身侧面整体更为圆滑的设计使以上车型均拥有超低的风阻系数。

对当前气动后视镜的进一步外型优化，收到的提升效果往往并不明显。近年来，各大车展上展示的多款概念车不再配置后视镜，而是使用后摄像头代替。图20为使用摄像头代替传统后视镜的奥迪eTron。使用摄像头代替后视镜能够改善原有后视镜对气流的阻挡问题，降低整车空气阻力，而在此技术上对摄像头支座进行进一步优化，空气阻力系数降低的幅度将会更加明显。受限于当前的法律法规以及人们的驾驶习惯，电子后视镜暂时还未能进入日常生活中。相信在未来，能够提供比传统光学后视镜更大视野的稳定电子后视镜系统将会很大机会得到量产使用。

图20　使用摄像头代替传统后视镜的奥迪eTron

风阻系数仅为0.189、百公里油耗为0.9L的量产汽车大众XL1（见图21a）除了使用圆滑的整体车身造型、基于摄像机的后视镜外，还拥有嵌入式的后轮设计以及平整的底盘设计。同样采用封闭轮腔设计，风阻系数仅为0.18的概念车宝马Vision Next 100（见图21b）将车身轮腔部分设计为由一系列菱形块组成。菱形块之间由类似于手风琴波纹管的结构连接，使整体车身不会阻碍车轮转向并能够实现对车轮的遮挡。这些以前只可能出现在概念车型上的空气动力学设计理念，已经有部分应用在量产车型上。技术的不断革新、进步，将会使更多现阶段空气动力学概念车型设计理念实现量产，整体汽车的风阻系数进一步降低。

图21　大众 XL1 与宝马 Vision Next 100

回看汽车车身造型的发展史，其实就是人们不断地追求汽车最佳的气动造型的历程。未来，随着油耗及排放要求的进一步加严，5G网络和人工智能技术的进一步发展带来道路行车环境改善和人机交互新方式，汽车空气动力学研究将会不断地向更低风阻的方向发展。

参考文献

傅立敏：《汽车空气动力学》，机械工业出版社，1998。

傅立敏、胡兴军、张世村：《车轮辐班开孔对汽车外流场影响的数值模拟》，《农业机械学报》2006年第1期。

张英朝：《基于仿真与试验的汽车风洞修正研究》，吉林大学博士学位论文，2010。

张扬军、吕振华、徐石安等：《汽车空气动力学数值仿真研究进展》，《汽车工程》2001年第2期。

Tortosa N., Lounsberry T. H., Koester W. D., "A Correlation Study Between the Full-Scale Wind Tunnels of Chrysler, Ford, and General Motors", SAE Technical Paper, 2008.

Reinhard Blumrich N. W., "New FKFS Technology at the Full-Scale Aeroacoustic Wind Tunnel of University of Stuttgart", SAE Technical Paper, 2015.

Ramesh K. Agarwal, "Sustainable Ground Transportation – Review of Technologies, Challenges and Opportunities", *International Journal of Energy & Environment* 4 (6), 2013.

Buscariolo F. F., Magazoni F., Alves J. C. L., et al., "Aerodynamic Shape Improvement for Driver Side View Mirror of Hatchback Vehicle using Adjoint Optimization Method", SAE Technical Papers, 2015.

Ram B., Sharma R. B., "Drag Reduction of Passenger Car Using Add-On Devices", *Journal of Aerodynamics*, 2014.

Xuxia Hu, Eric T. T. Wong., "A Numerical Study on Rear-spoiler of Passenger Vehicle", *Proceedings of World Academy of ence Engineering & Technology* 81, 2011.

P. Ramya., "Analysis of Flow over Passenger Cars Using Computational Fluid Dynamics", *International Journal of Engineering Trends and Technology* 29 (4), 2015.

P. N. Selvaraju., "Analysis of Drag & Lift Performance in Sedan Car Model Using CFD", *Journal of Chemical and Pharmaceutical Sciences*, Special Issue 7: 2015.

Beaudoin J. F., Aider J. L., "Drag and Lift Reduction of a 3D Bluff Body Using Flaps", *Experiments in Fluids* 44 (4), 2008.

Landstrom C., Josefsson L., Walker T., et al., "Aerodynamic Effects of Different Tire Models on a Sedan Type Passenger Car", SAE Technical Papers, 2012.

Cavusoglu, Ömer Faruk, *Aerodynamics Around Wheels and Wheelhouses*, Chalmers University of Technology, 2017.

Young-Chang C., Chin-Wei C., Andrea S., et al., "Optimization of Active Grille Shutters Operation for Improved Fuel Economy", *Sae International Journal of Passenger Cars Mechanical Systems* 10 (2), 2017.

B.13
新常态下混合动力技术在我国应用发展前景分析

摘　要： 国内汽车市场高速增长态势不再，进入平台期。混合动力是节能效果最明显的技术之一，是汽车工业发展不可或缺的一环，并成为各大车企激烈竞争的领域。国外主流车企的混合动力技术已趋成熟，国内企业还处于研发探索阶段。混合动力技术种类较多，P2单电机并联式混合动力、混联式混合动力（功率分流）和串并联切换式混合动力的节油率表现较好，被诸多车企所采用。此外，本文还讨论了混合动力系统以及相关领域的发展新动向、趋势以及存在的若干问题和建议。

关键词： 混合动力　汽车市场　节油率

一　新常态下国内汽车市场需求

进入21世纪，随着国民收入的不断增长，汽车消费主体逐步由政府、集团转变为个人用户，中国汽车工业和消费市场迎来高速发展阶段，汽车销售量由2005年的320万辆猛增至2017年的2887万辆，达到顶峰。但从2018年开始，汽车销量连续两年下降，到2019年汽车销量已经下滑至2576万辆。我国汽车市场经过多年高速增长，逐渐进入平台期。

决定汽车市场走向的两个重要因素，一个是主要消费人群的购买力和购买意愿,另一个是保有量,通常用千人保有量来衡量。而就当前汽车市场,新冠肺炎疫情产生的影响也值得分析。

(一)购买力及购买意愿

2019年,经济增速放缓,制造业增速下滑以及中美贸易争端影响了新车购买人群的消费信心,需求量下滑,这是我国汽车市场进入平台期的原因之一。

随着中国经济的持续快速增长,居民人均可支配收入由2011年的14551元上升至2019年的30733元,消费者对汽车的购买力也随之不断增强。与此同时,中国汽车市场开始进入存量竞争时代,市场的消费主流由首次购买转变为换购和增购。国家信息中心的数据显示,2011~2019年,乘用车换购比例由18.5%逐渐增长至33.8%,年均增长1.9个百分点,且近年来换购比例加速提升,2019年换购比例较2018年提升4.3个百分点;2019年换购和增购比例总和首次超过50%,首购比例下降至50%以下。

随着购买力的增加,特别是换购增购人群增加,消费者不仅追求汽车外形、舒适性配置等表面特性,而且更加注重发动机、变速箱的性能等更内在的品质,推动了汽车消费升级。据2019年统计,20万~25万元的汽车销量增速同比增长15.6%,35万元以上区间的份额较2018年提升1个百分点,高端市场整体向好,整体市场向上偏移,消费升级趋势明显。中高级车、新能源车等品牌将拥有更多参与"换购之争"的优势。

(二)千人保有量

千人保有量是衡量一个国家汽车市场发展的重要指标。数据统计显示,美国汽车千人保有量约为800辆,日本、德国、英国等的保有量均约为600辆,韩国约为400辆,巴西约为300辆。根据公安部测算,2019年我国汽车千人保有量处于170辆左右的水平,与经济发达国家相比存在很大差距，与巴西等发展中国家相比仍有较大的提升空间。长期来看，在我国经济长期稳定增长的态势下，我国汽车市场仍有很大的增长空间。

（三）疫情影响分析

新冠肺炎疫情给全世界的经济发展蒙上阴影，世界各国为防范疫情，都不同程度地采取了停工停产、限制社交等措施，不仅从生产层面造成了巨大影响，也极大地抑制了社会的消费能力。

我国汽车行业同样也受到疫情影响，2020年第一季度汽车产销数据大幅缩水。但是，疫情的影响不会是长期的。随着我国疫情控制取得巨大成效，在世界上率先复工复产，经济活力正在逐步恢复，汽车行业也在随之好转，2020年4月、5月的汽车产销数据已显示出回升态势。

此外，参考2003年SARS对汽车消费的影响，由于乘用车具备独立空间，可以在很大程度上降低出行过程中被传染的可能性，在一定程度上推动消费者买车意愿的提升。2003年的汽车市场虽然受到短暂影响，但全年仍然实现了高增长，中国汽车累计产销量分别为444.37万辆和439.08万辆，同比分别增长35.20%和34.21%（与2002年产销量相比，2003年产销量分别净增119.3万辆和114.27万辆）。

因此，我国经济的率先复苏与"为避免乘坐公共交通工具而买车"带来的消费者购买意愿增加两种因素，对消除新冠肺炎疫情对汽车行业的负面影响都有一定的积极作用，随着经济状态与疫情控制的持续好转，汽车市场平台期不会长期存在。

（四）小结

总而言之，短期内由于经济增速放缓、中美贸易争端、新冠肺炎疫情等多重因素影响，实际消费受到一定影响，汽车销量会出现短暂的平台期。但消费者整体购买力逐步增强，对比发达国家千人保有量水平，我国汽车市场仍有广阔的发展空间。

二 混合动力市场前景可期

(一)混合动力是未来汽车工业不可或缺的技术

随着能源危机的加剧和环保问题的日益严峻,各国政府对汽车的能源消耗和温室气体排放提出了越来越严格的要求。2014年欧洲议会(EP)通过新排放标准法案,要求从2021年开始新车平均CO_2排放不得高于95g/km,换算成油耗约为4L/100km。2018年,欧盟各国政府代表以及欧洲议会将2030年汽车平均CO_2排放目标设定为59.4g/km(2.5L/100km),比2021年的95g/km减少37.5%。

美国政府公布的2017~2026年的企业燃油经济标准CAFE(Corporate Average Fuel Economy),要求从2016年的35.5mpg(约6.63L/100km)开始逐步提升燃油效率(见表1)。

表1 美国2017~2026年乘用车CAFE油耗目标

油耗目标	2017年	2018年	2019年	2020年	2021年	2022年	2023年	2024年	2025年	2026年
CAFE(mpg)	39.0	40.4	41.9	43.6	44.2	44.9	45.6	46.3	47.0	47.7
CAFE(L/100km)	6.0	5.8	5.6	5.4	5.3	5.2	5.2	5.1	5.0	4.9

注:mpg为miles per gallon缩写;1mpg=235.22L/100km。

如此大幅提升燃油经济性,仅通过提升发动机效率难以实现,即便是柴油机以及正在研发的高效发动机也无法实现该目标,更为现实的解决方案是采用混合动力技术。混合动力汽车可以实现怠速停机、低速时电力驱动,减少无功率或低功率需求时的能耗;借助电机助力,可以匹配高效率热循环的发动机并且实现发动机小型化,提高发动机的燃油效率;能够在制动时回收车辆的动能,转换成电能储存起来,减少能量损失。以2019年北美市场混合动力车型为例(见图1),相对于普通燃油车,混合动力燃油经济性平均改善55%，或整车油耗平均降低35%，其中第四代丰田Prius（A+级，56mpg）和现代Ioniq（A+级别，58mpg）两款车型已达到美国2025年燃油消耗目标。

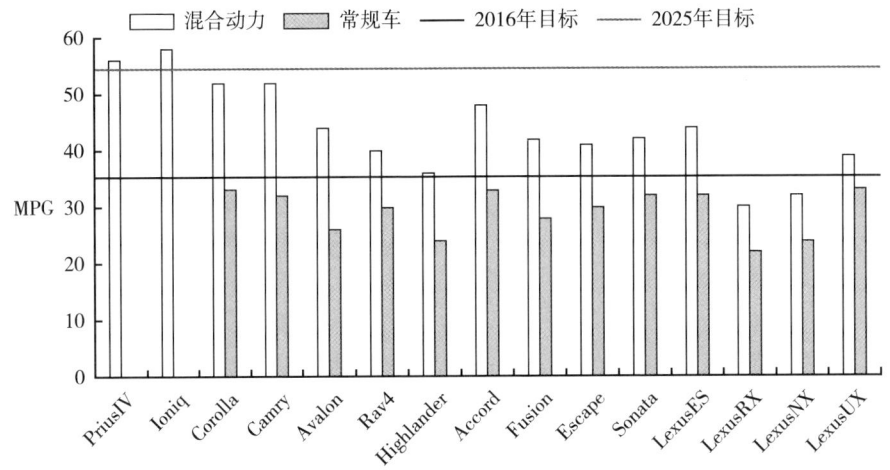

图1 2019年北美市场混合动力车型油耗

资料来源：北美车企官方网站。

（二）混合动力已具备大规模生产和市场化的条件

就国际汽车市场而言，油电混合动力车是关注度和销量较高的传统能源车。随着与混合动力传动技术相关的机械、电气、内燃机、能源技术的发展，混合动力汽车将更具市场竞争力。

丰田普锐斯是日本丰田汽车于1997年推出的世界上第一个大规模生产的混合动力车型，随后在2001年销往全世界40多个国家和地区。在普锐斯的带领下，丰田混动家族逐渐壮大，发展至如今的30余款混动车型。福特、通用、本田、日产等国际主流车企均拥有自己的混动系统。与纯电动汽车动力电池技术相比，混合动力汽车的技术更为成熟，能够满足车辆现阶段能耗要求。

混合动力汽车与电动车不同，不依赖充电设施，不会带来能源设施建设和运营费用，无充电时间成本浪费。混动的可靠性和安全性均得到了市场的验证，但若无政策支持，成本的消化是企业面临的一个重要难题。

（三）混合动力汽车的全生命周期使用成本极具竞争力

汽车作为完全市场化的行业，一种技术能否在与其他技术的竞争中胜出，取决于同等产品/服务的全生命周期使用成本。

经过20多年的发展，混合动力汽车成本不断下降。混合动力汽车与常规汽车比较，主要区别在于动力系统、空调系统、制动系统、高压线束等方面。根据混合深度和混合动力系统构型的不同，混合动力汽车较传统汽车增加的成本不同。混合动力汽车动力电池失效概率很低，且车企提供长时间的保修期，维护费可以忽略不记，发动机和变速箱与常规车维护方式一致，总体维护费用跟常规车相当。

混合动力汽车较常规车，节油显著。以美国市场为例，表2列出了2019年若干混合动力车和常规车在售价及油耗方面的差异。假设每辆车全生命周期共行驶15万英里，汽油售价2.5美元/加仑，根据车型的油耗计算出可节省的汽油费，再计算整车的购买和使用成本之和，由此得出混合动力汽车相对于常规汽车使用费用的差异。由表2可见，对用户而言，混合动力汽车全生命周期的投入回收比已优于传统汽车。

（四）混合动力决不仅仅是过渡技术

混合动力车不仅仅是过渡技术，将长期服务人类社会。国际能源署（IEA）对全球汽车市场未来走势进行了预测：汽车电动化成为必然，自2020年开始，电动化汽车会呈爆炸式增长；2030年以前，PHEV/HEV增长率将大于BEV/FCV；到2050年，使用内燃机的汽车仍将占据约六成的市场份额，混合动力汽车市场占比接近五成。

从节能环保角度来看，混合动力汽车可在传统内燃机汽车基础上平均降低油耗35%以上，降低对石油资源的依赖，节能效果十分明显，且仍有改

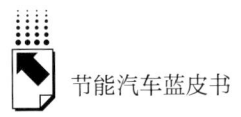

表2 北美市场混合动力车型燃油经济性

车型	动力	配置	售价（美元）	混动车售价增加（美元）	每加仑油里程（公里）	15万英里耗油（加仑）	油费2.5美元/加仑	混动油费减少（美元）	混动成本降低（美元）
Corolla	常规	同等	20050	3050	33	4545.5	11363.6	4152.1	1102.1
	混动	配置	23100		52	2884.6	7211.5		
Camry	常规	同等	24970	3460	32	4687.5	11718.8	4507.2	1047.2
	混动	配置	28430		52	2884.6	7211.5		
Avalon	常规	同等	35875	1125	26	5769.2	14423.1	5900.3	4775.3
	混动	配置	37000		44	3409.1	8522.7		
Rav 4	常规	同等	27350	1000	30	5000.0	12500.0	3125.0	2125.0
	混动	配置	28350		40	3750.0	9375.0		
Highlander	常规	同等	36800	1400	24	6250.0	15625.0	5208.3	3808.3
	混动	配置	38200		36	4166.7	10416.7		
Accord	常规	同等	24020	1600	33	4545.5	11363.6	3551.1	1951.1
	混动	配置	25620		48	3125.0	7812.5		
Fusion	常规	同等	24500	3500	28	5357.1	13392.9	4464.3	964.3
	混动	配置	28000		42	3571.4	8928.6		
Escape	常规	同等	27105	1160	30	5000.0	12500.0	3353.7	2193.7
	混动	配置	28265		41	3658.5	9146.3		
Sonata	常规	同等	23600	2100	32	4687.5	11718.8	2790.2	690.2
	混动	配置	25700		42	3571.4	8928.6		
Lexus ES	常规	同等	39900	1910	32	4687.5	11718.8	3196.0	1286.0
	混动	配置	41810		44	3409.1	8522.7		
Lexus RX	常规	同等	44150	2650	22	6818.2	17045.5	4545.5	1895.5
	混动	配置	46800		30	5000.0	12500.0		
Lexus NX	常规	同等	36870	2550	24	6250.0	15625.0	3906.3	1356.3
	混动	配置	39420		32	4687.5	11718.8		

善空间。混合动力车可以大幅降低碳排放量，而非转移排放地点，有利于降低全国总的碳排放量。

从市场需求来看，在节能环保的前提下，混合动力汽车兼顾了燃油车与纯电动车的优点，使用便捷性与燃油车相当，全寿命使用成本已在一定程度上优于燃油车，且解决了纯电动车续驶里程限制、充电难、动力电池安全隐患大、价格高、需要大量充电设施固定投资等问题，极具市场竞争力。

从技术角度来看，混合动力系统既包含了燃油车的内燃机与传动系统，又包含了纯电动汽车的电机、电机控制器与动力电池，在内燃机驱动和电力驱动两个领域之间架设了桥梁。从关键零部件集成到整车控制系统，混合动力汽车可以发挥发动机驱动系统和电驱动系统的优点，克服其缺点。另外，混合动力汽车和插电式混动汽车绝大多数技术相同（电池容量不同），两者可以共享技术和零部件，共同发展，降低成本；也可以随着电池技术的发展以及电池的成本和体积/重量降低，逐渐加大电动里程，稳步推进车辆驱动电动化。

三 混合动力技术及产品分析

（一）国内外混合动力产品构型分析

国家新能源汽车技术创新中心对截至2019年初国内外上市的混合动力车型进行了统计分析，结果表明：在统计88款混合动力车中，功率分流、串并联、单电机P2（含P2.5）为主流混动构型。

从国际市场看，得益于长期的技术积累与市场开拓，国际主流车企均推出了具有代表性的混合动力车型，基本上确定了具有辨识度的混合动力构型技术体系，技术相对成熟。丰田、福特、通用、克莱斯勒等车企采用动力分流混合动力系统构型。大众、宝马、奔驰及现代等车企采用P2混合动力构型，分别匹配AT、DCT、CVT变速箱，其中现代汽车的Ioniq混动车采用"P2+6DCT"混合动力系统，连续四年位列北美混合动力车型节油第一，成为后起之秀。本田以串并联切换为主，推出的i-MMD+E-CVT混动车，取得了良好的市场表现。日产汽车新近推出的A0级串联式混合动力车受到市场欢迎。

从国内市场看，国内车企还处于探索期，多种混合动力架构并行研发，采用了串联、并联、功率分流、P2（P2.5）、P3、P0+P4等多种构型，尚无标志性的混合动力系统，缺乏明星车型。总体来说，单电机方案在中国市场拥有较高占比，串并联方案、功率分流方案在成本控制方面有较大挑战。在传动方面，近年来，中国本土自动变速箱（AT、CVT及DCT）快速成长，为混动发展奠定了基础。其中DCT占国内自动变速器市场的25%，有近10家主机厂拥有DCT产品，部分厂家推出了基于DCT的混动产品。

（二）部分优秀的混合动力车比较分析

从国际市场来看，不同级别的车型均有混合动力应用，并产生了一系列节油率很高的代表车型，引领了混合动力技术和产品的发展方向。本文以北美市场为例，进行分析。

1. A级车

在北美市场，以汽油为唯一能源、不能外部充电的车型中油耗最低的三款车型分别是现代汽车的Ioniq hybrid、丰田汽车的Prius IV、本田汽车的Insight，油耗分别达到58mpg、56mpg、52mpg（即4.06L/100km、4.20L/100km、4.52L/100km）。这三款车均为专门研发的混合动力车型，发动机油耗、车重、外形尺寸、阻力系数、售价等参数接近，具有很好的代表性（见表3）。

表3 北美市场混合动力A级车型参数对比

参数	Ioniq	Prius IV	Insight III
长/宽/高(mm)	4470/1821/1445	4572/1760/1470	4663/1819/1412
车重(kg)	1358	1365	1355
轴距(mm)	2700	2700	2700
风阻系数	0.24	0.24	约0.28
发动机	1.6L,78kW,148Nm,13.0:1	1.8L,75kW,142Nm,13.0:1	1.5L,80kW,134Nm,13.5:1
电机	32kW,170Nm	53kW,163Nm	96kW,267Nm
综合功率(kW)	104	90	112
电池(kWhr)	1.6	1.3	1.2
油耗(mpg)	57/59/58	58/53/56	55/49/52
油耗(L/100km)	4.13/3.99/4.06	4.06/4.44/4.20	4.28/4.80/4.52
价格(美元)	22200	24325	22930

注：油耗为City/Highway/Combined。
资料来源：北美车企官方网站。

这三款车油耗很低，达到52～58mpg（4.06～4.52L/100km），而在同一细分市场的常规汽油车，油耗一般为32mpg（7.35L/100km），油耗降低约40%。

Ioniq匹配的是P2＋DCT混合动力、Prius匹配混联式混合动力（功率分流），Insight匹配串并联切换式混合动力系统，说明这几种混合动力系统广泛应用是合理的。其中，匹配P2＋DCT混合动力的Ioniq油耗最低，并且已经连续4年保持第一，充分说明P2混合动力在节能方面的优势。

2. B级车

B级车中表现最好的车型是：丰田Camry h、现代Sonata h、本田Accord h，燃油经济性分别为52mpg、52mpg、47mpg（4.52L/100km、4.52L/100km、5.0L/100km）。这三款车均为常规动力车改成混合动力车。Camry采用的是混联式混合动力（功率分流），现代Sonata采用的是P2＋6AT混合动力，Accord采用的是串并联混合动力。Camry和Sonata油耗最低，同为52mpg（4.52L/100km），较常规动力车油耗降低38%，Accord降低30%，再次证明PS（Power Split）和P2混合动力的节油潜力（见表4）。

表4 北美市场混合动力B级车型参数对比

参数	Camry h	Sonata h	Accord h
长/宽/高(mm)	4879/1839/1445	4900/1859/1445	4900/1862/1450
轴距(mm)	2824	2840	2830
车重(kg)	1575	1590	1544
风阻系数	—	0.24	0.25
发动机	2.5L,131kW,221Nm,14.0:1	2.0L,112kW,188Nm,13.5～14.0:1	2.0L,107kW,175Nm,13.5:1
电机	88kW,202Nm	39kW,205Nm	135kW,315Nm
综合功率(kW)	155	143	158
电池(kWhr)	—	1.62	1.1
油耗(mpg)	51/53/52	50/54/52	47
油耗(L/100km)	4.61/4.44/4.52	4.70/4.36/4.52	5.0
价格(美元)	28430	28725	25620
常规动力车重(kg)	1470	1513	1420

续表

参数	Camry h	Sonata h	Accord h
常规动力油耗(mpg)	28/39/32	28/38/32	30/38/33
常规动力油耗（L/100km）	8.40/6.03/7.35	8.40/6.19/7.35	7.84/6.19/7.13

注：油耗为City/Highway/Combined。
资料来源：北美车企官方网站。

混合动力车增重比较：相对于常规动力车，Sonata搭载P2混合动力，增重77kg，增重最少；Camry搭载功率分流混合动力，增重105kg；Accord搭载串并联混合动力，增重124kg，增重最多。

3. 紧凑型SUV

此市场表现最好的车型有福特Escape h（41mpg）、丰田RAV4 h（40mpg）、本田CR-V h（38mpg），三款车型油耗相对于常规车均降低25%以上。Escape和RAV4匹配功率分流混合动力，CR-V匹配串并联混合动力，功率分流节油效果更优。Escape增重87kg，RAV4增重100kg，CR-V增重151kg（见表5）。

表5 北美市场混合动力紧凑级SUV车型参数对比

参数	RAV4 h	Escape h	CR-V h
长/宽/高(mm)	4595/1854/1702	4585/1882/1679	4625/1854/1689
车重(kg)	1683	1583	1664
轴距(mm)	2690	2710	2659
发动机	2.5L,131kW,221Nm,14.0:1	2.5L,123kW,210Nm,13.0:1	2.0L,106kW,175Nm,13.5:1
电机	88kW,202Nm	88kW	135kW,315Nm
综合功率(kW)	163	156	158
电池(kWhr)	1.6	1.1	1.4
油耗(mpg)	41/38/40	43/37/41	40/35/38
油耗(L/100km)	5.74/6.19/5.88	5.47/6.36/5.74	5.88/6.72/6.19
价格(美元)	28350	28255	27750

续表

参数	RAV4 h	Escape h	CR – V h
常规动力车重(kg)	1583	1496	1513
常规动力油耗(mpg)	27/35/30	27/33/30	25/31/27
常规动力油耗（L/100km）	8.71/6.72/7.84	8.71/7.13/7.84	9.41/7.59/8.71

注：油耗为 City/Highway/Combined。
资料来源：北美车企官方网站。

4. 大型 SUV 及皮卡

北美汽车市场的混合动力车型丰富，车型从 A0 级、A 级、B 级、C 级车，到城市 SUV，到豪华品牌车。近期，硬派 SUV 混合动力汽车和大型皮卡，也应用到混合动力技术，填补了该领域的空白。

福特的 Explorer 混合动力 SUV 即将上市。Explorer 是一款销量很高的硬派 SUV，可拖 5000 磅（2268kg）的拖车，采用了 P2 混合动力，匹配 10 速的自动变速箱 10AT，燃油经济性提高 40%。

福特 F–150 全尺寸皮卡长期保持销量第一，极受消费者欢迎。现已发布其混合动力版：匹配 3.6L 涡轮增压 PowerBoost 发动机、P2 + 10AT 混合动力变速箱、35kW 的 P2 电机、1.5kWh 锂离子电池，可拖约 12000 磅（5443kg）拖车，油耗降低约 25%。

丰田也将量产上市混合动力版本的全尺寸皮卡 Tundra。许多参数尚未公开，但据可靠消息，可拖 10100 磅（4581kg）的拖车，其在高速路上的燃油经济性从 17mpg（13.84L/100km）大幅度提高到 30mpg（7.84L/100km），油耗降低 43%。这款混合动力皮卡车，所匹配的混合动力系统尚未确认，有两种猜测，一种是与雷克萨斯 LS500h 匹配的混合动力相似，是 PS（Power Split）与 AT 连接；另一种是 P2 匹配 10AT。

（三）国内混合动力技术发展情况

国内主流主机厂都在积极发展混合动力，尝试探索与自身匹配的混合动力路线,推出了串联、功率分流、串并联、单电机P2/P2.5并联、P0 + Px等多种混动构型的车型。总体来看,国内已在系统构型、关键零部件等方面实现了自主研发,产业链条逐步完善,但仍与国外先进水平存在差距,缺乏明星车型。

吉利与科力远合作,在2017年末推出了搭载CHS混动系统的帝豪EC7HEV,但仅在大连、厦门、佛山示范运行,没有大规模上市。2019年,吉利推出领克系列混动车型,搭载P2.5混合动力系统;匹配本品牌的7DCT双离合器自动变速箱;将水冷永磁同步电机安装在变速箱顶部,可实现混动/非混动的高度灵活性,并轻松实现不同的电机尺寸,峰值功率65kW,峰值扭矩160Nm,最高转速11500rpm。此外,吉利还推出1.5T发动机+48V启发电一体的P0构型轻混系统和1.5T增程系统。

长安开发了P2构型混动系统,匹配干式离合器的7速双离合器自动变速箱7DCT和1.0T发动机,搭载逸动PHEV,并研发了P2 + DCT400H(HF640)构型混动变速器,目前已完成A样机。已上市的CS75车型采用了新构型,整车前桥为串并联构型,采用GKN公司量产的串并联减速器,配合四缸1.5T发动机,后桥配两档变速箱加永磁同步电机;前桥驱动电机峰值功率80kW,发电机峰值功率70kW,后桥驱动电机峰值功率80kW;城市工况以串联为主,高速以并联为主。

比亚迪在2010年研发了串并联的混合动力,只进行了小批量生产和销售,并很快放弃。秦2014款首先采用P3构型的DM2混动系统,市场上主流车型如秦pro、唐、宋、元PHEV等仍以此系统为主。DM2系统,即前后双电机,P3 + P4结构,双电机并联。此系统的优点是加速性能极佳,但低电量情况下的油耗及发动机启动时候的平顺性有待改善。为了解决此问题,比亚迪推出了DM3,把发动机的启动电机换成了高压高功率的BSG,保持电机始终和发动机连接,采用三个电机,组成了P0 + P3 + P4的结构。

上汽EDU采用的是串并联构型,已搭载在荣威e550、e950、i6、RX5以及MG6等PHEV车型,可实现纯电驱动、串联驱动(低功率)、怠速充电、行车充电、并联驱动(高功率)、发动机驱动、能量回收、外接充电8

种模式。EDU 混动系统有 2 个挡位，发动机在高速时可切换到 2 挡。P1 对应 ISG 电机，峰值功率 23kW，峰值扭矩 147Nm，用于功率跟随充电、启停、制动能量回收。P3 对应 TM 电机，峰值功率 45kW，峰值扭矩 317Nm，用于驱动车辆。上汽也开发出第二代混合动力系统 EDUII，为单电机并联式混合动力系统，已批量生产。上汽中心变速箱部《乘用车变速箱技术发展趋势》报告显示其已开展 P2 构型的研发工作。

奇瑞 2016 年研发的艾瑞泽 7e 插电式混合动力汽车，无充电节油率为 25%。该混动系统属于 P2 混动构型，匹配奇瑞 CVT190 自动变速箱，系国内首款量产的 P2 混合动力系统。系统采用所谓的"电力变矩器"（electric torque converter，eTC），具有变矩器的起步功能，同时作为动力耦合机构，是国际上首款量产的 eTC 混合动力系统。eTC 由行星排和普通离合器组成，是一种很有前景的混合动力技术，多家国际主流车企和变速箱企业都有研发。奇瑞近年开发出的阿特金森循环发动机样机，燃油热效率达到 38.5%，但尚未有应用的报道。

广汽 G-MC 混动系统采用串并联构型，驱动电机峰值功率 120kW，峰值扭矩 280Nm，发电机峰值功率 70kW，峰值扭矩 129Nm，搭载在 GA3S、GA6、GS4 等 PHEV 车型。G-MC 混动系统可实现纯电、增程、混动、直驱四种工作模式。在工作模式切换中，系统通过判断 SOC 值和阈值的关系确定是否启动发动机，再根据当前车速判断发动机输出功率用于发电还是驱动，同时在必要工况中发动机可单独驱动。广汽动力研发的 P2+7WDCT 构型混动系统，将搭载自主研发的 1.5TM/2.0TM 米勒循环发动机。

长城 2018 年发布的 WEY P8，采用了 P0（48V）+P4 构型的混合动力系统；2019 年发布了与 9HDCT 相匹配的高性能动力总成 P2+P4（混动系统）。P2+P4 的布局能带来比 WEY P8 更加强劲的动力。前部电机由 P0 更换为 P2，电机位于发动机与变速箱之间，位于离合器之后可以单独驱动车轮，在动能回收时也可以切断与发动机的连接，并且可以降低成本和电机的体积，整体布局类似于沃尔沃 T8 混合动力系统。P2+P4 系统会应用在未来 WEY 品牌旗下 SUV 当中，官方数据显示零至百公里加速时间低于 5 秒。

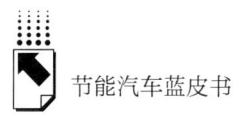

除以上车企外，其他车企也在布局混合动力。一汽轿车推出红旗 H7 混动车型，搭载 2.0L（159kW）+ P2（45kW）+ 7DCT 构型混动系统；江淮汽车推出瑞风 S7 混动车型，搭载 1.5T + P2（20kW）+ 6DCT 构型混动系统；海马汽车推出 1.2T + P2 + 7DCT 构型混动系统。

四　混合动力技术发展趋势

（一）混合动力传动发展动向和趋势

混合动力变速器是混合动力系统的核心之一，也是最具技术挑战的部分，其主要功能是实现发动机和电机的动力高效地耦合并传递到车轮。油电混合动力系统的动力传递分两种：机械传动和电力传动。传动不但要传递扭矩，还包括根据需要调整输入和输出的转速比，使发动机和电机能够工作在最佳转速，以提高动力性和燃油经济性。在现有技术水平下，机械传动比电力传动的传动效率更高，而电力传动的速比变化更灵活，使发动机实际工作效率更高。

1. 单电机 P2 混合动力

当前，P2 混合动力多采用普通的变速器作为传动机构，其发展趋势之一是增加变速箱挡位，以改善发动机匹配特性，提高发动机的实际工作效率。早期有 P2 + 4AT、P2 + 6AT、P2 + 6DCT 混合动力，近期出现了 P2 + 8AT、P2 + 10AT 混合动力系统。趋势之二是减少变速器的能量损耗，例如降低离合器的阻力，减少液压系统的能量消耗。很多 P2 + AT 混合动力用离合器取代液力变矩器，减少搅拌液体的能量损失。

单电机 P2 混合动力的另一个趋势是：将电机与变速器深度集成，充分发挥新增电机的作用，提高混合动力的性价比。

2. 动力分流混合动力

动力分流混动系统利用动力分流部件（行星齿轮系），将发动机输出的一部分动力进行机械传动，而其余部分进行电力传动，并利用行星齿轮系的差速功能和电机大范围调速功能,实现连续变速 eCVT。

由物理特性决定,电力传动使速比变化更灵活,而机械传动效率更高。动力分流混合动力改善的方向是:在保持速比变化灵活性的条件下,降低电力传动的比例、提高机械传动的比例,从而提高系统整体的燃油经济性。一种广泛采用的方法是增加工作模式切换装置,使系统在不同的情况下切换,发挥电力传动的灵活性和机械传动的高效率,例如,通用汽车的 Malibu 混动系统和科力远的 CHS 混动系统。另一种方法是在动力分流系统的输出端增加机械变速机构,使系统在低速时具有更强的加速能力,在高速巡航时具有更高的燃油经济性,例如,新一代雷克萨斯 LS 500h 采用了 PS(Power Split)+4AT 混合动力变速器。

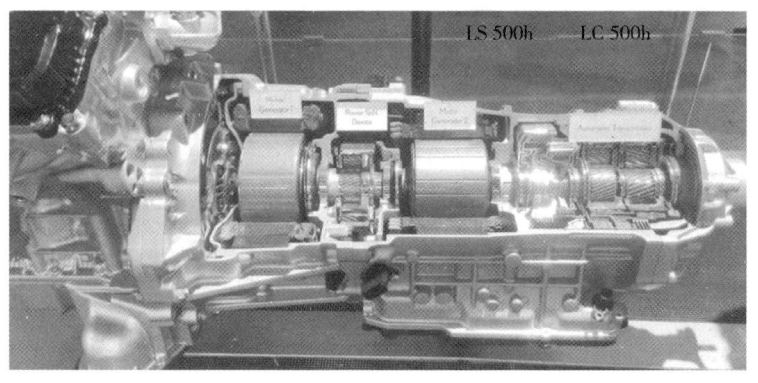

图 2　雷克萨斯 LS 500h 的 PS(Power Split)+4AT 混合动力

3. 串联式混合动力

串联式混动系统是完全的电力传动系统,改变速比灵活,设计相对简单,车辆的动力性和传动效率可以很大程度地取决于电机效率。系统改进的主要方向是提高发电机和驱动电机的效率,提高传动效率,降低油耗/电耗。另一个方向是提高性价比,也就是在保障动力性和燃油经济性的条件下降低成本,方法是提高转速,减小电机扭矩、体积和重量。混合动力系统的电机转速越来越高,部分已接近 20000r/min,且有继续提高的趋势。

另外，许多研发机构在研发具有若干挡位的电动车电驱动系统，以提高动力性、扩大电机高效率区域。串联式混合动力的驱动部分（含电机及减速器等）与电动车的电驱动系统相同，不难推测，串联式混合动力有采用多挡位的传动机构的趋势。

4. 串并联混合动力

串并联系统是有时机械传动、有时电力传动：在离合器分离时是电力传动，而在离合器锁定时则是机械传动。与串联式相比，串并联混动系统增加了一个固定速比的机械传递通道，使在特定转速区域内，能够通过机械传动，提高系统效率。在离合器分离、系统依靠电力传动时，串并联和串联式混动系统相同，改进方向和路径相同。在离合器锁定、系统依靠机械传动的情况下，直观的方法是增加挡位，扩大机械传动的速度范围，提高整体效率，降低油耗/能耗。

总之，串联式、串并联和动力分流混合动力系统都是双电机系统，全部或部分或分时具有电力传动。从串联到串并联，增加了一个离合器，从而可以实现分时机械传动；串并联系统有增加挡位的倾向，是在利用机械传动效率高的特性；动力分流混合动力系统增加4挡AT变速机构，也是利用机械传动的高效率优势。这一共同趋势展示双电机混动系统可以合理地利用机械传动效率高的特性，从而改善系统和整车的燃油经济性。

（二）单电机并联式混合动力新技术

将电机与自动变速箱深度集成是近年来混合动力系统的研究热点，出现了一些新的设计思路，并形成了大量的专利。有些设计在量产的混合动力车型上得到了广泛应用，取得了非常不错的节油效果，得到市场认可；有些设计展现出非常好的工程和产业化前景。

1. 采用电力变矩器（Electric Torque Converter，eTC）

该类混动系统采用eTC替代液力变矩器或起步离合器。eTC由电机、行星排及离合器组成，利用行星排三轴（或多轴）、二自由度的差速特性和电机可以4象限工作的特点，完美地完成液力变矩器的功能，并且不产生摩擦能量损失,性能远远优于液力变矩器或起步离合器。特别要指出的是,eTC利用混合动力电机,匹配行星排,就可以实现变矩器驱动车辆起步的功能,故而成本增加不多。基于行星排的双自由度特性,eTC 可以分段连续变速,还能通过切换离合器/制动,增加挡位,有减速增扭功能,可减小电机扭矩30%~40%,降低电机成本。

匹配 eTC 的混动系统充分利用了电机和行星排的特性,通过机电一体化高度集成设计完成或增强多项功能,提升系统的整体性能,具有极高性价比。诸如采埃孚、捷特科、本田、丰田、通用汽车、克莱斯勒、现代、奔驰等许多企业在此领域做了大量的研发工作,可以检索到许多此类混动系统的发明专利。图 3 是一种 eTC + AT 的混合动力系统设计,其中,电机 14 和行星排 16、离合器 CE_1、CE_2 组成 eTC,不需要液力变矩器和起步离合器。

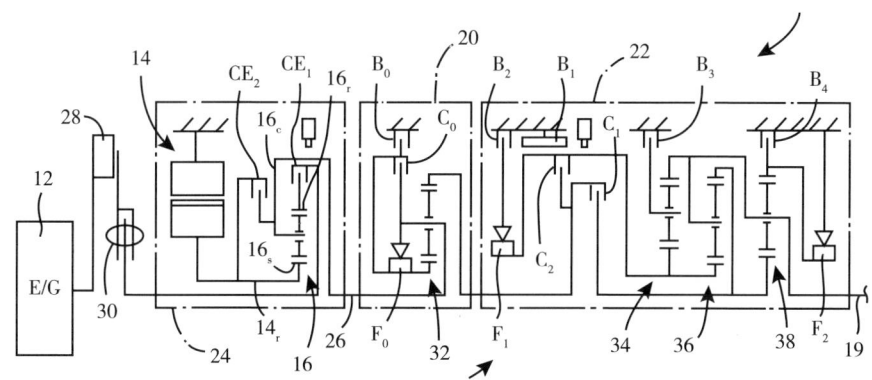

图 3　eTC + AT 混合动力系统（US5847469）

2. 双动力 + 双传动通道的混合动力系统

混合动力系统至少有两个动力源（发动机和电机）,而 DCT 变速箱所使用的双输入轴变速箱（以下简称"双轴箱"）有两个相对独立的传动通道:奇数挡位传动和偶数挡位传动通道,由此产生了发动机和电机交替驱动的换挡工作模式。在需要换挡时,先是发动机（或电机）驱动并通过某传动通道传动,而电机（或发动机）则切换到另一传动通道上并且挂新挡位;然后电机（或发动机）通过新挡位驱动,而发动机（或电机）切换到新的传动通道并挂新挡位。在换挡过程中,始终保持至少一个动力源经过某个传动通道驱动,使换挡过程更平稳。

由于电机具有良好的速度控制精度,能够通过电机控制实现齿轮与轴的同步,从而实现同步器直接挂挡,简化双离合器组件,降低成本、能量消耗以及体积、重量等。如图4所示的一款专利系统,其中双离合器模块简化成一个离合器和一个同步器(或犬齿离合器),换挡步骤如下:发动机驱动奇数挡、离合器闭合、犬齿离合器闭合、电机驱动奇数挡—发动机驱动奇数挡、电机卸载、犬齿离合器分离—发动机驱动奇数挡、电机挂偶数挡—发动机驱动奇数挡、电机驱动偶数挡—发动机卸载、离合器释放、电机驱动偶数挡—发动机怠速、犬齿离合器锁定、电机驱动偶数挡—发动机怠速、离合器锁定、电机驱动偶数挡—发动机驱动偶数挡、离合器闭合、犬齿离合器闭合、电机驱动偶数挡,完成从某奇数挡切换到新的偶数挡。从某偶数挡切换成奇数挡的步骤正好相反,确保每一步骤至少有一个动力在驱动,换挡平稳、从容,换挡质量高。

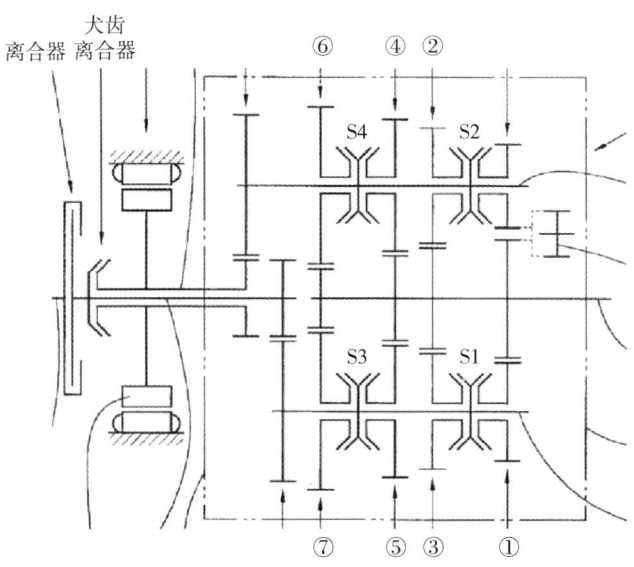

图4　eTC + 双轴箱混合动力系统（US 9327713）

3. eTC 与双动力 + 双通道相结合的混合动力系统

经过工程分析不难发现，将 eTC 与双动力 + 双轴箱技术相结合，可完全取消双离合器。该类系统用 eTC 实现发动机驱动车辆起步功能，在换挡时利用电机调同步以便于同步器挂挡，并利用行星排的差速特性，由单个电机驱动可以调奇数挡和偶数挡同步，系统不再需要离合器辅助就可以顺利平稳换挡（见图 5）。此类系统可检索到几十个美国专利，采埃孚、丰田汽车、现代汽车、通用汽车、本田汽车等公司都有此类布局，国家新能源汽车技术创新中心 NEVC 也有此类专利。

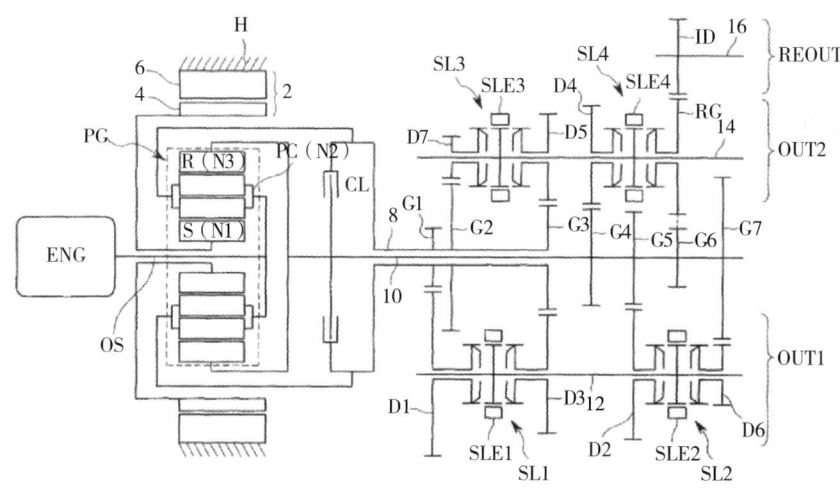

图 5 eTC 与双轴箱混合动力系统（无双离合器模块）（US9168918）

4. eTC 与电机和双轴箱相结合，并增加变速箱挡位的混合动力系统

此系统是一种更高集成水平的混合动力，不但可采用 eTC 取代液力变矩器并彻底取消双离合器模块，还可以通过行星排和双轴箱优化设计，在享有原双轴箱高效率齿轮传动的同时，实现发动机相对输出轴的挡位（固定速比）数量翻倍，显著增多个挡位，提升发动机工作效率，进一步降低油耗。多款此类系统设计已获得美国专利。国家新能源汽车技术创新中心也具有此类技术发明，并且正在组织研发，争取早日实现产业化。

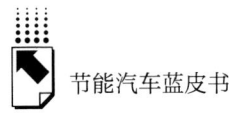

（三）发动机发展趋势

1. 阿特金森/米勒循环发动机

最成功的混合动力发动机是阿特金森循环发动机，也称为米勒发动机。阿特金森发动机最早出现在1882年，活塞到曲轴的动力输出中使用了较为复杂的连杆，使发动机压缩冲程和做功冲程时的活塞位移是不一样的。膨胀比大于压缩比，是阿特金森发动机最大的特点。更长的做功冲程可以更多地利用燃气具有的高压能量，所以燃油效率比奥托循环更高。

1940年，米勒发动机出现，以广泛使用的四冲程奥托循环发动机为基础，通过改变配气时机，达到膨胀比大于压缩比的效果。具体方法可简单归纳为：调整进气阀凸轮型线，使在吸气冲程结束时，推迟进气阀的关闭时间（相位），活塞将吸入气缸的混合气推出去一部分，然后再关闭气门，开始压缩冲程。这样，发动机的压缩冲程只是完整活塞冲程的一部分，而做功冲程等于一个完整冲程，所以做功冲程大于压缩冲程，膨胀比大于压缩比。这种发动机简单而高效，当前匹配混合动力的阿特金森循环发动机都是此类型。

在许多混合动力系统中，阿特金森循环发动机展现了优秀的节油能力。丰田汽车的第三代Prius混动车采用的阿特金森循环发动机，燃油能量转换效率达到38%。到第四代Prius匹配新的阿特金森循环发动机，热效率达到40%。福特汽车的首款混合动力车也采用了阿特金森循环发动机。这款发动机是在一款自然吸气的4缸发动机基础上改造的，燃油效率得到明显的改善。近几年，国内许多车企在研发混合动力系统时，都匹配了阿特金森循环发动机。

2. 均质压燃HCCI发动机

均质压燃（Homogeneous Charge Compression Ignition，HCCI）是一种内燃机的工作方式，可以把燃料和氧化剂充分混合压缩，达到自燃点。HCCI发动机是一种以往复式汽油机为基础的一种新型燃烧模式，可以理解为汽油机的一种压燃方式。HCCI发动机和传统的汽油发动机一样，都是向气缸注

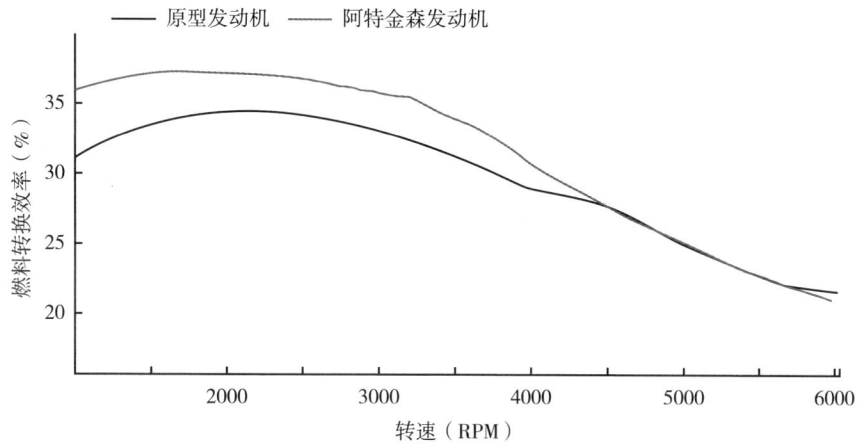

图 6　福特 Escape 混动车匹配阿特金森循环发动机

注：数据源自车型介绍材料。

入混合均匀的空气和燃料的混合气。不同的是，传统的汽油发动机通过火花塞打火，点燃混合气产生能量；而 HCCI 发动机则是通过活塞压缩混合气使之自行燃烧。

HCCI 发动机有许多优势：其压缩比（超过 14.5∶1）比普通的汽油机高，因此热效率高；雾状的燃油在气缸内均匀分布，一旦压燃，所有的燃料都在同一时间点燃，提高了燃油的使用效率（传统的汽油机和柴油机都是非均匀的扩散式燃烧，在扩散的同时浪费了部分的能量）；由于采用压缩点燃的缘故，HCCI 可以采用相当稀薄的混合气，因此可以按照变质调节的方式，直接通过调节喷油量来调节扭矩，不需要节气门；燃烧温度低，对燃烧室壁的传热很低，能够减少辐射热的传递，还能大幅降低氮氧化合物的形成；燃油的辛烷值允许在一个广阔的范围内变动，可以采用汽油、天然气、二甲醚等辛烷值较高的燃油作为主要燃料，也可以采用多种燃料混合燃烧。

总而言之，HCCI 汽油发动机可以将燃油效率提升到柴油发动机的水平，同时降低汽油发动机的排放，还可以使用多种燃料或混合燃料。

马自达创驰蓝天第二代发动机 Skyactiv - X，投产于 2019 年，是世界上第一款搭载了 HCCI 点火的量产发动机，压缩比和空燃比依次高达 16∶1 和

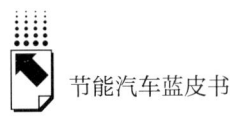

36.8∶1，热效率超过40%。这标志着HCCI发动机技术已经成熟，开始进入市场。在今后几年内，越来越多的HCCI发动机将投入量产。

由于燃烧特点，HCCI发动机在低速、低负荷状态下和在大负荷状态下，不宜采用压燃点燃方式。通常解决方法是采用两种点燃方式：在低负荷和高负荷时，采用和普通汽油发动机相同的均质火花点燃方式；在中等负荷的情况下，采用压燃的方法。这大大增加了HCCI发动机的技术难度和成本。值得注意的是，混合动力车在低速、低负荷行驶时，可以使用电机驱动，避免发动机工作；在急加速等大负荷情况下，可以用电机助力，避免发动机进入接近满负荷的状态。因此，HCCI发动机适用于混合动力车。

（四）电驱动系统发展趋势

近年来，电驱动技术从驱动电机、电机控制器到双向DC/DC都取得了快速发展和进步。

驱动电机的发展包括：集成度进一步提高，驱动电机与变速箱一体化设计，共用冷却润滑系统，部分混合动力电机采用油冷或油冷/液冷结合；电机效率和密度持续提高，发卡式绕组/扁导线绕组得到更广泛的应用；电机高速化趋势明显；电机在关键材料方面取得了一定进展，尤其是低重稀土材料已得到国外车企的应用。

电机控制器通过电力电子集成技术可有效地减小控制器的重量和体积，提高功率密度和降低制造成本。采用定制IGBT封装模块优化的冷却散热系统，可有效提升电机控制器集成度和功率水平。第三代功率半导体碳化硅（SiC）器件由于其具备高温、高效和高频率的优势，可进一步提高车用电机控制的性能，是行业下一阶段发展的重点。

在混合动力系统电池和电机之间使用双向DC/DC，能够提升混合动力系统动力性和燃油经济性，提高动力电池设计灵活度。双向DC/DC可以调节直流母线电压，使电机和电机控制器工作在高效率和高经济的状态下，提升混动系统效率。由于双向DC/DC的存在，动力电池和电机之间的电压匹配可以实现解耦，动力电池的串并联配置、电压平台设计相对灵活，有利于动力电池的模块化和平台化设计。丰田从 2004 年的第二代 PS（Power Split）混合动力开始使用 DC/DC 增压器，一直延续到现在的第四代 Prius，福特汽车的新一代混合动力也采用了 DC/DC 增压器。

五 问题与建议

近十年来，通过国家新能源汽车政策支持、国家"十二五""十三五"科研支撑、国内车企市场探索，国内混合动力发展取得了一定的成效与进步，缩小了与世界先进水平的差距，在高效发动机、动力电池、先进电机、电气化设备等方面找准了发展方向。但是，我国混合动力汽车的节油水平和世界相比，依然存在明显差距。

（一）混合动力发展需要强有力的政策支持

结合混合动力在汽车节油方面的巨大优势，和插电式混合动力在新能源汽车领域的优势，很多国家在讨论若干年后禁止生产销售传统燃油车。迫于政策、环保等的压力，大部分国际主流车企均已经探索出各自的混合动力技术，其中部分企业已经持续性地生产销售混动车型。随着混合动力汽车的车型数量和产销量快速增长，国际车企的混动相关技术也更趋成熟和完善。

相比之下，国内非插电混合动力车型的生产和销售几乎为零，仍处于研发阶段，技术路线尚未确定。国内插电式混合动力汽车已实现量产，但混合动力车极少，混合动力汽车无补贴、成本高是其中一个主要原因。在国际主流车企已逐渐具备更低油耗混合动力汽车技术优势的背景下，国内自主品牌与合资品牌/外国品牌的油耗差距很可能再次拉大。国内车企亟须扭转这一态势，研发出节油率高、性价比优的混合动力系统。

混合动力技术的发展需要国家政策的强有力支持。建议国家相关部门顺应市场规律、消费需求、技术发展的成熟性和现实性，迅速出台扶持混合动力发展的相关配套政策，加大扶持力度，引导国内各大车企混合动力技术研究，创新应用与积累。建议国家相关部门应尽快进入扶持混合动力汽车发展的引导期，大力扶持混合动力关键零部件民族企业，出台相关的税收优惠政策、投资支持政策、个人用户购买相关的支持鼓励政策（包括上牌等）。

（二）注重技术积累，开发适合国情的混合动力系统

与国际水平相比，国内车企的混合动力技术和产品落后较多。造成差距的重要原因在于，混动技术的开发需要多年的积累。然而，我国车企技术储备不足，研发经验较少，还没能研发出适合企业自身技术水平、性价比高、满足市场需求的混合动力系统。

自动变速器是中国汽车工业的短板之一。最近几年，中国自动变速器技术得到快速发展：10余家企业量产或即将量产DCT变速器；6AT、8AT逐步实现量突破；CVT的款型和产量取得了快速增长。自动变速器总成及相关零部件技术迅速成熟，为快速发展混合动力提供了良好的基础。然而，国内企业生产销售的自动变速器的品种和数量都是微不足道的，这必然直接影响国内企业研发以自动变速器为基础的混合动力系统。另外，国内车企对自动变速器零部件如行星排、离合器等技术积累较少，影响其他类型如动力分流和串并联混合动力技术的发展。

发动机、传动系统领域高新技术的欠缺制约着国内车企在混动技术的进一步发展。动力分流混动汽车是目前全球销售量最大的混动车型，相应地，动力分流混合动力也是主要发展方向之一。对于中小车型，动力分流混动系统能够提供很好的燃油经济性。然而，动力分流系统的弱点是技术难度较大、成本较高，如果控制系统开发不好，系统的节能潜力很难发挥。串联和串并联混合动力技术相对简单，部分混合动力车的油耗也很低。但是，国际市场上的混合动力车型的比较显示，串联和串并联混动车型的燃油经济性略逊于P2和PS（Power Split）。但是，串联和串并联混动车型需要企业拥有高水平的发动机技术，能为混动系统匹配专用发动机，以部分弥补系统构型的弱点。

(三)全方位攻关,提高混合动力整车的技术水平

国内企业在开发混合动力车上存在另外一个问题:将开发混合动力汽车等同于开发混合动力系统,继而等同于开发混合动力变速箱。为了引入低速扭矩大、响应速度快的电机,混合动力提供了匹配高效循环发动机的可能性,比如阿特金森循环发动机,并且增加的成本微乎其微。国外先进的混合动力技术均采用混合动力专用发动机,热效率从普通奥托循环发动机的35%提高到40%以上,再加上发动机工作点的优化,可改善整车燃油经济性20%左右。对比而言,国内一些车企开发混合动力系统,停留在孤立地研发混合动力变速箱,而不考虑在混合动力的动力源——发动机上做文章,导致整车节能效果不理想,市场价值低,推广困难。

研发混合动力技术,需要在发动机、变速箱、电机、电池等多方面努力,任何一个技术领域出现短板,就会影响整个混合动力技术的性能和成本,也会影响系统的市场接受度。特别是要研发高效混动系统,就不能不开发匹配专用的发动机。已有许多优秀的混合动力车,以普通奥托循环发动机为基础改造成阿特金森循环发动机,对降低油耗的贡献可达40%~50%,研发费用远远低于混合动力变速箱的研发费用。

研发混合动力汽车,就要研发混合动力专用发动机,使燃油热效率尽快达到目前国际先进水平(40%),并逐渐提高到45%。此外,纯电动汽车电机与动力电池技术正逐步成熟,但混动电机与混动电池相比纯电动仍有所区别(如P2电机、高功率密度混动电池),需要更多的投入。

(四)加强协作,加大投入,集中力量打歼灭战

我国车企发展混合动力面临一个特殊问题:国内车企数量多,任何一个车企在技术人才、技术积累以及物力财力等方面,都无法长时间、大投入地支持研发混合动力,很难实现重大的技术突破,多采用无专利限制或过时的技术,研发出的产品没有市场竞争力。如果车企继续单打独斗地开发混合动力,不但研发费用高,而且每个车型产销数量少,很难形成规模并降低成

本，导致资金无法收回，无力改进技术和产品，形成恶性循环。

国内企业应该遵循集中兵力打歼灭战的理念，集中有限的人力、物力、财力，攻克技术难关，并坚持不懈地改进、完善、提高、做大、做强混合动力技术。应该在企业之间展开合作，集中力量研发关键技术，加大投入力度，开发精品混合动力系统。更重要的是若多家企业共享混合动力系统或大部分零部件，大幅度提高系统和零部件的产量，就可以拉低成本，使混合动力早日进入盈利状态，加快混合动力的推广应用，造福消费者，保护自然资源和生态环境。

附 录

Appendices

B.14
乘用车企业平均燃料消耗量

附表 2019 年中国乘用车生产企业（含进口）平均燃料消耗量

单位：辆，L/100km

乘用车企业名称	产量	企业平均燃料消耗量		是否达标
		实际值	达标值	
安徽江淮汽车集团股份有限公司	125312	2.29	6.29	是
北京汽车股份有限公司	122677	1.12	5.87	是
北京汽车制造厂有限公司	3613	4.37	6.02	是
北京新能源汽车股份有限公司	40256	0	5.69	是
北汽（广州）汽车有限公司	8581	4.42	5.71	是
北汽新能源汽车常州有限公司	2323	0	5.45	是
比亚迪汽车工业有限公司	160186	1.91	6.45	是
比亚迪汽车有限公司	239371	2.28	5.96	是
成都大运汽车集团有限公司	94	0	5.39	是
大庆沃尔沃汽车制造有限公司	42888	6.18	6.5	是

续表

乘用车企业名称	产量	企业平均燃料消耗量		是否达标
		实际值	达标值	
东风汽车集团有限公司	93435	2.65	5.74	是
东风裕隆汽车有限公司	974	1.15	5.98	是
东南(福建)汽车工业有限公司	29384	5.51	5.54	是
福建省汽车工业集团云度新能源汽车股份有限公司	815	0	5.69	是
福建天际汽车制造有限公司	2	0	6.82	是
广汽乘用车(杭州)有限公司	98844	5.54	5.76	是
广汽乘用车有限公司	270465	4.93	6.14	是
广汽丰田汽车有限公司	670638	5.67	5.9	是
国能新能源汽车有限责任公司	8	0	6.27	是
海马汽车有限公司	24639	0.91	5.96	是
杭州长江乘用车有限公司	1928	0	5.39	是
河北红星汽车制造有限公司	10	0	5.17	是
河南速达电动汽车科技有限公司	1865	0	5.61	是
湖南恒润汽车有限公司	73	0	5.17	是
湖南江南汽车制造有限公司	13200	4.69	5.89	是
湖南猎豹汽车股份有限公司	2656	4.82	5.65	是
华晨宝马汽车有限公司	534990	5.79	6.24	是
华晨鑫源重庆汽车有限公司	22857	5.87	6	是
江铃控股有限公司	4368	1	5.3	是
江西昌河汽车有限责任公司	5992	5.14	5.43	是
江西江铃集团新能源汽车有限公司	11404	0	4.91	是
金华青年汽车制造有限公司	2003	0	5.07	是
兰州知豆电动汽车有限公司	194	0	4.73	是
领途汽车有限公司	514	0	5.56	是
明君汽车有限公司	2	0	6.27	是
南京金龙客车制造有限公司	636	0	6.04	是
奇瑞汽车股份有限公司	302087	5.52	5.68	是
奇瑞新能源汽车股份有限公司	21303	0	4.96	是
前途汽车(苏州)有限公司	79	0	6.82	是
山东国金汽车制造有限公司	155	0	6.71	是
山西新能源汽车工业有限公司	19338	0	6.05	是
上海汽车集团股份有限公司	556961	4.64	5.63	是

续表

乘用车企业名称	产量	企业平均燃料消耗量		是否达标
		实际值	达标值	
四川野马汽车股份有限公司	6396	4.11	5.48	是
特斯拉(上海)有限公司	927	0	6.05	是
天津一汽丰田汽车有限公司	570561	5.11	5.58	是
威马汽车制造温州有限公司	18102	0	6.41	是
长城汽车股份有限公司	858808	6.02	6.14	是
浙江豪情汽车制造有限公司	878028	5.58	5.79	是
浙江合众新能源汽车有限公司	9025	0	5.24	是
中国第一汽车集团有限公司	340501	5.69	5.94	是
中恒天智骏(赣州)汽车有限公司	1516	0	5.34	是
重庆金康新能源汽车有限公司	615	0.06	6.45	是
重庆理想汽车有限公司	1876	0.5	7.92	是
重庆力帆乘用车有限公司	24	1.12	5.65	是
重庆长安汽车股份有限公司	631666	5.7	5.85	是
安徽猎豹汽车有限公司	6956	8.14	6.27	否
北京宝沃汽车股份有限公司	48881	7.06	6.07	否
北京奔驰汽车有限公司	564724	6.68	6.27	否
北京汽车集团越野车有限公司	19422	10.27	7.19	否
北京现代汽车有限公司	648032	6	5.48	否
北汽蓝谷麦格纳汽车有限公司	4635	7.51	5.83	否
北汽福田汽车股份有限公司	8209	7.92	7.01	否
北汽银翔汽车有限公司	1336	6.9	6.05	否
北汽云南瑞丽汽车有限公司	27	8.25	6.67	否
东风本田汽车有限公司	791880	5.83	5.7	否
东风雷诺汽车有限公司	13503	6.52	5.89	否
东风柳州汽车有限公司	103762	6.39	6.15	否
东风汽车股份有限公司	190	8.16	7.02	否
东风汽车有限公司	1327939	5.75	5.58	否
东风小康汽车有限公司	181847	7.09	6.01	否
东风悦达起亚汽车有限公司	267582	5.92	5.38	否
福建奔驰汽车有限公司	27419	8.93	7.84	否
福建新龙马汽车股份有限公司	22	6.8	5.61	否
观致汽车有限公司	20207	6.44	5.79	否

续表

乘用车企业名称	产量	企业平均燃料消耗量		是否达标
		实际值	达标值	
广东福迪汽车有限公司	350	7.85	7.05	否
广汽本田汽车有限公司	762043	5.73	5.65	否
广汽菲亚特克莱斯勒汽车有限公司	65333	7.06	6.14	否
广汽三菱汽车有限公司	127550	7.23	5.93	否
贵航青年莲花汽车有限公司	2200	6.17	4.95	否
贵州航天成功汽车制造有限公司	7	6.4	5.39	否
海马新能源汽车有限公司	3016	7.14	6.05	否
汉腾汽车有限公司	10446	7.16	5.85	否
合肥长安汽车有限公司	137688	6.21	5.74	否
河北长安汽车有限公司	49318	7.33	5.8	否
华晨雷诺金杯汽车有限公司	35701	8.03	6.25	否
华晨汽车集团控股有限公司	21831	6.52	5.78	否
江铃汽车股份有限公司	59364	7.14	6.3	否
江苏华梓车业有限公司	26	7.95	6.48	否
江苏九龙汽车制造有限公司	621	8.26	7.11	否
江西大乘汽车有限公司	36286	7.55	5.82	否
江西五十铃汽车有限公司	1700	8.18	7.04	否
江西志骋汽车有限责任公司	3476	5.16	4.73	否
奇瑞捷豹路虎汽车有限公司	51464	7.27	6.68	否
奇瑞商用车(安徽)有限公司	100026	7.53	6.11	否
庆铃汽车股份有限公司	223	7.8	6.82	否
荣成华泰汽车有限公司	251	7.75	6.13	否
厦门金龙联合汽车工业有限公司	89	9.07	7.04	否
山西成功汽车制造有限公司	110	6.4	5.61	否
上汽大通汽车有限公司	54643	7.7	6.69	否
上汽大众汽车有限公司	1913807	5.75	5.65	否
上汽通用(沈阳)北盛汽车有限公司	170673	6.84	5.9	否
上汽通用东岳汽车有限公司	191599	6.59	5.89	否
上汽通用汽车有限公司	1119733	6.29	5.83	否
上汽通用五菱汽车股份有限公司	1155423	5.8	5.64	否
神龙汽车有限公司	105354	6.17	5.63	否
四川一汽丰田汽车有限公司	161168	7.39	6.36	否

乘用车企业平均燃料消耗量

续表

乘用车企业名称	产量	企业平均燃料消耗量		是否达标
		实际值	达标值	
天津博郡汽车有限公司	673	5.92	5.42	否
潍柴(重庆)汽车有限公司	5098	7.59	6.13	否
一汽—大众汽车有限公司	2032484	6.05	5.78	否
一汽海马汽车有限公司	263	6.43	5.62	否
一汽吉林汽车有限公司	510	6.43	5.47	否
长安标致雪铁龙汽车有限公司	350	6.22	6.03	否
长安福特汽车有限公司	196303	6.34	5.89	否
长安马自达汽车有限公司	132017	6.12	5.61	否
浙江吉利汽车有限公司	484049	5.98	5.79	否
浙江众泰汽车制造有限公司	2012	8.31	6.25	否
郑州日产汽车有限公司	12919	7.18	6.41	否
重庆比速汽车有限公司	117	7.03	6.08	否
重庆长安铃木汽车有限公司	17449	5.44	5.17	否
保时捷(中国)汽车销售有限公司	77716	6.79	6.99	是
特斯拉汽车(北京)有限公司	46996	0	6.67	是
中国第一汽车集团进出口有限公司	53462	6.01	6.96	是
阿尔法罗密欧(上海)汽车销售有限公司	1885	7.35	6.33	否
阿斯顿马丁拉共达(中国)汽车销售有限公司	540	10.31	6.33	否
宝马(中国)汽车贸易有限公司	190671	7.01	6.49	否
北京路特斯汽车销售有限公司	64	10.3	5.61	否
大众汽车(中国)销售有限公司	31483	7.73	6.94	否
法拉利汽车国际贸易(上海)有限公司	485	11.26	6.19	否
丰田汽车(中国)投资有限公司	220758	6.6	6.48	否
福特汽车(中国)有限公司	53349	8.63	6.74	否
福州保税港区银河国际汽车进出口贸易有限公司	2434	11.49	7.43	否
捷豹路虎(中国)投资有限公司	30989	8.74	7.61	否
克莱斯勒(中国)汽车销售有限公司	12049	7.56	7.07	否
玛莎拉蒂(中国)汽车贸易有限公司	4758	10.74	7.45	否
迈凯伦汽车销售(上海)有限公司	274	11.02	5.71	否
梅赛德斯—奔驰(中国)汽车销售有限公司	123746	8.07	6.77	否
日产(中国)投资有限公司	6249	7.92	6.92	否
三菱汽车销售(中国)有限公司	3410	12	7.48	否

续表

乘用车企业名称	产量	企业平均燃料消耗量		是否达标
		实际值	达标值	
双龙汽车(上海)有限公司	26	8.84	7.41	否
斯巴鲁汽车(中国)有限公司	22969	7.08	6.01	否
天津市揽驰汽车贸易有限公司	3639	11.79	8.22	否
天津天保国际物流集团有限公司	2724	10.42	7.16	否
沃尔沃汽车销售(上海)有限公司	19623	7.32	7.29	否
张家港保税区恒兆车购库国际贸易有限公司	2193	10.56	7.49	否

B.15
节能汽车相关政策、法规统计

附表 我国节能汽车相关政策法规统计（2019~2020年）

政策法规	颁布时间	颁布单位	内容要点
《〈乘用车燃料消耗量评价方法及指标〉征求意见稿》	2019年1月10日	工业和信息化部	本标准是贯彻落实《汽车产业中长期发展规划》的重要措施，旨在推动我国汽车先进节能技术发展和应用，持续降低我国乘用车燃料消耗量，促进新能源汽车产业快速健康发展，使我国乘用车平均燃料消耗量水平在2025年下降至4L/100km左右，对应二氧化碳排放约为95g/km
《2019年全国大气污染防治工作要点》	2019年2月28日	生态环境部	全面完成大气环境目标：2019年，全国未达标城市细颗粒物（PM2.5）年均浓度同比下降2%，地级及以上城市平均优良天数比例达到79.4%；全国二氧化硫（SO_2）、氮氧化物（NO_x）排放总量同比削减3%
《关于在部分地区开展甲醇汽车应用的指导意见》	2019年3月12日	工业和信息化部、国家发改委、科技部、公安部、生态环境部、交通运输部、卫生健康委、市场监管总局	鼓励汽车及相关零部件生产企业在现有制造体系基础上，针对甲醇汽车特性，通过技术改造完善甲醇汽车制造体系，提升甲醇汽车制造技术水平，开发甲醇乘用车、商用车、非道路工程车等车辆及动力机械，满足市场需求。完善甲醇汽车生产基地建设，合理布局甲醇汽车生产。强化甲醇汽车专用零部件制造能力，围绕甲醇燃料供应和电控喷射系统、专用后处理装置、专用滤清器、专用润滑油、耐醇材料和关键零部件等领域，构建规模化制造体系，提升专用零部件制造企业的自主研发与制造水平，满足甲醇汽车发展需求

续表

政策法规	颁布时间	颁布单位	内容要点
《关于在部分地区开展甲醇汽车应用的指导意见》	2019年3月12日	工业和信息化部、国家发改委、科技部、公安部、生态环境部、交通运输部、卫生健康委、市场监管总局	着力突破甲醇高效能量转化机制、低排放控制、长寿命低成本耐腐蚀材料等共性关键技术。深入开展甲醇汽车尾气的健康影响等研究。鼓励和支持企业研发甲醇混合动力汽车、甲醇增程式电动汽车、甲醇燃料电池汽车产品。加快甲醇汽车科研成果转化及产业化应用
《关于加快推进工业节能与绿色发展的通知》	2019年3月29日	工业和信息化部、国家开发银行	支持重点高耗能行业应用高效节能技术工艺,推广高效节能锅炉、电机系统等通用设备,实施系统节能改造。促进产城融合,推动利用低品位工业余热向城镇居民供热。支持推广高效节水技术和装备,实施水效提升改造。支持工业企业实施传统能源改造,推动能源消费结构绿色低碳转型,鼓励开发利用可再生能源。支持建设重点用能企业能源管控中心,提升能源管理信息化水平,加快绿色数据中心建设
《2019年新能源汽车标准化工作要点》	2019年5月15日	工业和信息化部	电动汽车能耗领域:结合中国工况及乘用车第五阶段燃料消耗量标准的研究成果,完成电动汽车能量消耗量和续驶里程、混合动力汽车能量消耗量试验方法以及插电式混合动力乘用车技术条件等标准的征求意见,开展增程式电动汽车能量消耗量试验方法标准的预研工作
《〈乘用车企业平均燃料消耗量与新能源汽车积分并行管理办法〉修正案(征求意见稿)》	2019年7月9日	工业和信息化部	修改了传统能源乘用车适用范围 更新了2021~2023年新能源汽车积分比例要求并修改了新能源汽车车型积分计算方法 完善了传统能源乘用车燃料消耗量引导和积分灵活性措施

续表

政策法规	颁布时间	颁布单位	内容要点
《新能源汽车动力蓄电池回收服务网点建设和运营指南》	2019年11月7日	工业和信息化部	提出了新能源汽车废旧动力蓄电池以及报废的梯次利用电池(以下统称废旧动力蓄电池)回收服务网点建设、作业以及安全环保要求。新能源汽车生产及梯次利用等企业应按照国家有关管理要求通过自建、共建、授权等方式建立回收服务网点,依托回收服务网点加强对本地区废旧动力蓄电池的跟踪。回收服务网点应包含相应信息提示。回收服务网点应通过信息化手段采集电池相关信息并予以保存。应加强对网点监督管理,信息及时送报等
《关于推动先进制造业和现代服务业深度融合发展的实施意见》	2019年11月10日	国家发改委、工业和信息化部	为推动先进制造业和现代服务业深度融合发展,在汽车制造与服务行业提出了加快充电设施建设布局,鼓励有条件的地方和领域探索发展换电和电池租赁服务,建立动力电池回收利用管理体系等其他措施
《绿色出行行动计划(2019~2022年)》	2019年5月20日	交通运输部、中央宣传部、国家发改委、工业和信息化部	为了切实推进绿色出行发展,坚持公共交通优先发展,努力建设绿色出行友好环境等,要求提升绿色出行装备水平。包括推进绿色车辆规模化应用,以实施新增和更新节能和新能源车辆为突破口,在城市公共交通、出租汽车、分时租赁、短途道路客运、旅游景区观光、机场港口摆渡、政府机关及公共机构等领域,进一步加大节能和新能源车辆推广应用力度

续表

政策法规	颁布时间	颁布单位	内容要点
《关于支持新能源公交车推广应用的通知》	2019年5月8日	财政部、工业和信息化部、交通运输部、国家发改委	为促进公共交通领域消费,推动公交行业转型升级,加快公交车新能源化,主要内容有:适当提高新能源公交车技术指标门槛,重点支持技术水平高的优质产品;根据规模效益和成本下降情况,调整完善新能源公交车购置补贴标准,落实新能源公交车免征车辆购置税、车船税政策;创新支持方式,吸引社会资本,加快新能源公交车充电基础设施建设,从2020年开始,采取"以奖代补"方式重点支持新能源公交车运营;加强多方联动,确保政策落地;强化资金监管,提高资金效益
《交通运输部关于发布交通运输行业重点节能低碳技术推广目录(2019年度)的公告》	2019年7月8日	交通运输部	为推动交通运输行业绿色低碳发展,鼓励引导交通运输企业应用先进适用的节能低碳新技术,包括有氢燃料电池公交车应用技术、节能驾驶操作等其他节能车辆技术在内
《关于〈乘用车企业平均燃料消耗量与新能源汽车积分并行管理办法〉修正案(征求意见稿)公开征求意见的通知》	2019年7月9日	工业和信息化部	为推动我国节能与新能源汽车产业健康可持续发展,加快汽车工业转型升级,工业和信息化部组织对《乘用车企业平均燃料消耗量与新能源汽车积分并行管理办法》(工业和信息化部第44号)进行了修改,向社会公开征求意见
《公开征求对〈关于修改〈乘用车企业平均燃料消耗量与新能源汽车积分并行管理办法〉的决定(征求意见稿)〉的意见》	2019年9月11日	工业和信息化部	为了适应我国节能与新能源汽车产业发展的需要,工业和信息化部等有关部门决定对《乘用车企业平均燃料消耗量与新能源汽车积分并行管理办法》作了部分的修改

续表

政策法规	颁布时间	颁布单位	内容要点
《乘用车燃料消耗量评价方法及指标》	2019年12月31日	国家标准化管理委员会	本标准规定了乘用车车型燃料消耗量和企业平均燃料消耗量的评价方法、指标以及生产一致性和实施日期。本标准是贯彻落实《汽车产业中长期发展规划》的重要措施，旨在推动我国汽车先进节能技术发展和应用，持续降低我国乘用车燃料消耗量，促进新能源汽车产业快速健康发展，使我国乘用车平均燃料消耗量在2025年下降至4L/100km左右，对应二氧化碳排放约为95g/km。为鼓励新能源汽车的发展，在确定2025年及以前各年度纯电动乘用车、可外接充电式混合动力乘用车、燃料电池乘用车车型燃料消耗量及企业平均燃料消耗量时给予一定优惠。为鼓励汽车节能技术的发展和应用，对在现有试验方法中无法体现或体现不完全但在实际使用中具有明显效果的节能技术或装置，本标准允许在计算企业平均燃料消耗量时依据可量化评价的原则，根据其节能效果相应减少车型燃料消耗量
《机动车和非道路移动机械排放污染防治条例》	2020年3月9日	北京市人民代表大会常务委员会	北京市、天津市和河北省将于2020年5月1日同步施行，共同对重型柴油车及推土机、挖掘机等非道路移动机械污染排放进行规范，协同监管。严格落实北京市第六阶段车用汽油标准中关于油品和蒸气压等指标要求。坚持结构减排，推动国三排放标准汽油车淘汰更新；推进车辆电动化，2020年底前，全市新能源车保有量达到40万辆左右

续表

政策法规	颁布时间	颁布单位	内容要点
《关于完善新能源汽车推广应用财政补贴政策的通知》	2020年4月23日	财政部、工业和信息化部、科技部、国家发改委	将新能源汽车推广应用财政补贴政策实施期限延长至2022年底；平缓补贴退坡力度和节奏；适当优化技术指标，促进产业做优做强；完善资金清算制度，提高补贴精度；调整补贴方式，开展燃料电池汽车示范应用；强化资金监管，补贴核查结果同步公示，切实发挥信息化监管作用；完善配套政策措施，营造良好发展环境
《关于稳定和扩大汽车消费若干措施的通知》	2020年4月28日	国家发改委、科技部、工业和信息化部	调整汽车国六排放标准实施有关要求；完善新能源汽车购置相关财税支持政策；加快淘汰报废老旧柴油货车；畅通二手车流通交易等
《关于修改〈乘用车企业平均燃料消耗量与新能源汽车积分并行管理办法〉的决定》	2020年6月15日	工业和信息化部、财政部、商务部、海关总署、市场监管总局	对现有积分政策条款进行了更新，包括明确了2021~2023年新能源汽车积分比例要求分别为14%、16%、18%；修改了新能源乘用车车型积分计算方法；更新了小规模企业有好几份核算优惠措施。此外，还增加了引导传统乘用车节能的措施，完善了新能源汽车积分灵活性措施，丰富了关联企业的认定条件，将燃用醇醚燃料的乘用车纳入核算范围，对具备节能减排优势的车型给予核算优惠。考虑到疫情影响，对2019年、2020年积分考核方式留出管理空间
《乘用车企业平均燃料消耗量与新能源汽车积分并行管理办法》	2020年6月29日	工业和信息化部	新的积分办法明确了2021~2023年新能源汽车积分比例要求，分别为14%、16%、18%。该积分比例统筹考虑行业正负积分基本平衡、建立在满足第五阶段油耗标准和实现既定产业发展目标的基础上，经过综合测算得出的。按照该比例要求，基本能够保障实现"到2025年乘用车新车平均燃料消耗量达到4.0升/百公里、新能源汽车产销占比达到汽车总量20%"的规划目标。同时，2021~2023年正负积分市场预计能够保持供略大于求，积分价格客观反映市场价值

续表

政策法规	颁布时间	颁布单位	内容要点
《关于开展新能源汽车下乡活动的通知》	2020年7月15日	工业和信息化部、农业农村部、商务部	为促进农村地区新能源汽车推广应用，引导农村居民出行方式升级，助力美丽乡村建设和乡村振兴战略
《享受车船税减免优惠的节约能源使用新能源汽车车型目录》（第十六批）	2020年7月21日	工业和信息化部	在满足综合工况燃料消耗量、排量和不同燃料的基础上，包括对节能型乘用车、节能型天然气重型商用车、节能型汽、柴油重型商用车和客车等，减半征收车船税；对主要包括纯电动商用车、插电式（含增程式）混合动力汽车、燃料电池商用车、纯电动乘用车和燃料电池乘用车等新能源车型，免征车船税
《新能源汽车产业发展规划（2021—2035年）》	国务院审批中	工业和信息化部	规划将进一步坚定推动新能源产业发展的信心，进一步明确发展目标。同时，也将实施公共领域车辆电动化的行动计划，准备在公交车、出租车、城市物流车包括环卫的清扫车等方面，进一步推动电气化。支持北京、海南等地开展新能源汽车换电模式试点

社会科学文献出版社

皮 书

智库报告的主要形式
同一主题智库报告的聚合

❖ 皮书定义 ❖

皮书是对中国与世界发展状况和热点问题进行年度监测，以专业的角度、专家的视野和实证研究方法，针对某一领域或区域现状与发展态势展开分析和预测，具备前沿性、原创性、实证性、连续性、时效性等特点的公开出版物，由一系列权威研究报告组成。

❖ 皮书作者 ❖

皮书系列报告作者以国内外一流研究机构、知名高校等重点智库的研究人员为主，多为相关领域一流专家学者，他们的观点代表了当下学界对中国与世界的现实和未来最高水平的解读与分析。截至2020年，皮书研创机构有近千家，报告作者累计超过7万人。

❖ 皮书荣誉 ❖

皮书系列已成为社会科学文献出版社的著名图书品牌和中国社会科学院的知名学术品牌。2016年皮书系列正式列入"十三五"国家重点出版规划项目；2013~2020年，重点皮书列入中国社会科学院承担的国家哲学社会科学创新工程项目。

中国皮书网

(网址:www.pishu.cn)

发布皮书研创资讯,传播皮书精彩内容
引领皮书出版潮流,打造皮书服务平台

栏目设置

◆关于皮书
何谓皮书、皮书分类、皮书大事记、
皮书荣誉、皮书出版第一人、皮书编辑部

◆最新资讯
通知公告、新闻动态、媒体聚焦、
网站专题、视频直播、下载专区

◆皮书研创
皮书规范、皮书选题、皮书出版、
皮书研究、研创团队

◆皮书评奖评价
指标体系、皮书评价、皮书评奖

◆互动专区
皮书说、社科数托邦、皮书微博、留言板

所获荣誉

◆2008年、2011年、2014年,中国皮书网均在全国新闻出版业网站荣誉评选中获得"最具商业价值网站"称号;
◆2012年,获得"出版业网站百强"称号。

网库合一

2014年,中国皮书网与皮书数据库端口合一,实现资源共享。

权威报告·一手数据·特色资源

皮书数据库
ANNUAL REPORT(YEARBOOK) DATABASE

分析解读当下中国发展变迁的高端智库平台

所获荣誉

- 2019年，入围国家新闻出版署数字出版精品遴选推荐计划项目
- 2016年，入选"'十三五'国家重点电子出版物出版规划骨干工程"
- 2015年，荣获"搜索中国正能量 点赞2015""创新中国科技创新奖"
- 2013年，荣获"中国出版政府奖·网络出版物奖"提名奖
- 连续多年荣获中国数字出版博览会"数字出版·优秀品牌"奖

成为会员

通过网址www.pishu.com.cn访问皮书数据库网站或下载皮书数据库APP，进行手机号码验证或邮箱验证即可成为皮书数据库会员。

会员福利

- 已注册用户购书后可免费获赠100元皮书数据库充值卡。刮开充值卡涂层获取充值密码，登录并进入"会员中心"—"在线充值"—"充值卡充值"，充值成功即可购买和查看数据库内容。
- 会员福利最终解释权归社会科学文献出版社所有。

卡号：267265327191
密码：

数据库服务热线：400-008-6695
数据库服务QQ：2475522410
数据库服务邮箱：database@ssap.cn
图书销售热线：010-59367070/7028
图书服务QQ：1265056568
图书服务邮箱：duzhe@ssap.cn

中国社会发展数据库（下设 12 个子库）

整合国内外中国社会发展研究成果，汇聚独家统计数据、深度分析报告，涉及社会、人口、政治、教育、法律等 12 个领域，为了解中国社会发展动态、跟踪社会核心热点、分析社会发展趋势提供一站式资源搜索和数据服务。

中国经济发展数据库（下设 12 个子库）

围绕国内外中国经济发展主题研究报告、学术资讯、基础数据等资料构建，内容涵盖宏观经济、农业经济、工业经济、产业经济等 12 个重点经济领域，为实时掌控经济运行态势、把握经济发展规律、洞察经济形势、进行经济决策提供参考和依据。

中国行业发展数据库（下设 17 个子库）

以中国国民经济行业分类为依据，覆盖金融业、旅游、医疗卫生、交通运输、能源矿产等 100 多个行业，跟踪分析国民经济相关行业市场运行状况和政策导向，汇集行业发展前沿资讯，为投资、从业及各种经济决策提供理论基础和实践指导。

中国区域发展数据库（下设 6 个子库）

对中国特定区域内的经济、社会、文化等领域现状与发展情况进行深度分析和预测，研究层级至县及县以下行政区，涉及地区、区域经济体、城市、农村等不同维度，为地方经济社会宏观态势研究、发展经验研究、案例分析提供数据服务。

中国文化传媒数据库（下设 18 个子库）

汇聚文化传媒领域专家观点、热点资讯，梳理国内外中国文化发展相关学术研究成果、一手统计数据，涵盖文化产业、新闻传播、电影娱乐、文学艺术、群众文化等 18 个重点研究领域。为文化传媒研究提供相关数据、研究报告和综合分析服务。

世界经济与国际关系数据库（下设 6 个子库）

立足"皮书系列"世界经济、国际关系相关学术资源，整合世界经济、国际政治、世界文化与科技、全球性问题、国际组织与国际法、区域研究 6 大领域研究成果，为世界经济与国际关系研究提供全方位数据分析，为决策和形势研判提供参考。

法律声明

"皮书系列"（含蓝皮书、绿皮书、黄皮书）之品牌由社会科学文献出版社最早使用并持续至今，现已被中国图书市场所熟知。"皮书系列"的相关商标已在中华人民共和国国家工商行政管理总局商标局注册，如LOGO（ ）、皮书、Pishu、经济蓝皮书、社会蓝皮书等。"皮书系列"图书的注册商标专用权及封面设计、版式设计的著作权均为社会科学文献出版社所有。未经社会科学文献出版社书面授权许可，任何使用与"皮书系列"图书注册商标、封面设计、版式设计相同或者近似的文字、图形或其组合的行为均系侵权行为。

经作者授权，本书的专有出版权及信息网络传播权等为社会科学文献出版社享有。未经社会科学文献出版社书面授权许可，任何就本书内容的复制、发行或以数字形式进行网络传播的行为均系侵权行为。

社会科学文献出版社将通过法律途径追究上述侵权行为的法律责任，维护自身合法权益。

欢迎社会各界人士对侵犯社会科学文献出版社上述权利的侵权行为进行举报。电话：010-59367121，电子邮箱：fawubu@ssap.cn。

社会科学文献出版社